隋唐朝貢体制と古代日本

榎本淳一著

吉川弘文館

目次

第二部　礼制・仏教・律令制の伝来・受容

第三部　人物の交流

序章　本書の視角と構成

本書は、著者の古代日本の対外関係史に関する二番目の論文集となる。前著『唐王朝と古代日本』（吉川弘文館、二〇〇八年）では、唐代の朝貢体制の構造とその変質、そして朝貢体制下での中国文化の日本流入の実態と影響について論じた。本書は、基本的にその視角を受け継ぐものだが、扱う時代を隋代まで広げ、朝貢体制という国際秩序の下で、具体的に如何なる外交交渉が行われたのか、そして情報・文化や人の交流の実態・意義・影響はどのようなものであったのか、という問題について論じるものである。

なお、本書の以下の記述において、「古代日本」という表現には、「日本国」への改号以前の「倭国」も含まれていることを了解されたい。

一　本書の視角

前著の刊行後、古代日本の対外関係史に関わる多くの重要な研究が発表され、当該分野の研究水準は飛躍的に向上した(1)。なかでも、「東（部）ユーラシア（世界）論」（「東（部）ユーラシア史論」など多様な用語・呼称が存在する。以下では「東部ユーラシア論」と記す）の台頭は、研究状況を一変させたと言っても良いだろう(2)。西嶋定生氏の唱えられた「東アジア世界論」を乗り越えるべく、広くユーラシア大陸東半部の歴史展開をダイナミックに捉えようとするもので、日本史研究者の視野をも大いに広げることになった。[3] 東アジア〈中国・朝鮮〈渤海の領域であったロシア沿海州の一部も含む〉・日本・ベトナム地域を指す。本書の「東アジア」の地域設定はこれによる〉内の歴史事象が、その外部からの影響を強く受ける場合があることは、つとに古畑徹氏が明らかにしている。[4] また、人・モノ・情報などの移動・交流も、東アジア内にとどまらないことは、山内晋次氏等が指摘している。[5] それ故、東アジアの外部、東部ユーラシア〈あるいは海域アジア〉にまで視野を広げることには研究上大いに意義があるだろう。とりわけ、日本ではなく中国の歴史展開を検討するに際しては、東部ユーラシア全体を視野に収める必要があるだろう。しかし、東部ユーラシア全体を包括するような広域的な国際秩序が存在したのか、それがあったとしても全域的かつ安定的に機能していたかは疑問であり、[6] また東部ユーラシアの歴史展開に日本を構造的に位置づけることは難しいのではないかと考える。[7]

それに対して、隋唐期の東アジアでは、中国文化に基づく価値観が共有されており、中国中心の国際秩序が機能していたことが認められる。[8] それ故、古代日本が参加していた朝貢体制という国際秩序を視点として、隋唐期の日本〈倭国〉と東アジア諸国との関係を分析・検討することは有効な研究手法と考える。ちなみに、国際秩序を国際的な序列〈国際的地位〉の意味で使用する場合もあるが、本書では国際関係上のきまり、形式、枠組みの意味で用いる。国際秩序は、外交関係を規定するものであるが、謂わばグラフにおける座標軸のようなもので、個々の外交事象を正当に意義付ける上で有効な基準・視角となるものと考える。なお、本書ではこのように東アジア諸国と日本との関係に焦点をあわせるわけだが、東部ユーラシア論で提起された東アジア地域外とのつながり、中国の外交に大きな影響を及ぼした東部ユーラシアの動向にも目配りする必要性は認めている。

中国中心の国際秩序を視点に国際関係を分析・検討することには、中国以外の国々の歴史的主体性を否定するものだという批判が予想されるが、筆者はそのように考えない。大国が自国中心の国際秩序を形成しようとするのは、いつの時代にも見られることだが、その秩序に参加するのか、しないのか、また、参加するにしてもどのように参加するのかは、各国の主体的な意思によるものであろう。大国の提示する国際秩序にどう関わるのが、自国の利益（ないし政権の利益）に一番叶うのかを判断し、秩序を拒否する（無視する）、秩序に全面参加する、秩序の一部に参加するなどの外交選択がなされたのである。古代日本においても、戦争状態の時期、国交断絶した時期、冊封体制に参入した時期、朝貢体制に参加した時期など、時期ごとに自国ないし政権にとってよりよい中国との関係が模索・選択されたのであり、非主体的に中国の国際秩序に従ったわけではない。また、黄東蘭氏が的確に指摘されているように、「中国中心主義」と「中国の中心性」は区別する必要があり、東アジアにおける中国が政治面、文化面で果たした中心的な役割は否定すべきではないと考える。(9)

以上述べた通り、本書では、「東部ユーラシア論」に一定の意義を認めつつも、「東アジア世界論」の視角を基本的に継承する。なお、「東アジア文化圏」に基づいて「東アジア」を地域設定するという点では西嶋定生氏の説に依拠し、冊封のみならず朝貢など複数の関係性を考慮するという国際秩序に関する考え方では堀敏一氏の説に従いたいと思う。(10)古代日本が主体的に参入した朝貢体制という国際秩序を視点として、隋唐期の古代日本の国際関係や文化・人物の交流などを分析・検討することにしたい。

二　本書の構成

本書は、三部構成を取る。「第一部　朝貢体制と古代日本の国際関係」では、隋唐朝の朝貢体制の構造を明らかにした上で、朝貢体制下における古代日本の国際関係の具体的な様相について論じる。「第二部　礼制・仏教・律令制の伝来・受容」では、「東アジア文化圏」における重要な文化要素である中国の礼制（儒教）・仏教・律令制などがどのように古代日本に伝来し、受容されたか、国際秩序との関連を踏まえて論じる。「第三部　人物の交流」では、朝貢体制下での唐と古代日本の人的交流を取り上げ、その政治的・文化的影響・意義について論じる。以下、各章の意図・概要について述べる。なお、タイトルの下の（　）内に初出時の掲載書・雑誌名等の書誌情報と刊行年を記し、タイトルを変更している場合は旧稿名も記す。

第一部　朝貢体制と古代日本の国際関係

第一章　隋唐朝の朝貢体制の構造と展開（『唐代史研究』一五、二〇一二年）

隋唐朝の「帝国性」とは何かを明らかにするために、朝貢体制の構造と展開を概観し、隋唐朝と諸外国との関係性と影響について検討したものである。隋唐朝の朝貢体制に関する本書の基本的な考え・理解を示しているため、本論の冒頭に配置した。

なお、本章の原論文は、「隋唐王朝朝貢体制的構造和展開」と中国語に訳され、周東平・朱騰主編『法律史訳評二〇一四年巻』（中国政法大学出版社、二〇一五年）に転載されている。

第二章　遣唐使の役割と変質（大津透ほか編『岩波講座日本歴史三　古代3』岩波書店、二〇一四年）

第一章での検討結果に基づき、唐代の国際秩序の下で古代日本がどのような外交を行ったのか、遣唐使を中心に論じたものである。唐代の国際秩序の機能の状況から、大まかに三つに時期区分し、それぞれの時期における古代日本の外交の経過とその背景などを考察し、併せて新羅・渤海との関係についても論じている。

第三章　外国使節の来航（舘野和己・出田和久編『日本古代の交通・交流・情報　2　旅と交易』吉川弘文館、二〇一六年）

古代日本を訪れた外国使節の概観をした上で、外国使節の乗船や航路、またその迎接の具体的なあり方などについて論じた。第二章は主に日本から派遣される外交使節について論じ、本章は逆に外国からの外交使節の受け入れについて扱っており、対の関係にある。

第四章　東アジア世界の変貌と鞠智城（熊本県教育委員会編『鞠智城 東京シンポジウム 成果報告書 二〇一六』熊本県教育委員会、二〇一七年）

本章は第一部の各論的なもので、肥後国の古代山城である鞠智城という個別的な問題を扱っている。鞠智城が他の山城と異なり、十世紀半ばまで存続した理由を、東アジア世界の変貌という国際環境から考察した。

補論『隋書』倭国伝について（大山誠一編『日本書紀の謎と聖徳太子』平凡社、二〇一一年）

補論では、日中の外交関係を論じる前提となる外交史料を検討する。

「『隋書』倭国伝の史料的性格について」（『アリーナ』五、二〇〇八年）に、多少加筆して成ったものである。日隋関係の基本史料である『隋書』倭国伝の史料的な性格を論じ、遣隋使の派遣回数や隋使裴世清の来倭記事の問題点などにも言及している。

第二部　礼制・仏教・律令制の伝来・受容

第一章　推古朝の迎賓儀礼の再検討（旧稿名「比較儀礼論」荒野泰典・石井正敏・村井章介編『日本の対外関係2　律令国家と東アジア』吉川弘文館、二〇一一年）

本章では、礼制の受容の問題を扱うが、特に外交儀礼について考察する。

推古朝の迎賓儀礼は、隋代の『江都集礼』に基づき整備されたという通説を再検討し、実際には中国南朝の儀礼により整備されたことを明らかにしている。中国の礼制の受容という問題についても、新たな見解を提示する。

第二章　『江都集礼』の編纂と意義・影響（金子修一先生古稀記念論文集編集委員会編『東アジアにおける皇帝権力と国際秩序』汲古書院、二〇二〇年）

第一章に続き、礼制受容の問題を論じる。前章で問題とした儀礼そのものではなく、礼書の編纂とその日本伝来の歴史的意義・影響について検討する。

『江都集礼』は隋代の国家的な儀礼を記した儀注であるというそれまでの定説を再検討し、古代日本における中国の礼制受容に関するこれまでの理解に見直しを迫ったものである。とりわけ推古朝の礼制受容に関わるものであるので、第一章の補論的な性格もある。

第三章　日本古代における仏典の将来について（『日本史研究』六一五、二〇一三年）

本章では、仏教の受容の実態を、仏典の伝来状況から考えた。

遣唐留学僧であった玄昉が将来した経典の内容を分析・検討することで、八世紀における日本への仏典の流入状況を明らかにし、唐朝の仏典を利用した国際秩序形成の仕組みについて論じた。前著で論じた漢籍将来のあり方が、仏典でも同様であったかを確認する意味合いを持っている。

第四章　「東アジア世界」における日本律令制（大津透編『律令制研究入門』名著刊行会、二〇一一年）

中国の律令制が、どのような国際環境の下で日本に受容されたかを論じたものである。

古代日本における律令制の形成過程を明らかにし、「東アジア世界」における律令制の伝播が軍事的緊張によって進められたことを指摘した。

なお、本章の初出の論文には、東方学会発行の英文紀要“*Acta Asiatica*”九九号（二〇一〇年）に掲載された英文論文“Japan's *Ritsuryō* System in the “East Asian World””も存在する。

第三部　人物の交流

第一章　来日した唐人たち（遣唐使船再現シンポジウム編『遣唐使船の時代―時空を駆けた超人たち―』角川学芸出版、二〇一〇年十月）

ヒトとヒトとの国際交流を、国際秩序に基づいて考えようという意図の下に論じたものである。遣唐使が派遣された時代に来日した唐人の全体像を概観し、日本における唐文化の摂取との関わりから、来日唐人の特色や意義について明らかにしている。

第二章　劉徳高に関する基礎的考察（新稿）

第一章が総論的な内容であるのに対し、各論的な位置づけとなる。天智朝に来倭した唐使劉徳高の派遣された理由・目的、そしてその意義などについて考察した。また、同時に帰国した藤原鎌足の長子定恵の果たした役割についても触れている。

第三章　陸善経の著作とその日本伝来（榎本淳一・吉永匡史・河内春人編『アジア遊学242　中国学術の東アジア伝播と古代日本』勉誠出版、二〇二〇年）

本章は、個別な人間関係に焦点をあわせて、唐文化の日本への将来の実態について論じたものとなる。唐代開元・天宝期に活躍した陸善経の著作がまとまって日本に伝来した理由として、善経と吉備真備との交流を想定している。

第四章　異言語接触・通訳・翻訳（鈴木靖民・金子修一・田中史生・李成市編『日本古代交流史入門』勉誠出版、二〇一七年）

ヒトとヒトが国際交流をする上で、異言語の者同士で意思疎通をする必要があるわけだが、実際にどのように意思疎通が行われたか、様々なケースを設定し、その具体相について論じたものである。

終章　本書の成果と課題（新稿）

本書の「まとめ」として、本書全体で何を成し得たのか、また論じきれなかった問題は何か、という成果と課題について記す。

以上、本書に収載した各論文のうち、既発表のものについては、出来るだけ初出の内容に改変を加えず、変更・修正点については、補注・補記などで記した。なお、形式の統一を図るために手を加えたり、表現の書き換えをしたりしている箇所もあるが、形式・表現上の修正については一々言及はしていない。また、初出以後の関連研究はできるだけ註で取り上げ、増補するようにした。

年号の表記については、和暦を主とし、西暦はその後に（　）に入れて記す。なお、「○○天皇某年」といった、天皇在位年で年号を表記する際は、「舒明三年」や「天武五年」などのように「天皇」を省略して表記する。

本書で利用した史料のテキストについては、本序章の後に付した「史料典拠一覧」を参照して頂きたい。

註

（1）二〇〇八年以降に発行された日本古代の対外関係史関係の主な書籍には、本書に関わる隋唐期関連のものに限っても、以下のものがある。石井正敏『石井正敏著作集1～4』（勉誠出版、二〇一七・二〇一八年）、榎本渉『僧侶と海商たちの東シナ海』（講談社、二〇一〇年）、河上麻由子『古代アジア世界の対外交渉と仏教』（山川出版社、二〇一一年）、同上『古代日中関係史　倭の五王から遣唐使以降まで』（中央公論新社、二〇一九年）、河内春人『東アジア交流史のなかの遣唐使』（汲古書院、二〇一三年）、シャルロッテ・フォン・ヴェアシュア（河内春人訳）『モノが語る日本対外交易史―七～一六世紀―』（藤原書店、二〇一一年）、同上『モノと権威の東アジア交流史　鑑真から清盛まで』（勉誠出版、二〇二三年）、鈴木靖民『日本の古代国家形成と東アジア』（吉川弘文館、二〇一一年）、同上『古代の日本と東アジア　人とモノの交流史』（勉誠出版、二〇二〇年）、同上『古代日本の東アジア交流史』（勉誠出版、二〇一六年）、中野高行『古代国家成立と国際的契機』（同成社、二〇一七年）、同上『古代日本の国家形成と東部ユーラシア〈交通〉』（八木書店出版部、二〇二三年）、浜田久美子『日本古代の外交儀礼と渤海』（同成社、二〇一一年）、同上『日本古代の外交と礼制』（吉川弘文館、二〇二二年）、廣瀬憲雄『東アジアの国際秩序と古代日本』（吉川弘文館、二〇一一年）、同上『古代日本外交史　東部ユーラシアの視点から読み直す』（講談社、二〇一四年）、同上『古代日本と東部ユーラシアの国際関係』（勉誠出版、二〇一八年）、皆川雅樹『日本古代王権と唐物交易』（吉川弘文館、二〇一四年）、森公章『遣唐使と古代日本の対外政策』（吉川弘文館、二〇〇八年）、同上『遣唐使の光芒　東アジアの歴史の使者』（角川学芸出版、二〇一〇年）、同上『日本歴史私の最新講義21　古代日中関係の展開』（敬文舎、二〇一八年）、同上『遣唐使と古代対外関係の行方　日唐・日宋の交流』（吉川弘文館、二〇二二年）、山内晋次『NHKさかのぼり日本史　外交篇9平安・奈良』（NHK出版、二〇一三年）。

（2）古畑徹「東（部）ユーラシア史という考え方―近年の日本における古代東アジア史研究の新動向―」（古畑徹編『高句麗・渤海使の射程―古代東北アジア史研究の新動向―』汲古書院、二〇二二年）は、現在の諸研究では「東ユーラシア」「東部ユーラシア」「ユーラシア東部」など用語やその概念が統一されていない問題点を指摘している。なお、東部ユーラシアよりずっと広範な領域であるアフロ・ユーラシアの歴史を総体的に捉えようとした意欲的な試みとして、妹尾達彦『グローバル・ヒストリー』（中央大学出版部、二〇一八年）があり、大いに注目を集めている。

（3）「東アジア世界」の範囲については、西嶋氏と堀氏とでは異なり、堀氏の「東アジア」は「東部ユーラシア」とほぼ同じ範囲となるという。古畑徹「序章―なぜ「渤海国と東アジア」なのか―」（『渤海国と東アジア』汲古書院、二〇二一年、初出一九八三年）を参照。

（4）古畑徹「七世紀末から八世紀初にかけての新羅・唐関係」（『渤海国と東アジア』汲古書院、二〇二一年、初出一九八三年）を参照。

（5）山内晋次『奈良平安期の日本とアジア』（吉川弘文館、二〇〇三年）、同上『日宋貿易と「硫黄の道」』（山川出版社、二〇〇九年）等を参照。

（6）堀敏一氏は「羈縻」、檀上寛氏は「天朝体制」という東部ユーラシアを含む全世界を対象とする中国中心の国際秩序の存在を指摘されているが、それらはあくまでも中国側の理念上のもので、実際に東部ユーラシア全域で機能していたかは疑問であり、現実に機能した時期・範囲・地域はより限定的であったと考える。堀敏一『中国と東アジア世界　中華的世界と諸民族』（岩波書店、一九九三年）、同上『律令制と東アジア世界　私の中国史学二』（汲古書院、一九九四年）、檀上寛『天下と天朝の中国史』（岩波書店、二〇一六年）等を参照。また、十世紀以降の東部ユーラシアには盟約という国際秩序が存在したとされるが、基本的に二国間の関係を定めるもので、複数国ないし地域全体を対象とする広域的な国際秩序とは異なるものであろう。東部ユーラシア論では広域的な交流が重視されるが、交流があるからといって、国際秩序が存在したとは言えないことは、現代の国際関係を見ても分かることであろう。国際秩序の基盤に価値観の共有、共通利益の存在があるとされるが、民主主義国家と全体主義・専制主義国家といった国制・価値観の相違する国同士では経済交流はあっても、相互信頼に基づく安定的・永続的な国際秩序の形成は困難であることが了解されるであろう。

（7）鈴木靖民「東部ユーラシア世界と東アジア世界」（『古代日本の東アジア交流史』勉誠出版、二〇一六年、初出二〇一五年）では、東部ユーラシア世界の構造的な把握が試みられているが、東アジアにおける中国中心の国際関係・国際秩序の影響が極めて大きかったことは認められている。東部ユーラシア論によって日本の歴史展開を説明できるかということに関しては、李成市「六―八世紀の東アジアと東アジア世界論」（大津透ほか編『岩波講座日本歴史二　古代2』（岩波書店、二〇一四年）、熊谷公男「倭王武の上表文と五世紀の東アジア情勢」（『東北学院大学論集　歴史と文化』五三、二〇一五年）等が疑問を呈している。日本はあくまでも中国を介して東部ユーラシアの東アジア以外の地域とつながっているのであり、直接的な関係は見出しがたく、日本と東部ユーラシアの歴史展開を構造的に結びつけることは困難だと考える。

（8）本書第一部第一章「隋唐朝の朝貢体制の構造と展開」及び第二章「遣唐使の役割と変質」を参照。

（9）黄東蘭「「東部ユーラシア」は「東アジア」に取って代わるのか―近年の「東アジア世界論」批判を踏まえて―」（『愛知県立大学外国語学部』紀要、地域研究・国際学編』五二、二〇二〇年）を参照。

（10）西嶋定生（李成市編）『古代東アジア世界と日本』（岩波書店、二〇〇〇年）、堀氏前掲註（6）著書等を参照。なお、金子修一「東アジア世界論」（『古代東アジア世界史論考』八木書店、二〇一九年、初出二〇一〇年）は、「日本に軸足を置いた東アジア世界の視点が一定の有効性を持つ」（四四頁）と述べている。また、川本芳昭「序言」（『世界秩序の変容と東アジア』汲古書院、二〇二二年）でも、世界秩序（政治的・国際的秩序）の変容という観点から「東アジア世界史」の構築を目指すことが述べられていることを参照されたい。

史料典拠一覧

本書において参照ないし引用した史料のテキストを、以下に記す。

〔日本史料〕

日本書紀　坂本太郎ほか校注『日本古典文学大系67・68　日本書紀』岩波書店、一九六五年・一九六七年

続日本紀　黒板勝美編『新訂増補国史大系2　続日本紀』吉川弘文館、二〇〇〇年、初版一九三五年
青木和夫ほか校注『新日本古典文学大系12～16　続日本紀』岩波書店、一九八九年～一九九八年

日本後紀　黒板勝美編『新訂増補国史大系3　日本後紀　続日本後紀　日本文徳天皇実録』吉川弘文館、二〇〇〇年、初版一九三四年
黒板伸夫・森田悌編『訳注日本史料　日本後紀』集英社、二〇〇三年

続日本後紀　黒板勝美編『新訂増補国史大系3　日本後紀　続日本後紀　日本文徳天皇実録』吉川弘文館、二〇〇〇年、初版一九三四年

日本文徳天皇実録　黒板勝美編『新訂増補国史大系3　日本後紀　続日本後紀　日本文徳天皇実録』吉川弘文館、二〇〇〇年、初版一九三四年

日本三代実録　黒板勝美編『新訂増補国史大系4　日本三代実録』吉川弘文館、二〇〇〇年、初版一九三四年

扶桑略記　黒板勝美編『新訂増補国史大系12　扶桑略記　帝王編年記』吉川弘文館、一九九九年、初版一九三二年

延喜式　黒板勝美編『新訂増補国史大系26　延暦交替式　貞観交替式　延喜交替式　弘仁式　延喜式』吉川弘文館、二〇〇〇年、初版一九三七年

虎尾俊哉編『訳注日本史料　延喜式』集英社、二〇〇〇年～二〇一七年

西宮記　故実叢書編集部編『新訂増補　故実叢書　西宮記』明治図書出版・吉川弘文館、一九七七年

日本国見在書目録　矢島玄亮『日本国見在書目録―集証と研究―』汲古書院、一九八四年
（山田孝雄解説）『宮内庁書陵部所蔵室生寺本　日本国見在書目録』名著刊行会、一九九六年

通憲入道蔵書目録　塙保己一集『群書類従』第二十八輯　雑部・巻第四百九十五、続群書類従完成会、一九九一年、初版一九三二年
長澤規矩也・阿部隆一編『日本書目大成』第一巻、汲古書院、一九七九年

懐風藻　小島憲之校注『日本古典文学大系69　懐風藻　文華秀麗集』岩波書店、一九八〇年

藤氏家伝　沖森卓也・佐藤信・矢嶋泉『藤氏家伝　鎌足・貞慧・武智麻呂伝　注釈と研究』吉川弘文館、一九九九年

新撰姓氏録　佐伯有清『新撰姓氏録の研究　本文篇』吉川弘文館、一九八一年

吏部王記　米田雄介・吉岡真之校訂『史料纂集　吏部王記』続群書類従完成会、一九八〇年、初版一九七四年

参天台五臺山記　森公章校訂『史料纂集　参天台五臺山記』八木書店出版部、二〇二三年

遍照発揮性霊集　渡辺照宏・宮坂宥勝校注『日本古典文学大系71　三教指帰　性霊集』岩波書店、一九七七年

正倉院文書　東京大学史料編纂所編『大日本古文書』東京大学出版会、一九八二年～一九八三年、初版一九〇一年～一九四〇年

唐決集　金龍敬雄編「天台霞標初編」巻之三（『大日本仏教全書125　天台霞標第二』名著普及会、一九九二年、復刻初版一九八一年）

善隣国宝記　田中健夫編『訳注日本史料　善隣国宝記　新訂続善隣国宝記』集英社、一九九五年

〔中国史料〕

礼記正義　清・阮元校刻『十三経注疏』中華書局、一九九〇年、初版一九八〇年

論　語　金谷治訳注『論語』岩波書店、一九七八年

孟子注　清・馬国翰編『玉函山房輯佚書』（一八八四刊）湖南思賢書局、一八九二年

新字林　清・黄奭撰『黄氏逸書考』（『玉函山房佚書続編・玉函山房佚書補編』上海古籍出版社、一九九五年）

漢　書　『漢書』中華書局、一九八七年、初版一九六二年
後漢書　宋雲彬校点『後漢書』中華書局、一九八七年、初版一九六五年
三国志　陳乃乾校点『三国志』中華書局、一九八二年、初版一九五九年
宋　書　王仲犖点校『宋書』中華書局、一九八三年、初版一九七四年
南斉書　『南斉書』中華書局、一九八七年、初版一九七二年
梁　書　『梁書』中華書局、一九八七年、初版一九七三年
陳　書　『陳書』中華書局、一九八二年、初版一九七二年
隋　書　汪紹楹・陰法魯点校『隋書』中華書局、一九七三年
旧唐書　『旧唐書』中華書局、一九七五年
新唐書　『新唐書』中華書局、一九七五年
宋　史　『宋史』中華書局、一九七七年
資治通鑑　標点資治通鑑小組校点『資治通鑑』中華書局、一九八八年、初版一九五六年
唐会要　上海社会科学院歴史研究所古代史研究室標校『唐会要』上海古籍出版社、二〇〇六年
　　　　牛継清校証『唐会要校証』陝西出版集団　三秦出版社、二〇一二年
職官分紀　『職官分紀』中華書局、一九八八年
大学衍義補　『大学衍義補』中文出版社、一九七九年
大業雑記　辛徳勇輯校『両京新記輯校　大業雑記輯校』三秦出版社、二〇〇六年
魏鄭公諫録　王方慶輯『魏鄭公諫録』（王雲五主編『叢書集成　初編』商務印書館、一九六〇年、初版一九三九年）
集賢注記　陶敏輯校『景龍文館記　集賢注記』中華書局、二〇一五年
元和姓纂　陶敏遺著・李徳輝整理『元和姓纂新考証』遼海出版社、二〇一五年
古今同姓名録（続）　清・李調元輯『函海』（王雲五主編『叢書集成簡編』台湾商務印書館、一九六五年）
直斎書録解題　徐小蠻・顧美華点校『直斎書録解題』上海古籍出版社、一九八七年
会稽掇英総集　宋・孔延之輯、清・杜春生撰札記『会稽掇英総集二十巻　坿札記一巻』山陰杜氏浣花宗塾、一八二二年

平江県志　清・鍾英編『岳州府四県志』一八七一年修、一八九二年重刊
独異志　李剣国校証『古体小説叢刊　独異志』中華書局、二〇二三年
東斎記事　汝沛・誠剛点校『唐宋史料筆記叢刊　東斎記事　春明退朝録』中華書局、一九九七年、初版一九八〇年
困学紀聞　『国学基本典籍叢刊　元本困学紀聞』国家図書館出版社、二〇一七年
冊府元亀　『冊府元亀』中華書局、一九八二年、初版一九六〇年
　『宋本冊府元亀』中華書局、一九八九年
玉　海　『玉海』江蘇古籍出版社・上海書店、一九八七年
文献通考　『文献通考』一～三、新興書局、一九六三年
　『新校本　文献通考―経籍考』新文豊出版公司、一九八五年
文　選　李培南ほか標点整理『中国古典文学叢書　文選』上海古籍出版社、一九九四年
全唐文　董誥等編『全唐文』中華書局、一九八三年
全唐詩　王全点校『全唐詩』中華書局、一九六〇年
白氏文集　謝思煒校注『中国古典文学基本叢書　白居易文集校注』中華書局、二〇一五年
観世音応験記　董志翹『『観世音応験記三種』訳注』江蘇古籍出版社、二〇〇二年
開元釈経録　富世平点校『中国仏教典籍選刊　開元釈経録』中華書局、二〇一八年
続高僧伝　郭紹林点校『中国仏教典籍選刊　続高僧伝』中華書局、二〇一四年
墓　誌　周紹良主編・趙超副主編『唐代墓誌彙編』上海古籍出版社、二〇一一年、初版一九九二年
　周紹良・趙超主編『唐代墓誌彙編続集』上海古籍出版社、二〇〇一年
　周紹良主編『全唐文新編』吉林文史出版、二〇〇〇年
　呉鋼主編『全唐文補遺』三秦出版社、二〇〇五年

〔朝鮮史料〕

三国史記　楊軍校勘『三国史記』吉林大学出版社、二〇一五年

第一部　朝貢体制と古代日本の国際関係

第一章　隋唐朝の朝貢体制の構造と展開

はじめに

本章では、朝貢関係を基軸とする外交体制である朝貢体制の構造と展開を概観し、隋唐朝と諸外国との関係性と影響について検討することにより、隋唐朝の「帝国性」（帝国としての性質・特性）とは何かという問題について多少なりとも見通しを得たいと思う(1)。

隋唐朝は「世界帝国」と評されるが、そもそも「帝国」とは何かは自明ではない。有史以来、様々な「帝国」ないし「帝国的」とされる政治体が存在してきたが、その意味するところは同一ではなく、かなり偏差が大きい(2)。単に皇帝が支配する国家を帝国と称する場合もあるが、ここでは異民族を支配する政治システムとしての帝国の意味で用いることにしたい。

拙論で問題とする隋唐朝の「帝国性」については、堀敏一氏と渡辺信一郎氏の見解を参考にしたい。渡辺氏は、「唐王朝の帝国的秩序は、諸州と遠夷とが将来する貢献物の貢納を基本原理とし、そのうえに諸州から賦（調庸物）の上供が重層するという構造をとっていた」と述べられた(3)。遠夷（諸蕃）の貢献物と諸州の賦（調庸物）とを同質視することには疑問があるが(4)、唐朝の帝国秩序の基本原理が諸州と遠夷（諸蕃）の貢献（朝貢）に示されるという渡辺氏の視点は継承したいと思う。堀氏も、「中国の諸民族支配の特徴は、諸民族社会を温存して支配する羈縻の方式にあった」とし、「隋唐の世界帝国は、中国を中心として、その周囲に衛星諸国がきら星のごとくならんで、中国に朝貢し中国に学ぶという形をとった」とされる(5)。朝貢体制は隋唐朝と周辺諸国との貢献（朝貢）関係を規定したものであり、その意味で隋唐朝の「帝国性」を端的に示すものとも考えられよう。

一　朝貢体制の構造について

（1）「朝貢体制」とは何か

かつて筆者は、朝貢体制について、次のように定義した。すなわち、朝貢体制とは「天下（全世界）の支配者たる中華の天子（中国皇帝）の下には蕃夷（諸外国、国家のみならず部族などの政治勢力も含む）の君長が朝貢すべきであるという中国の伝統的な世界観（中華思想）や儒教的理念を実現するための外交体制」であると(6)。このように定義すると、中国側が一方的に設定し、諸外国に押しつけた外交体制のように捉えられるかもしれないが、中華のみならず蕃夷にとってもメリットのあるシステムであったからこそ国際秩序として機能したことを見落としてはならないと考える。実際、朝貢体制には、中華・蕃夷の国家（君長）にメリットをもたらす以下のような機能が存在した。

ⅰ．外交権の独占
ⅱ．外来品（先進文物や威信財など）の独占入手とその分配権の掌握
ⅲ．情報（学術・技術も含む）の独占

iv．安全保障〈贈答儀礼〈貢献・回賜〉による友好関係の形成・確認〉
v．支配者としての正統性・権威の強化

外交権の独占（i）については、後段の出入国規制で取り上げるが、中華の皇帝と蕃夷の君長（国王）のみが外交できるシステムであったということである。それにより、必然的に外来品（舶来品）は全て皇帝・君長の外交を通じてしか入手できないことになる（ii）。外来品は先進文物や威信財となり得るものであったため、その独占的な所有は支配者の権威を高める効果をもった。また、その外来品を臣下に下賜することで、君臣関係の強化にも役立った。外交権の独占は、情報の独占をも可能にした（iii）。国際情勢に関する情報のみならず、先進的な学術や技術に関する情報も君主（国家）が独占することにより、支配体制の安定・発展がもたらされた。そして、朝貢という贈答儀礼を定期的に行うことにより、中華と蕃夷の友好関係が促進され、地域的な安定、安全保障がなされるという意味も持つことになった（iv）。さらに、中華においては、蕃夷が朝貢してくることは、皇帝の有徳を示すものとして、支配者としての正統性を示すことができた（v）。一方、蕃夷においても、朝貢することは、大国である中国の皇帝からその国の支配者であることが認定されることを意味し、支配者としての権威・正統性を獲得することができたのである（v）。

以上、要するに、朝貢体制には中華・蕃夷を問わず君主権の強化や支配の安定化をもたらす機能があったのである。中華が設定したシステムであったとしても、メリットがあったからこそ蕃夷も進んで参加し、国際秩序として実質的に機能したと考えられる。なお、この朝貢体制は隋唐朝では律令制の一部として法制化され、日本や周辺諸国にも律令制を媒介にして受容される側面もあったと考えられる(7)。

（2）　出入国規制

朝貢体制の制度的な構造（朝貢体制を機能させる仕組み）がどのようなものであったかを論じるにあたって、まず出入国規制を取り上げることにしたい。制度的に明らかな唐代を中心に述べることになるが、隋唐朝は基本的に制度的には連続しているものと考える。

礼典に「人臣たる者に外交無し」、「天子の内臣は外交するを得ず」などと記されるように、中国では古くから国家君主が外交権を独占することが規範化されていた(8)。唐代の法律もそうした礼的規範に基づき、中華・蕃夷を限らず君主が派遣した公使（公的な外交使節）以外の出入国を禁じた(9)。蕃夷（諸外国）から隋唐朝に派遣された公使（外交使節）は、中国側からは基本的に朝貢使として認識された。すなわち、隋唐朝では朝貢使以外は国内に受け入れない外交方針をとっていたのである。このような外交方針を実現するための諸制度・措置として、以下のようなものがあった。

①辺関における交通検察
②月魚（銅魚符）による入国審査
③大船（海船）建造・所有に対する禁制
④海上交通の禁止措置

唐代前半までは、中国と諸外国との通交は主に陸上交通に依った。海上から入朝する国も皆無ではなかったが、陸上路に比べかなり少なかった。そのため、唐代前半までの出入国管理は陸上交通に即して行われた。朝貢使以外の蕃夷が入国しないように、また、公使以外の中国人が出国しないように、国境に置かれた辺関の警備が厳格に行われた

(①)。入国審査の際、朝貢使の真偽を明らかにする必要があるわけだが、その際に用いられたのが月魚と呼ばれた銅魚符であった(②)。この銅製の割り符を用いることで、朝貢使の真偽を判別したわけだが、これは後の明代の勘合の先蹤とされる。[10]海上交通に対する管理も全く無かったわけではなく、明朝の大船（海船）禁止政策につながると思われる大型船舶の建造・所有に対する制限が存在したと考えられる[11](③)。また、天宝年間に海賊呉令光が跋扈した際には、海路を封鎖する政策をとっている[12](④)が、これは明朝の海禁令と基本的に同じ性格の政策と考えられる。すなわち、海賊を介して、海外との不法な交流・通行を未然に防ごうとした政策であったと思われる。ただし、明代に比べ、唐代の海賊の規模や被害が相対的に小規模であったため、海路封鎖が常態化しなかったという違いがある。

上記のような諸制度・政策などにより、私的な通交・民間交流は遮断され、外交関係は国家君主に独占される体制が構築されたのである。

(3)　輸出品規制とその他の制度・施策

次に、隋唐朝の朝貢体制における輸出品規制について、その機能・目的とそれを支えた諸制度について述べることにしたい。[13]

隋唐朝に朝貢した諸国は、自国の産物を貢献する代わりに、先進文物を回賜品として与えられた。諸外国の朝貢の主要な目的の一つは、その回賜品の入手にあったことは間違いないだろう。隋唐朝は、その回賜品の価値を最大限に高めることにより、より多くの朝貢国を引き寄せることを図った。その方法は、先進文物を輸出規制し、朝貢しない限りは原則として先進文物を入手できないようにするというものである。具体的には、以下のような制度が設けられた。

⑤関市令や勅により、回賜品となり得る先進文物などを輸出規制品に指定
⑥出国時の過所を利用した所持品検査により、輸出規制品（先進文物など）の不法な持出の取り締まり、違法者の厳罰
⑦諸国の公使（朝貢使）の買い物の制限、行動の監視
⑧縁辺（国境付近）での互市（貿易）の管理・制限

回賜品は、錦・綾・羅など高級絹製品や金銀の工芸品をはじめとして中国のみが作り得た先進文物が中心で、関市令や勅により国外への持出禁制品に指定された(補註1)（⑤）。禁制品に指定された物品は、皇帝の許可無く、国外に持ち出すことは犯罪とされ、衛禁律に厳罰が規定された（⑥）。出国時には、過所に記された物品と実際の所持品の照合により、不正持出が無いかチェックを受ける仕組みとなっていた（⑥）。また、入国の認められた諸国の公使といえども、中国国内での自由な行動は認められておらず、客館外に出て、見学や買い物を希望する際には、皇帝の許可を得る必要があった。許可が下りても、禁制品の購入ができないように官吏が監視を行った（⑦）。また、国境付近において、諸外国の要求に応じて互市（貿易）が行われることもあったが、これも皇帝の許可の下で行われるものであって、自由にできるものではなかった。官吏の監督の下、厳重な警戒体制がしかれ、交易品も限定された（⑧）。

朝貢体制に関わる制度・政策としては、上記以外のものとしては、⑨諸蕃・絶域への遣使・招諭、⑩朝貢使の待遇整備などがある。前者は、朝貢国を増やすために、諸国に朝貢を促す使者を派遣するというもので、隋の煬帝による赤土国などに対する遣使・招諭が有名である。後者も、大きな意味では朝貢国を増やすためのもので、交通・食料・宿舎など蕃夷使者の中国滞在中の待遇を整備・優遇するものである(14)。

（4）　隋唐朝と明朝の朝貢体制

隋唐朝の朝貢体制を支える諸制度を通覧してきたが、朝貢使以外の通交を認めず、朝貢使の真偽判別に「割符」（月魚・勘合）を用い、海上交通の制限（大船禁止・海路封鎖＝海禁）を行うなど、明朝の朝貢体制との類似性・同質性の高さに気づかされる。隋唐朝と明朝の朝貢体制は、基本的に同じ制度的構造であったとしてよいのではないだろうか。[15]日本が七世紀以降朝貢したのは、隋・唐・明朝だけであったことを考えると、この朝貢体制の類似性・同質性を重視すべきであると思われる。

しかし、従来の捉え方として、明朝の外交体制は、「海禁」政策や民間貿易禁止から、どちらかというと「閉鎖的」にイメージされてきたのではないだろうか。[16]その一方で、唐朝の外交体制は「開放的」で、民間貿易も活発というイメージが流布しているように思われる。[17]後でも触れるが、唐朝も八世紀半ばを境に外交体制が大きく変わり、それ以前は民間貿易が禁断されていたのが、以降は民間貿易が公認化されるということがあった。その後者の「開放的」なイメージが、唐代一般のイメージになっているということがあるのかもしれない。「鎖国」を「海禁」の一類型と捉える視点に立つならば、[18]実は唐朝の前半は「鎖国」的であったということになる。後述するようにこの唐朝前半こそ唐朝への朝貢が最も多い時期なのであり、唐朝の「帝国性」が対外関係の制限（「鎖国」性）と大きな関連性を持っていることが想定される。制限こそ求心性を生むということは、十分考えられるのではないだろうか。

二　朝貢体制の展開

表1　隋朝の朝貢件数表

	在位期間	東夷	南蛮	西域	北狄	突厥	不明	小計	件／年
1. 文帝	581. 2〜604. 7	9	1	6	15	11	0	42	1.8
2. 煬帝	604. 7〜617.11	7	5	24	3	4	13	56	4.2
3. 恭帝	617.11〜618. 5	0	0	0	0	0	0	0	0
合　計	581. 2〜618. 5	16	6	30	18	15	13	98	2.6

（凡例）
1. 本表は，『冊府元亀』外臣部・朝貢門掲載の隋代朝貢記事の件数を整理したものである．便宜的に朝貢者を東夷・西域・南蛮・北狄・突厥・不明（所在地域不明）に分類したが，地域分類は『隋書』四夷伝を基本とした．
2. 同年同月に同一朝貢者が記載されている場合には，件数は1回とした．
3.「件／年」の項目では，各皇帝の時期の年あたりの朝貢件数（頻度）を記載した．割り切れない場合は，小数点第2位を四捨五入して，小数点第1位まで算出した．

（1）　隋唐朝への朝貢状況の概観

隋唐朝の朝貢体制がどのような展開をしたか概観するために、隋唐朝への朝貢状況を表1及び表2にまとめた。どちらも、『冊府元亀』外臣部・朝貢門掲載の朝貢記事の件数を整理したものである。なお、『隋書』・『旧唐書』・『新唐書』などの正史類から朝貢記事を補足することはしなかったのは、正史の記述が『冊府元亀』の逸失を補う場合もあるが、正史と『冊府元亀』とでは同一の朝貢を年次を違えて記述することもあるので、二重カウントを防止するためである。[19]また、性格の異なる史書を無原則に合体するよりは、多少欠落があるにしても同一の情報源で概観した方が全体的な傾向を捉える上でより過失が少ないと考えたためである。

まず、隋朝だが、実質的に二代三十七年と短命な王朝であったため、表1からあまり多くのことを読み取ることはできない。文帝の時代（一・八）より煬帝の方（四・二）が朝貢頻度が高く、隋朝全体（二・六）として唐朝（四・七）より朝貢頻度が低く、朝貢体制がまだ完全には機能していなかった印象を受ける。

次に、唐朝における朝貢状況を、表2から見てみよう。

①朝貢全件数＝一三四八件

表2　唐朝の朝貢件数表

皇　帝	在位期間	北狄	東夷	西域	南蛮	突厥	吐蕃	廻紇	不明	小計	件／年
1. 高祖	618. 6～626. 9	6	14	38	9	23	0	0	0	90	10.8
2. 太宗	626. 9～649. 7	50	31	97	42	16	10	1	7	254	11.1
3. 高宗	649. 7～683.12	2	12	43	29	0	4	0	4	94	2.7
4. 中宗	683.12～684. 2	0	0	0	0	0	0	0	0	0	0
5. 睿宗	684. 2～690. 9	0	0	1	2	0	0	0	0	3	0.5
6. 則天	690. 9～705. 1	1	3	13	11	1	1	0	0	30	2.1
7. 中宗	705. 1～710. 6	2	10	9	6	0	2	0	0	29	5.3
8. 睿宗	710. 6～712. 8	3	2	7	3	4	3	0	0	22	10
9. 玄宗	712. 8～756. 8	112	44	224	28	24	15	3	7	457	10.4
10. 粛宗	756. 8～762. 4	1	0	14	0	0	0	2	0	17	3.0
11. 代宗	762. 4～779. 5	65	15	17	10	0	8	15	0	130	7.6
12. 徳宗	779. 5～805. 1	13	4	1	19	0	1	9	0	47	8.2
13. 順宗	805. 1～805. 8	0	0	0	0	0	1	0	0	1	1.4
14. 憲宗	805. 8～820. 1	26	6	0	25	0	4	6	0	67	4.7
15. 穆宗	820. 1～824. 1	4	2	0	4	0	2	3	0	15	3.8
16. 敬宗	824. 1～826.12	8	0	0	3	0	4	4	0	19	6.6
17. 文宗	826.12～840. 1	26	7	0	17	0	4	5	0	59	4.5
18. 武宗	840. 1～846. 3	4	0	2	6	0	0	0	0	12	1.9
19. 宣宗	846. 3～859. 8	0	1	0	0	0	0	0	0	1	0.1
20. 懿宗	859. 8～873. 7	1	0	0	0	0	0	0	0	1	0.3
21. 僖宗	873. 7～888. 3	0	0	0	0	0	0	0	0	0	0
22. 昭宗	888. 3～904. 8	0	0	0	0	0	0	0	0	0	0
23. 哀帝	904. 8～907. 4	0	0	0	0	0	0	0	0	0	0
合　計	618. 6～907. 4	324	151	466	214	68	59	48	18	1348	4.7

（凡例）

1. 本表は，『冊府元亀』外臣部・朝貢門掲載の唐代朝貢記事の件数を整理したものである．『冊府元亀』のテキストは，宋版・明版双方（どちらも中華書局本）を併せ参照した．
2. 朝貢国（部族）を便宜的に北狄・東夷・西域・南蛮・不明（所在地域不明）に分類したが，地域分類は『新唐書』四夷伝を基本とし，『旧唐書』四夷伝や『唐会要』（巻94～100）なども参照した．ただし，突厥（東突厥・西突厥），廻紇（廻鶻・回鶻），吐蕃は独立して項を立てた．
3. 同年同月に同一朝貢者が記載されている場合には，件数は1回とした．
4. 朝貢した月が記載されていないものは，12月として計算した．
5. 皇帝の亡くなった月の朝貢は，亡くなった皇帝の時期の朝貢として計算した．
6. 「件／年」の項目では，各皇帝の時期の年あたりの朝貢件数（頻度）を記載した．割り切れない場合は，小数点第2位を四捨五入して，小数点第1位まで算出した．

唐朝通じての朝貢全件数は一三四八件を数えるが、前述したようにあくまでも『冊府元亀』外臣部・朝貢門によるもので、実際数はこれよりもいくらか多いものと思われる。

②朝貢頻度（一年あたりの平均朝貢件数）＝四・七件

先にも触れたが、隋朝は二・六件であったのに対し、唐朝は四・七件と朝貢頻度が高く、唐朝に朝貢体制が完成し、その「帝国性」がより一層発揮されたことを窺わせる。

③朝貢の割合（四夷及び主要国の朝貢の割合）

四夷及び突厥・吐蕃・廻紇（廻鶻・回鶻）それぞれの朝貢件数が、唐朝における全朝貢件数の中でどのくらいの割合を占めたのかを算出してみると以下のようになる。

北狄＝324÷1348＝24.0%
東夷＝151÷1348＝11.2%
西域＝466÷1348＝34.6%
南蛮＝214÷1348＝15.9%
突厥＝ 68÷1348＝ 5.0%
吐蕃＝ 59÷1348＝ 4.4%
廻紇＝ 48÷1348＝ 3.6%

こうしてみると、唐朝の外交上のウエイトは西域が最も高く、東夷すなわち東アジア諸国のウエイトが最も低いことが分かる。このことは、唐朝の外交体制や国際秩序を東アジアを中心に考えることができないことを示している。唐朝にとっては西域・北狄諸国が重要な外交対象であったのであり、実際、軍事上も西辺・北辺が重要視されていた。(20)

なお、突厥・吐蕃・廻紇は、唐朝全時期でならしてしまうとあまり大きな割合でないように見えるが、突厥の場合は唐朝前半しか朝貢しておらず、廻紇もほぼ唐代後半に朝貢が集中しているので、それぞれ前半、後半だけでみると十%前後の割合を占めることになるだろう。吐蕃の場合は、唐朝全時期を通じて比較的継続的に朝貢が行われている。

(2)　唐朝における朝貢件数の多い年次

表2には示されていないが、唐朝の全時期を通じて、朝貢件数の多い年次とその件数を調べてみると、上位の年次は以下の通りである。

武徳四年（六二一）＝二十八件
開元七年（七一九）＝二十六件
貞観三年（六二九）＝二十一件
開元十八年（七三〇）＝二十一件

なぜ、この四つの年次に朝貢件数が多いかを考えてみると、次のような背景が想定される。まず、武徳四年だが、この年に竇建徳・王世充を倒し、唐朝の地位が確立した年である。完全な中国再統一にはまだ至っていなかったが、隋朝の後継王朝として周辺諸国に認められるようになったため、多くの朝貢があったと考えられよう。次の開元七年は西域からの朝貢が多かった年で、全二十六件中、十六件が西域からの朝貢であった。その点からすると、前年の開元六年に安西節度使を設置し、唐朝の西域への影響力が拡大したことに対応した動きであったと理解することができるであろう。貞観三年は唐朝が中国再統一を成し遂げた年であり、その威信がゆるぎないものになったことを示す。最後の開元十八年は北狄の朝貢が増加している（八件）ことが注目される。この年、北狄の契丹・奚が離反し、この方面の地域秩序が不安定化したことと関係していると思われる。

上記の想定が認められるならば、朝貢はそれぞれの地域における政治的・軍事的な変動に対応して増加するものであり、紛争の解決や地域の安定化を求めるために行われていた側面があることを示唆しているように思われる。

（3） 唐朝における朝貢件数の増加時期

次に、朝貢が増加した時期について、取り上げてみたいと思う。

表2によれば、朝貢頻度が最も高いのは、太宗の時代（一一・一）であり、次いで高祖（一〇・八）、玄宗（一〇・四）、徳宗（八・二）、代宗（七・六）の時代が続く。このことから、朝貢が増加したピークが三つ存在したことを指摘できる。すなわち、①高祖・太宗期、②玄宗期、③代宗・徳宗期の三つである。①高祖・太宗期は、最も朝貢体制が機能した時期と評価できるものと思う。②玄宗期は、①に次ぐ朝貢頻度だが、朝貢した国の地域を見てみると、南蛮が減少し、北狄が増えていることが分かる。③代宗・徳宗期は、西域が減少し、北狄・南蛮が増加している。それぞれの時期の国際関係により、朝貢する国々に変動があったことが想定される。

なお、表2全体を通観してみると、必ずしも対外戦争の勝敗や版図の拡大が朝貢件数の増減と結びついているわけではないことが分かる。例えば、唐朝の最大版図の時期であった高宗期には、朝貢件数が少ない。また、安史の乱（七五五〜七六三）後、唐朝の権威が急速に低下したと捉えられがちだが、代宗・徳宗期には朝貢件数が多くなっている。確かに西域の朝貢が減ってはいるが、全体として見てみると、安史の乱の国際的影響を過大視できないのではないかと思われる（後述のように、乱の最中の国内混乱時には朝貢の減少はあったが、長期的な影響を及ぼしたとは思われない）。西域の朝貢件数の増減については、タラスの戦い（七五一）前後の状況も参考になるだろう。タラス敗戦後の天宝十二年（七五三）に十六国が入朝しているように、敗戦＝朝貢減少というわけではない。西域の朝貢件数の減少についていえば、安史の乱の敗戦そのものより、その後の吐蕃による西域支配の拡大による影響が大きいものと考えられる。

（4）　唐朝における朝貢件数の減少時期

今度は、朝貢件数が減少した時期について、見てみたいと思う。表2から、前後の時期に比べ朝貢頻度が大きく低下した時期（または、唐朝の朝貢頻度の平均値四・七を大きく下回った時期）を挙げると、以下のようになる。なお、則天武后の治世は正しくは周朝となるが、ここでは唐朝に含めて扱う。

①高宗～則天期

②粛宗期

③武宗～哀帝期

①の時期だが、先にも述べたが、最大版図の時期にも関わらず、朝貢が減少していることが注目される。相続いた対外戦争や国内政争、そして武周革命などの混乱が影響したものと考えられるが、それ以外に諸外国側に朝貢する必要性が無くなる状況などもあったことが想定される。この時期の減少の理由については、今後さらに具体的に検討したいと思う。②の時期は、安史の乱による国内混乱が大きな原因であることは間違いないだろう。③は、唐末ということで、唐朝の衰退により朝貢が減少していったということは大筋で認められるものと思うが、しかし、それにしても武宗の時に急激に朝貢が減少した理由は別に考えなければならないと思われる。（補註2）また、順宗期から武宗期にかけて、緩やかな減少傾向が見られることも併せて検討する必要があ

（参考）天宝十年（751）のタラスの戦い前後の西域の朝貢件数

西　暦	746	747	748	749	750	751	752	753	754	755	756
朝貢件数	12	10	7	6	4	10	7	16	9	6	2

るだろう。

まず、順宗期以降の減少傾向だが、唐朝の対外方針・政策の変更が対応しているのではないかと推測される。建中二年(七八一)~貞元二十年(八〇四)に、それまでは禁止されていた私的な出入国を認めるようになったと考えられ(21)、これ以降、民間貿易(互市)が活発化し、唐商人の海外進出もこの頃から確認されるようになる。このような民間貿易の拡大は、唐朝の文物の魅力により蕃夷を朝貢させていた朝貢体制の機能を低下させることになったと思われる。朝貢体制の制限に縛られることなく、民間貿易である程度唐の文物が入手できるようになり、朝貢する必要性は無くなったのであろう。この点については、玄宗期の南海貿易と南海諸国の朝貢の関係も参考になると思われる。上述したように、玄宗期は唐朝の朝貢件数のピークの一つであるが、南蛮諸国の朝貢は減少している。表3によっても同様な状況が確認され(22)、さらに玄宗期以降、南海諸国(南蛮)の減少傾向に歯止めがかかることなく、衰退の一途を辿ったことが分かる。この南海諸国の朝貢減少は、玄宗期に盛んとなった南海貿易により南海諸国にとっての朝貢の意義が低下したことが原因と考えられており(23)、民間貿易が朝貢を減少させたという点において同じ現象と言えるだろう。

武宗期の朝貢国激減の理由を考える上で、この時期の宗教問題に注目したい。この武宗期には、仏教をはじめ摩尼教(マニ教)、景教(ネストリウス派キリスト教)、祆教(ゾロアスター教)、穆護教(イスラム教)などの外来宗教が一斉に弾圧され、排外主義、民族主義の嵐が吹き荒れたことが知られる(24)。「帝国」は本来多民族・多文化を含みこむものであり、唐朝もそれまでは外来宗教や胡俗など外国文化に寛容であり、異民族の官僚を積極的に登用するなど国粋主義的な性格は見られなかった。しかし、この武宗期には強烈な民族主義が打ち出され、唐朝の性格が一変したのである。なお、こうした民族主義・排外主義は、唐朝にのみ現れたのではなく、帝国の周辺に位置する日本においてもほ

表3　唐朝における南海諸国の朝貢

皇　帝	在　位　期　間	朝貢件数	朝貢国数	件／年
1. 高祖	618〜626（　8 年間）	6	4	0.8
2. 太宗	627〜649（ 22 年間）	36	21	1.6
3. 高宗	650〜683（ 33 年間）	29	21	0.9
4. 武后	684〜704（ 20 年間）	10	3	0.5
5. 中宗	705〜709（　4 年間）	5	2	1.3
6. 睿宗	710〜711（　1 年間）	2	1	2
7. 玄宗	712〜755（ 43 年間）	15	3	0.3
8. 唐後半	756〜907（151 年間）	15	5	0.1
合　計	618〜907（289 年間）	118	—	0.4

（凡例）
1. 本表は，清木場東「隋唐宋貿易の研究Ⅰ—南海朝貢国篇（1)—」（『産業経済研究』25-4，1985 年）864 頁掲載の表 1 をもとに作成した．
2. 清木場氏の表から，国名を省略し，新たに「件／年」の項目を設けるなど一部改作を加えた．「件／年」の項目は各皇帝の時代の一年あたりの朝貢件数の平均値を示すもので，割り切れない数値の場合は小数点第 2 位で四捨五入して，小数点第一位まで求めた．
3. 在位期間については清木場氏の表記に従い，武后の在位期間には武后視朝の時期も含まれる．

ぼ同じ時期に表出したことを付け加えておきたい。(25)「帝国」の崩壊が民族主義の台頭を招くこと（民族主義の台頭が「帝国」を崩壊させたという評価も可能かもしれないが）は、多くの事例から知られるところである。(26) 武宗期の朝貢国の減少は、正に唐朝の「帝国性」の喪失を意味すると思われる。

なぜ、武宗期に唐朝が「帝国性」を喪失したのかという問題に解答することは容易ではない。しかし、既に多くの論者が指摘しているように、それまで唐朝と拮抗した勢力を持っていた吐蕃・廻紇（廻鶻・回鶻）という二つの帝国が相次いで崩壊するという「東部ユーラシア」における政治的大変動が関係していることは間違いないだろう。(27) ライバルであった吐蕃・廻紇の崩壊が、なぜ唐朝の「帝国性」喪失につながるのか、その具体的な因果関係の解明は、今後の課題としたい。

武宗期の朝貢減少については、この時期に民間貿易が一段と発展したことも関連していると思われる。八四〇年代から唐商人の日本来航が顕著となるなど、東アジア交易圏がより一層活発化したことが知られる。これ以降、日本の遣唐使（朝貢使）の派遣が見られなくなるように、民間貿易の進展が朝貢を減少させた要因であることは明らかであろう。(28) 民間貿易が日本のような一部の周辺諸国に対する求心力を奪い、唐朝の「帝国性」を弱める働きをしたものと考える。

（5）九世紀の朝貢国

九世紀以降、私的な出入国が認められ、民間貿易が次第に拡大したことにより、唐朝への朝貢が減少していったが、継続的にそれなりの頻度で朝貢する国々も存在した。北狄の渤海・契丹・奚・室韋、東夷の新羅、南蛮の南詔・牂牁、そして吐蕃と回鶻である。これらの国々の共通点は、陸上で国境を接する国か、陸路でつながる近国ということである。それに反して、遠国や海路入朝の国は早くから朝貢が減少・途絶する傾向がある。

軍事的な影響・安全保障上の関係性が弱い地域では、貿易（互市）の増減が朝貢の多寡に直接結びついたものと思われる。逆の言い方をするならば、陸上でつながる周辺国家にとっては朝貢がそれだけ安全保障上重要な意味を持ったことを意味しているだろう。このことは、（2）でも述べたように、朝貢が各地域の政治的・軍事的な変動に対応して増加していることによっても裏付けられるだろう。

また、この九世紀の朝貢国は先に述べたように陸路でつながる近国に限定されていったわけだが、それは唐朝の「帝国」としての影響の及ぶ範囲が次第に縮小してゆく過程を如実に示すものでもあった。

おわりに

隋唐朝の「帝国性」とは何かを問題とした本章であるが、結局、「帝国」なるものの周辺を彷徨っただけで、到底その中核（本質）にまで迫ることはできなかった。しかし、朝貢体制という一点から覗き見た、文字通りの管見から得た見通しを最後に述べることを許して頂きたい。

隋唐朝の「帝国性」とは、中華の皇帝による天下支配という外被をまとうものであったが、中華による一方的な蕃夷に対する支配というわけではなく、双方にメリットのある互恵的な関係により成り立つものであった。ただし、あくまでも中華の皇帝と蕃夷の君長の支配体制の安定・強化のためのものであり、私的な外交関係や民間の交流は排除された。

また、隋唐朝の「帝国」としての存在は、地域の安全保障の中心的役割を担うものであり、ある意味で周辺諸国の利害関係や価値観の対立を調整する機能を期待されたと思われる。それはまず、朝貢という贈答儀礼が周辺諸国の融和的な関係を確認する手段として一定の有効性をもっていたということがあると思う。もちろん、朝貢の際の具体的な問題解決を図る外交交渉が重要な意味をもったこと、そして朝貢体制という国際秩序を維持するためには強大な軍事力の存在が必要不可欠であったことは言うまでもない。

それから、朝貢関係を通して隋唐文化（国際的な普遍性を有する文化であり、純粋な中国文化というわけではない）という共通の文化・価値観が周辺諸国に共有されたが、そのことが各国の独自の文化・価値観同士の対立・衝突を抑制・回避させる働きをしたのではないかと考えられる。しかし、唐朝が「帝国性」を喪うと、抑制されていた中華も含めた諸国の文化・価値観が民族主義・排外主義という形をとって噴出することになったと思われる。[29]

以上のような隋唐朝の「帝国性」は、私的外交・民間交流を制限すること（「鎖国」性）により生み出された求心性（蕃夷を中華に引きつける力）に立脚するものであったため、九世紀以降の私的な国際交流、民間貿易の展開により次第に衰退してゆくことになった。最終的には八四〇年頃に、唐・吐蕃・回鶻三国鼎立による外交バランスが崩れること[30]が引き金となって、唐朝の「帝国性」は急速に、そして完全に喪われたのである。

註

(1) 唐朝の朝貢体制と古代日本との関わりについては、既に『唐王朝と古代日本』(吉川弘文館、二〇〇八年)で取り上げた。本章では、唐日関係のみならず、隋唐朝と諸外国一般との関係・影響を概観することになる。なお、管見の限り、日本ではこれまで隋唐朝の朝貢体制について全面的に論じた研究は存在しないように思われる。中国には、李雲泉『朝貢制度史論—中国古代対外関係体制研究—』(新華出版社、二〇〇四年)、郝祥満『朝貢体系的建構与解構別眼相看中日関係史』(湖北人民出版社、二〇〇七年)、付百臣『中朝歴代朝貢制度研究』(吉林人民出版社、二〇〇八年)などがあるが、本章のような「帝国性」という観点からの研究は無いようである。

(2) 歴史上の帝国については、山内昌之・増田一夫・村田雄二郎編『帝国とは何か』(岩波書店、一九九七年)、本村凌二・鶴間和幸ほか『岩波講座世界歴史5 帝国と支配』(岩波書店、一九九八年)、山本有造編『帝国の研究—原理・類型・関係—』(名古屋大学出版会、二〇〇三年)等を参照。

(3) 渡辺信一郎『天空の玉座』(柏書房、一九九六年)、二四四頁。

(4) 大津透「《書評》中華思想と諸民族の「統合」—堀敏一『中国と古代東アジア世界』—」(『思想』八五一、一九九五年)、同「課役制と差科制—課・不課・課戸にふれて—」(『日唐律令制の財政構造』岩波書店、二〇〇六年、初出一九九二年)、坂上康俊「書評渡辺信一郎著『天空の玉座—中国古代帝国の朝政と儀礼—』」(『日本史研究』四三七、一九九九年)を参照。

(5) 堀敏一『中国と古代東アジア世界　中華的世界と諸民族』(岩波書店、一九九三年)、一八六〜一八七頁。

(6) 前掲註(1)拙著『唐王朝と古代日本』二頁。

(7) 前掲註(1)拙著『唐王朝と古代日本』を参照。なお、日本以外の周辺諸国の律令制の受容は限定的であったと考えられる。これに関しては、本書第二部第四章「東アジア世界における日本律令制」を参照。

(8) 拙論「律令国家の対外方針と「渡海制」」(前掲註(1)拙著『唐王朝と古代日本』所収)を参照。

(9) 公使以外の出入国を認めないという唐代の外交規制については、前掲註(8)拙論を参照。なお、ソグド人がこの規制の例外的な存在であったことについては、荒川正晴『オアシス国家とキャラバン交易』(山川出版社、二〇〇三年)、同上『ユーラシアの交

通・交易と唐帝国』（名古屋大学出版会、二〇一〇年）を参照。

(10) 丘濬『大学衍義補』巻九十、璽節之制。

(11) 拙論「唐代の出入国管理制度と対外方針」（前掲註(1)拙著『唐王朝と古代日本』）、東野治之「『唐大和上東征伝』から見た日唐交流」（『大和古寺の研究』（塙書房、二〇一一年）を参照。

(12) 海賊呉令光と海上封鎖については、安藤更生『鑑真大和上伝之研究』（平凡社、一九六〇年）、松浦章『中国の海賊』（東方出版、一九九五年）を参照。なお、海路封鎖が海賊との通交を遮断する目的であったことは、大船を建造した鑑真一行が海賊との通謀を疑われたことに示されている。

(13) 唐朝の輸出品規制（貿易管理）については、石見清裕「唐代外国貿易・在留外国人をめぐる諸問題」（『唐の北方問題と国際秩序』汲古書院、一九九八年、初出一九九七年）、拙論「唐代の朝貢と貿易」（前掲註(1)拙著『唐王朝と古代日本』所収）等を参照。

(14) 唐朝の朝貢使に対する待遇については、石見清裕「唐の朝貢規定と国際秩序」（前掲註(13)『唐の北方問題と国際秩序』所収）を参照。

(15) 明朝の外交体制については多くの論著があるが、檀上寛『明代海禁＝朝貢システムと華夷秩序』（京都大学学術出版会、二〇一三年）、茂木敏夫「東アジアにおける地域秩序形成の論理　朝貢・冊封体制の成立と変容」（辛島昇・高山博編『地域の世界史3 地域史の成り立ち』山川出版社、二〇〇〇年）を挙げておきたい。

(16) 例えば、三田村泰助『世界の歴史14　明と清』（河出書房新社、一九九〇年）を挙げておく。

(17) 一例として、塚本善隆『世界の歴史4　唐とインド』（中央公論社、一九八三年）を示しておく。

(18) 鎖国を海禁の一類型と捉える見解については、田中健夫「鎖国について」（『対外関係と文化交流』思文閣出版、一九八二年、初出一九七六年）、荒野泰典『近世日本と東アジア』（東京大学出版会、一九八八年）等を参照。

(19) 正史と『冊府元亀』外臣部・朝貢門の記事にズレが存在することについては、本書第一部補論「『隋書』倭国伝について」を参照。

(20) 軍事上、西辺・北辺が重要視されていたことは、唐朝の縁辺の関塞や折衝府の配置が西辺・北辺に偏っていることに示されている。

(21) 前掲註(11)拙論「唐代の出入国管理制度と対外方針」を参照。

(22) 清木場東「隋唐宋貿易の研究I―南海朝貢国篇(1)―」(『産業経済研究』二五―四、一九八五年)所収の表1から作成したものである。なお、清木場氏の表は、正史他各種史料から網羅的に蒐集した朝貢記事により作成された労作「南海朝貢国年表」に基づき作られたものである。
(23) 和田久徳「唐代の南海遣使」(『東洋学報』三三―一、一九五〇年)、同上「東南アジアにおける華僑社会の成立」(『世界の歴史新訂版13』筑摩書房、一九七九年)等を参照。
(24) 氣賀澤保規『中国の歴史6　絢爛たる世界帝国隋唐時代』(講談社、二〇〇五年)、石見清裕「円仁と会昌の廃仏」(鈴木靖民編『円仁とその時代』高志書院、二〇〇九年)等を参照。
(25) 村井章介「王土王民思想と九世紀の転換」(『思想』八四七、一九九五年)を参照。
(26) 黄巣の乱における広州での異教徒の大量虐殺も、この時期の排外主義との関連で考察する必要があるのではないかと思われる。
(27) 山内晋次「九世紀東部ユーラシア世界の変貌―日本遣唐使関係史料を中心に―」(角田文衛監修『仁明朝史の研究　承和転換期とその周辺』思文閣出版、二〇一一年)、同上「「東アジア史」再考」(『歴史評論』七三三、二〇一一年)などを参照。
(28) 前掲註(13)拙論「唐代の朝貢と貿易」を参照。
(29) 日本の「国風文化」などこの時期の周辺諸国の文化の発展を、唐朝の「帝国性」の喪失という観点から捉え直す必要を感じている。
(30) 森安孝夫『興亡の世界史5　シルクロードと唐帝国』(講談社、二〇〇七年)終章「唐帝国のたそがれ」を参照。
(補註1) 先進文物の輸出規制に関して、関市令の規定が西辺・北辺の諸関、縁辺諸州など陸上国境に関わるものであるため、日本も含め海から入国する国々に対する規制は存在しなかったのではないかという誤解が存在しているようである。七世紀末までの唐朝では西域(シルクロード諸国)との貿易がメインであったために、律令では陸上国境における互市に関する規定だけで十分であった。しかし、それは海上貿易を無制限・自由に行わせることを認めていたわけではなく、貿易自体が少なく、規定を設ける必要が無かっただけである。南海貿易が盛んになると、唐朝は市舶使を置いて貿易を監督させると共に、輸出規制に関する関市令の規定を修正し、海上貿易にも対応できるよう開元二年閏三月勅(『唐会要』巻八十六　市)を出している。唐朝は陸上、海上に拘わらず、全て対外貿易に対し規制をかけていたことは間違い無いだろう。唐代の市舶使については、和田久徳「唐代における市舶使の創置」(和田博士古稀記念東洋史論叢編集員会編『和田博士古稀記念　東洋史論叢』講談社、一九六一年)を参照。

（補註2）　武宗期以後の朝貢国の減少については、『冊府元亀』が編纂された北宋代には唐代作成の武宗以降の実録が残存していなかったことも関係していると考えられる。『宋史』芸文志によれば、武宗〜哀帝の実録は北宋の宋敏求が撰成したことが知られる。

第二章　遣唐使の役割と変質

はじめに

遣唐使とは中国唐朝に遣わされた外交使節を意味するが、多くの国と外交関係を持った唐朝にあっては、日本（倭）のみならず様々な国から遣唐使が派遣されていた。それ故、日本の遣唐使について考察するにしても、日本と唐朝との二国間の関係だけを問題にするのではなく、唐代の国際関係全体の中に位置づけて考える必要がある。すなわち、日本の遣唐使としての特殊性を考えるとともに、遣唐使としての一般性をも考え合わせなければならない。かつて、遣唐使は唐朝に対し対等外交を行っていたと考えられていたが、唐朝に派遣された外交使節の一般的な性質を考えるならば、日本の遣唐使も朝貢使として扱われたことは明らかであり、対等外交を行ったと考え得る余地は無い(1)。

唐朝は自らを中心とする国際秩序を形成しており、日本も含め多くの国々が外交上の規制を受けていた。遣唐使も、そうした規制の下で派遣されたのである。また、日本は唐朝とのみ外交関係があったのではなく、新羅・渤海など周辺諸国とも関係があり、遣唐使の派遣に大きな影響を与えていた。本章では、日本の遣唐使が果たした役割を明らかにすることを目的としているが、このような国際環境を踏まえた上で論じることにしたい。

日本からの遣唐使は、舒明二年（六三〇）から承和五年（八三八）まで、十五回派遣された。寛平六年（八九四）の

留学僧／留学生	留学帰国者	来日外国人	備　　考
	霊雲，僧旻／勝鳥養	（唐使）高表仁	
道厳，道通，道光，恵施，覚勝，弁正，恵照，僧忍，知聡，道昭，定恵，安達，道観，（知弁，義徳，恵妙，智国，智宗）／巨勢薬，氷老人，（坂合部磐積，高黄金）			
道福，義向			
	道昭		
		耽羅王子阿波伎	唐天子に示すために道奥蝦夷男女二人を連れて行く
（智蔵）			黄書本実，仏足石図を写して帰国
道慈，弁正（智鳳，智鸞，智雄）			百済救援の役で捕虜となり，唐に抑留されていた錦部刀良等を連れ帰る
玄昉／阿倍仲麻呂，吉備真備，（井真成）	道慈，行善		第7次大使坂合部大分，弁正の子秦朝元を連れ帰る
栄叡，普照（＝業行？），（玄朗，玄法）	玄昉／吉備真備	道璿，菩提僊那，仏徹，（善意），袁晋卿，金礼信，皇甫東朝，皇甫昇女，李密翳，（李元環）	阿倍仲麻呂の傔人羽栗吉麻呂，息子の羽栗翼・翔と共に帰国 判官の船は帰国時に崑崙（林邑）国へ漂着
行賀，（円覚）／春桃原	（船夫子）	鑑真，法進，曇静，思託ほか	大使と阿倍仲麻呂の乗る①は帰国時安南に漂着

表4　遣唐使一覧

次	任命・出発・帰国など	押使・大使など	請益僧／請益生
1	630（舒明2）8発 632（舒明4）8帰	犬上御田鍬 薬師恵日	
2	653（白雉4）5発 654（白雉5）7帰	[大]吉士長丹	
	653（舒明2）5発，7沈没	[大]高田根麻呂	
3	654（白雉5）2発 655（斉明1）8帰	[押]高向玄理 [大]河辺麻呂	
4	659（斉明5）7発 661（斉明7）5帰	坂合部石布	
5	665（天智4）？発 667（天智6）11帰	守大石	
6	669（天智8）？発 （帰国記事無し）	河内鯨	
7	701（大宝1）1任 702（大宝2）6発 704（慶雲1）7帰（執節使ら） 707（慶雲4）3帰（副使ら）	[執]粟田真人 [大]坂合部大分	
8	716（霊亀2）8任 717（養老1）3発 718（養老2）10帰	[押]多治比県守 [大]大伴山守	大和長岡[法]
9	732（天平4）8任 733（天平5）4発 734（天平6）11帰（大使ら） 736（天平8）8帰（副使ら）	[大]多治比広成	理鏡／ 秦大麻呂[法]
10	750（天平勝宝2）9任 752（天平勝宝4）閏3発 753（天平勝宝5）12帰（11） 754（天平勝宝6）4帰（1）	[大]藤原清河	藤原刷雄[?]， （膳大丘[経]）

留学僧／留学生	留学帰国者	来日外国人	備　　考
(戒明)		(唐送使) 沈惟岳ほか	
		(唐使) 孫興進, 秦怤期, 高鶴林ほか	第10次大使藤原清河の娘喜娘を連れ帰る ①は帰国時に難破・遭難
	戒明		
空海, 霊仙, 円基, 妙澄／橘逸勢, 粟田飽田麻呂	永忠, 空海／橘逸勢, 粟田飽田麻呂		③は遭難
円載, ×真済／長岑氏主, ×佐伯安道, ×志斐永世			①は遭難大破し, 出発しなかった 大使らは新羅船を雇い帰国

かを示す.
記さない. なお, 人名の前の[執]は執節使を, [押]は押使を, [大]は大使を指す. 大使以上を欠き, 副使が
の区別が無い場合を示す.
われる名前で表記した.
などを付して専門を示した. 実際に入唐しなかった者には×を付した. なお, 請益生に類する者として

唐しなかった者には×を付した.
短期留学の請益僧・請益生は記さない.

次	任命・出発・帰国など	押使・大使など	請益僧／請益生
11	759（天平宝字3）1任 759（天平宝字3）2発 761（天平宝字5）8帰	高元度	
12	775（宝亀6）6任 777（宝亀8）6発 778（宝亀9）10帰（1） 11帰（11）	[副]小野石根	（玄覚）／伊予部家守[経]
13	778（宝亀9）12任 779（宝亀10）5発 781（天応1）6帰	布勢清直	
14	801（延暦20）8任 804（延暦23）3発 805（延暦24）6帰（11） 806（大同1）10帰（1）	[大]藤原葛野麻呂	最澄／×豊村家長[経]，伴少勝雄[碁]，久礼真蔵[舞]
15	834（承和1）1任 838（承和5）7発（111） 839（承和6）8帰（大使ら） 840（承和7）4帰（1）	[大]藤原常嗣	円仁，円行，戒明，常暁／丹墀高主[?]，×刀岐雄貞[暦]，春苑玉成[陰]，伴須賀雄[碁]

（凡例）

1. 次数は，実際に唐朝に派遣された遣唐使のみを数えた．
2. 任命・出発・帰国の年次は，西暦年（和年号）と月で表記した．〇数字は第何船
3. 押使・大使は，実際に派遣された者を記し，任命されても唐に赴かなかった者は
   最上位の場合は，[副]を付し副使名を記した．符合が無いものは，大使・副使など
4. 請益生・留学生等の人名は，留学時の姓名とは限らず，一般に流布していると思
5. 請益僧，請益生の項では，人名の後に[経]＝明経，[法]＝明法，[暦]＝暦学，[陰]＝陰陽
   碁師・舞生等もここに記した（[碁]＝碁師，[舞]＝舞生）．
6. 留学僧・留学生の項で，不確かな者・推測による者は（　）内に記し，実際に入
7. 留学帰国者の項では，長期留学者の帰国を記し，行き帰りが同次の遣唐使である

遣唐使派遣計画を以て最後の遣唐使とする見解もあるが、実際に派遣された最後は承和度の遣唐使である。この十五回の遣唐使は、国際環境の変化により性格が異なっており、七世紀（東アジアの動乱期）、八世紀（東アジアの安定期）、九世紀（東アジア交易圏の成立期）の三つに時期区分できる。以下、その時期区分ごとに、遣唐使の歴史を展望することにしたい。

なお、遣唐使の派遣主体として、時期により「倭」と「日本」の使い分けが必要となるが、現段階では「日本」国号の成立時期について見解の一致を見ていない(2)。本章では、大宝律令制定時とする立場を取り、その前後で「倭」と「日本」を区別することにしたい。また、「倭」「日本」を一貫して述べる場合には、「日本」のみで表すことにする。

年号の表記については、日本の出来事については和暦（西暦）で記すが、中国や朝鮮諸国の出来事は西暦のみで記す。

一　唐朝の登場と七世紀の遣唐使

（1）　唐朝の登場と東アジア

①唐朝の国際秩序

世界帝国として周辺諸国に多大な影響を及ぼした隋朝であったが、天下統一から僅か二十九年で滅亡した。その後、中国は群雄割拠の状況となるが、隋朝の重臣であった李淵（高祖）が唐朝を建国し、その子世民（太宗）が六二八年に中国を再統一した。六三〇年には、建国以来最大の脅威であった遊牧国家突厥を滅ぼし、再び強大な中華帝国が現出することになった。唐朝建国当初は、朝鮮半島北部の強国高句麗との関係は比較的平穏に保たれていたが、突厥の滅亡は、両国の関係を一気に悪化させることになった。後顧の憂いの無くなった唐朝は、新羅を応援し、高句麗や百済を圧迫し始めるのである。こうした半島情勢の緊迫化の中で、舒明天皇は最初の遣唐使を派遣したのである。この後、百済、高句麗が滅ぼされ、新羅の朝鮮半島の領有が唐朝に認められる七世紀末まで、東アジア地域では安定的な国際秩序は確立されず、動乱の時代が続くことになる。(3)

朝鮮半島領有をめぐる唐朝と新羅の対立が解消された七世紀末以降、東アジア地域にも唐朝の国際秩序が浸透することになる。唐朝の国際秩序については、多くの先行研究が存在しているが、最も著名なのは、西嶋定生氏の提唱した「冊封体制」論である。「冊封体制」とは、中国皇帝が、官職・称号を与えることで周辺の諸国王・族長との間に君臣関係を結び、中国に従属させる一方で、国王・族長らの領土・領域に対する支配権を保証するというものである。(4)中国王朝を中心とする国際関係を構造的に説明する優れた理論として、一九九〇年代まで大きな影響力を有していた。

しかし、「冊封体制」論が発表された直後から、中国王朝中心の国際秩序を措定することは周辺諸国の独自の主体的発展を否定するものであるという批判が出されていた。また、中国王朝と諸外国・民族との関係は冊封だけではなく、朝貢、羈縻州県、和蕃公主などによっても関係付けられていたとし、そうした総体的な関係を羈縻支配と捉えるべきであるという意見も出されている。さらに近年では、「冊封体制」論が主に東アジア地域の国際関係から立論されているが、中国王朝の国際関係は東アジア地域だけに限ることはできないのであり、東部ユーラシアというより広い領域から捉えるべきであるという説も有力化している。現在では、「冊封体制」論の根本的な見直しが迫られていると言えるが、しかし、それに代わる理論が存在するのかと言えば、残念ながら現段階で大方の支持を受ける学説は存在しない。(5)

そこで、本章では「冊封体制」論に対する批判を踏まえた上で、その国際関係を構造的に把握する視座を継承し、「朝貢体制」から唐代の国際秩序を説明することにしたい。(6)「朝貢体制」とは朝貢関係を基軸にした外交体制であるが、朝貢関係は唐代の外交関係において最も基本的なものであり、日本からの遣唐使も含め、唐朝に派遣された外交使節は全て朝貢使として扱われた。また、朝貢する国・部族は東アジアに限定されず、唐朝と外交関係を有する全地域が対象となる。従って、「冊封体制」だけでは捉えられない唐代の国際関係の総体を把握しうるものと考える。日本が唐朝の冊封を受けていなかったことからも、「朝貢体制」から日本の遣唐使を考える妥当性があるものと思う。

「朝貢体制」は、有徳な皇帝（天子）の下には、その徳を慕って蕃夷の君長（諸国王・族長）が朝貢するべきであるという儒教的な理念を実体化するための外交体制であるが、唐朝が一方的に押しつけたものではなく、諸国王・族長側にもメリットを生み出すものであった。唐皇帝にとっては、蕃夷がより多く朝貢してくることは、自らを有徳の皇帝としてその支配を正当化でき、権威の強化につながるものであった。また、諸国王にとっては、貢物を唐皇帝に献上する朝貢という外交形式は政治的に下位の立場を受け入れるものではあったが、外交権を専有することができ、先進的な文物・情報（支配・学術情報も含む）を独占的に入手し、権力・権威の強化に結びつけることができたのである。また、贈答行為を通じて、友好的な外交関係を維持することは双方の安全保障ともなった。要するに、共通利益があったからこそ成立した外交体制であり、それ故に国際秩序として機能することができたと言えよう。また、右記の「朝貢体制」の理解は、あくまでも唐朝側の捉え方であって、同一の実態が諸外国の側でどのように捉えられたかはまた別問題であり、(7)「朝貢体制」を唐側から一方的に押しつけられたものとする見方は成り立たないであろう。諸外国も自らの利益を考えて、主体的に参加・利用したと考えてよいだろう。

外交体制（国際条約や外交の枠組み等）が国際秩序として永続的・安定的に機能するためには、強制力としての軍事力（帝国的な一国が担う場合もあるし、複数の有力国の勢力均衡によって担われる場合もあるだろうし、現在の国際連合軍のような場合もあるだろう）と互いを結びつける共通利益が存在することが必要とされる。さらに相互の信頼感・シンパシーを醸成する共通価値を有すること（価値観の共有）が望ましいとされる。(8) 安史の乱が起こる八世紀半ばまでは、唐帝国の優越的な軍事力を背景に、かなり広範囲の国々・地域との間に利益を共有する「朝貢体制」が国際秩序として機能していたと考えられる。そのことは、実際に多くの国々が唐朝に朝貢していた事実から裏付けることができる。なお、漢字・儒教・律令制・仏教など多くの文化・価値観を共有した東アジア地域においては、七世紀末から八四〇年頃まで「朝貢体制」が基本的に機能していたと考えられる。

② 「朝貢体制」下の外交規制

唐朝は「朝貢体制」を維持するために、様々な外交規制を設けていた。それらの規制は、遣唐使の派遣にも大きな影響を及ぼしていた。その一つは、臣下の外交を認めず、君長の派遣した公使のみを外交の対手と認め、公使以外の出入国を禁じるというものであった。それ故、「朝貢体制」の下では、国家間の通交のみが行われ、民間交流や私貿易は行われず、貿易は朝貢の際に行われる朝貢貿易か、国境周辺（縁辺）に臨時的に設けられた互市所での交易に限られた。後者の縁辺互市も、皇帝の勅許により行われるものであり、基本的には国家間の貿易と見なしてよいであろう。すなわち、朝貢しないことには、中国の先進文物を入手できないようになっていたのである。(9)

その上、貿易自体にも規制が存在しており、自由に欲しいものを購入できたわけではなかった。錦・羅・縠をはじめとする絹製品や金・銀の工芸品といった最先進国の唐朝のみが生み出すことのできた文物等、諸外国が熱望した多くのものが輸出禁止品に指定されていた。ただし、例外的に、貢物の返礼に与えられる回賜等、皇帝から下賜されたものについては、輸出規制品であっても国外に持ち出すことが認められた。つまり、唐朝は先進的な文物を餌にして、多くの国々を朝貢に招き寄せる仕組みを作っていたのである。日本の派遣した遣唐使もこのような規制の下で、国家の発展に必要なものを手に入れなければならなかった。

しかし、このような規制も、八世紀後半以降次第に弛緩しはじめ、「朝貢体制」が機能しなくなる八四〇年頃には、ほぼ消失してしまう。その結果、規制がかなり緩む九世紀初め以降、東アジア地域でも民間商船が往き来するようになる。こうした国際環境の変化も、遣唐使の派遣に大きな影響を及ぼすことになる。

（2）東アジアの動乱と遣唐使

七世紀は、まだ東アジア地域では唐朝の国際秩序が十分機能しておらず、動乱の時代であった。推古三十一年（六二三）に、遣隋留学生の薬師恵日らが帰国し、「其の大唐国は、法式備はり定まれる珍の国なり。常に達ふべし」と建言したが、即座に遣唐使が派遣されることはなかった。六二三年段階の唐朝は、まだ中国を再統一しておらず、最初の律令である武徳律令も施行していない状況であった。留学生の建言は事実に反しているところがあり、権威確立のため朝貢国を集めたかった唐朝の思惑を代弁した部分が大きいと思われる。中国国内の情報は、百済など半島諸国から入手し、倭国としても冷静に状況を判断していたのであろう。その証拠に、舒明二年（六三〇）に最初の遣唐使を派遣したのは、唐朝が突厥を圧倒し、唐帝国の強大な力が朝鮮半島に及ぼうとしていた時であった。

第一次遣唐使には、最後の遣隋使として派遣された犬上御田鍬と遣隋留学生であった薬師恵日らが任じられた。唐の太宗は倭国の朝貢を喜び、歳貢（毎年の朝貢）を免じるとともに、貴族官僚の高表仁を御田鍬の帰国に伴わせ倭国に派遣した。倭国は、隋使裴世清の際の先例に基づき、盛大な儀礼を以て高表仁らを迎えた。しかし、表仁と倭国王子（王とする史料もある）が礼を争い、交渉が決裂したという。恐らく、名分上の上下関係が争われたものと思われ、隋使の際と同様に対等ないし上位の立場を取った倭国側に対し、表仁ら唐使が強硬に反発したものと推測される(10)。ともかくも、唐朝と倭国の外交交渉は成立せず、倭国は唐朝にそれ以上接近することはしなかった。

この後暫く日唐の国交は途絶えることになるが、舒明十一、十二年（六三九、六四〇）と連年にわたり遣隋留学僧・留学生が新羅を経由して帰国した。留学生らは勝手に帰国できたわけではないし、唐朝の友好国であった新羅が送ってきたことも考え合わせるならば、やはり唐朝が何らかの意図を以て帰国させたと考えてよいだろう。先に帰国した恵日らと同様に来貢を促すような報告をさせたのではないだろうか。この後、大化元年（六四五）に親唐・新羅派の孝徳天皇の政権が発足するのも、そうした唐側の働きかけと関連している可能性がある。大化改新と同年に唐朝の高句麗遠征が始まっているが、唐朝の倭国への働きかけは、高句麗包囲網の形成のためとも考えられる。

改新政府では、隋・唐両朝で学んだ僧旻・高向玄理が国博士に抜擢されたが、百済・高句麗との関係を重視する巨勢徳太ら有力豪族も存在しており、すぐさま遣唐使の派遣にはつながらなかった。大化四年、倭国が新羅に附して表文を唐朝に呈したことが知られるが、国交再開の前触れ的なものと考えられる。

第二次遣唐使は、白雉四年（六五三）に二船に分かれて派遣された。一方は吉士長丹を大使とし、もう一方は高田根麻呂を大使とし、多くの留学僧・留学生を伴った。二船それぞれに大使が任じられたのは、恐らく別々の海路（北路と南路か）で唐に向かわせるためであったと思われる。初めて南路（五島列島から東シナ海を横断する航路）を取ろうとしたと思われる高田根麻呂の船は、薩摩半島南の竹島付近で沈没した。百済や新羅の助力を得ないで唐朝に通交する海路の開発を図ったものと推測されるが、失敗に終わり、この後七世紀を通して、遣唐使は半島沿いに航海する北路（新羅道）を取ることになる。吉士長丹らは、翌年七月に、百済・新羅の送使と共に帰国し、多くの文書・宝物をもたらしたとされるが、唐朝としては久々の朝貢を褒賞する意味合いもあって特に多くの賜物を与えたものと考えられる。

第三次遣唐使は、吉士長丹等の帰朝を待たず、白雉五年二月に新羅道を取り、唐に向かった。大使河辺麻呂の上に押使が置かれたこともあり、極めて重要かつ緊急な任務が与えられていたと推察される。その押使には親唐派の中心人物高向玄理が充てられるとともに、副使にも親唐派の薬師恵日が任じられていた。この前年に、改新政府には深刻な内部分裂がおこり、中大兄皇子は皇祖母（皇極）・間人皇后等を引き連れ、難波から飛鳥に移ってしまった。中大兄等は、この後、百済を支援し、新羅や唐と敵対してゆくことから、孝徳天皇等親唐派との間で外交方針をめぐる対立があったことは想像に難くない[11]。第三次遣唐使は、そうした混迷する政治状況の中で、親唐派が巻き返しを図って派遣したものと思われる。唐朝に至った高向玄理等は高宗に謁見し、巨大な琥珀・瑪瑙を献上したが、その際、高句麗・百済が新羅を侵略した時は、新羅を救援するよう命じられた。孝徳等親唐派は唐・新羅との連合を図ったものと考えられるが、玄理が唐で客死し、孝徳も亡くなることから、この連合は立ち消えとなる。第三次遣唐使は、斉明元年（六五五）に帰国するが、親唐派が力を失った状況では、その外交成果は無意味となった。

（3）白村江前後の遣唐使

六五五年、唐・高宗は、父太宗の死により中断していた高句麗遠征を再開した。これにより、半島三国の抗争は一層激化し、高句麗・百済の連合により、新羅は劣勢に立たされることになる。六五九年、百済に攻め込まれた新羅は、唐朝に救援軍の派遣を要請した。前年に西突厥を滅ぼし、兵力に余裕の生まれた高宗は、高句麗の背後を突く意味もあって、百済討伐を決意する。そうした緊迫した情勢の中、倭国は第四次遣唐使を派遣した。

第四次遣唐使は、坂合部石布を大使に、津守吉祥を副使に任じ、蝦夷男女二人を伴い派遣された。留学生は含まれていなかったようで、政治性の高い遣使であったと思われる。

前年の阿倍比羅夫の日本海遠征の成果として、蝦夷を朝貢させた倭国の力を誇示する目的があったのかもしれない。この時、唐朝は明年の百済征討の準備を進めていたため、軍事機密の漏洩を恐れ、倭国使を幽閉して帰国を許さなかった。倭国使の帰国が認められたのは、百済が滅亡し、洛陽に連行された百済王義慈等が高宗の前に惨めな虜囚の姿を晒す場面を見せつけられてからであった。唐朝に逆らう者の悲惨な運命を示し、倭国を恫喝する意図があったのであろう。帰国した遣唐使は在唐中の出来事を詳細に報告したと思われるが、倭国政府の外交政策を転換させるには至らなかった。

斉明六年（六六〇）に百済は滅亡したが、鬼室福信等遺臣が蜂起し、百済復興の戦いを起こした。福信は、倭国に対し人質になっていた王子豊璋の帰国を願い出、救援軍の派遣を要請した。斉明天皇はその要請を容れ、豊璋を帰国させるとともに、自ら軍を率い、筑紫に赴いた。しかし、高齢の斉明には長途の軍旅は負担が大きかったのか、翌年筑紫朝倉宮で崩御した。その後、中大兄皇子が指揮を執り、天智二年（六六三）に百済救援の大軍を半島に派遣した。倭海軍は白村江（白江）で唐海軍と全面衝突したが、歴史的な大敗を喫し、百済復興の企ては潰えた。倭国は、唐・新羅の侵攻に備え国防を強化し、中央集権的な国制改革を進める一方、遣唐使を派遣して唐朝との外交交渉にも力を入れた(12)。

天智四年に進発した第五次遣唐使は、同年に来倭した唐使劉徳高と共に唐に渡ったことが知られるが、翌年の泰山封禅の儀に参列するために派遣されたものと考えられる(13)。劉徳高は倭国に封禅儀式に参加するよう命ずる高宗の意思を伝えるために来倭したものと推測され、倭国は唐朝に征討の口実を与えないために、その命に応じたものと考えられる。劉徳高を百済鎮将からの使者とする向きもあるが、留学僧として在唐していた中臣鎌足の長子定恵を伴っており、唐都から皇帝の使者として派遣されたものと考えてよいだろう。

天智六年、伊吉博徳・笠諸石等は、第五次遣唐使坂合部石積等を送ってきた百済鎮将劉仁願の使司馬法聡等を送り届けるための送使として派遣された。派遣から帰国までの日数も短いことから、唐本土まで至ったかは疑問であり、鎮将の任地である百済故地に送ったと考えるべきであろう。それ故、遣唐使としては数えないのが適切と考える。

六六八年、唐朝はついに宿敵高句麗を攻め滅ぼした。倭国への侵攻の危険性が一挙に高まったことを背景に、天智八年、河内鯨等が第六次遣唐使として派遣された。唐側の史料によれば、この度の遣唐使は、翌六七〇年に高句麗平定を賀していることから、唐朝に恭順の意を表明するために派遣されたと考えられる。しかし、この六六九年の遣使の後、倭国は三十三年もの間、唐朝との国交を絶つことになる。高句麗滅亡後、半島の領有をめぐり、唐朝と新羅が争うことになり、両国はそれぞれ倭国との連合を図り、天智十年に相続いて遣使してきた。倭国は新羅と手を結ぶことを選び、その結果、唐朝との関係が絶たれることになったのである。

東アジア激動の七世紀においては、唐朝の国際秩序はまだあまり機能しておらず、不安定な国際政局が続き、この時期の遣唐使はその時々の外交課題に対処するという政治的な性格が濃厚であった。そのため、派遣間隔にはバラツキが大きく、律令制の導入や唐文化の受容にも障害を生じたと思われる(14)。

二　「朝貢体制」と八世紀の遣唐使

(1)　大宝の遣唐使と「朝貢体制」

大宝二年（七〇二）、執節使粟田真人・大使坂合部大分・副使巨勢邑治等が第七次遣唐使として派遣された。三十三年の空白を破り、唐朝との国交を再開した理由は、唐朝と新羅の関係修復が進み、倭国が外交的に孤立する危険性が生じたためであったと思われる。この大宝度の遣唐使派遣計画と並行して大宝律令の編纂が進められ、その完成の年に遣唐使が任じられていることから、大宝律令の完成を唐朝に伝えることが派遣の目的であったとする意見もある。しかし、唐朝は諸外国の律令編纂を認めていなかったと考えられ、唐朝との紛争を引き起こす危険性の高いことを目的にするとは思われない[15]。

大宝度の遣唐使は、倭から日本への国号変更を伝えたことが知られるが、改号の理由は判然としていない[16]。律令国家完成にともない、それにふさわしい国号が求められたということも考えられよう。しかし、この時の遣唐使が、自国が「日辺」にあること（『旧唐書』日本伝）、または「日出る所に近」いこと（『新唐書』日本伝）を改号の理由としている事実を重視するならば、この国号変更は唐朝を中心とする世界観に従属したことを言外に意味しているように思われる。「日辺」「日出る所に近」いとはあくまでも唐朝から見た位置関係に他ならないからである。かつて、隋朝への国書において「日出づる処」「日没する処」と倭国・隋朝を対称的に表現することがあったが、大宝度の遣唐使の自国表現は対称的な表現ではなく、あくまでも唐朝を起点としたものであることに注意する必要があるだろう。この時の遣唐使は唐朝との間に二十年一貢の約を成したことが指摘されており、国号変更は日本が正式に「朝貢体制」に参入した時にあたる[17]。日本という国号には、唐朝中心の国際秩序に自国を位置づける意味合いもあったのではないだろうか。唐（周）朝側には、則天武后（実際には皇帝）が倭国を日本国に改号したとする史料も存在しており、日本側の一方的な通告により改められたわけではないことを示している。このことは、国号の変更が双方の関係性を反映したものであることを物語っている。

日本への改号は「朝貢体制」への参入と関連していると考えるものだが、どちらも唐朝との関係修復のため取られた措置とすることができよう。長らく続いた戦争状態に終止符を打つことにより、白村江の敗戦時に捕らわれた捕虜の返還交渉も行われたと考えられる。慶雲四年（七〇七）、遣唐使と共に錦部刀良等、唐に抑留されていた人々が帰還できたのは、その成果であろう。このような戦後処理は簡単には完了しなかったのか、大使坂合部大分は次の遣唐使が派遣されるまで、その地に留まり続けた。それにしても、大きな問題無く交渉が成立した背景として、唐朝に替わって周朝を建てた則天皇帝にとっては、絶域からの久々の朝貢を喧伝し、政治的な権威を高めたいという意図があり、好意的に厚遇したということも考慮する必要はあるだろう[18]。

この大宝度の遣唐使以降、日本と唐朝との関係は「朝貢体制」という枠組みの中で安定化することにより、日本はほぼ二十年に一回の頻度で遣唐使を派遣して、留学僧・留学生を送り出し、先進文物や学術・情報を入手することが可能になった。なお、この大宝度の遣唐使以降は、南路を取って、唐朝に入朝した。以前は、奄美・琉球などを経由する南島路を取ったという説が有力であったが、現在では南島路という航路自体の存在が否定されている[19]。

（2）「朝貢体制」下の遣唐使

養老元年（七一七）、遣唐押使多治比県守、大使大伴山守、副使藤原宇合等が第八次遣唐使として派遣された。この度の遣唐使には、阿倍仲麻呂・吉備真備・僧玄昉・大和長岡（大倭小東人）ら俊英が留学僧・留学生に加わっていたことで有名である。二〇〇四年に墓誌の発見された井真成も、この時の留学生であった可能性がある[20]。遣唐使一行は、唐都長安に至ると、一流の学者から『論語』の特別講義を受け、孔子廟堂や寺院・道観などを見学し、また市に赴いて唐の文物を買い求め、皇帝からの賜物を書物に換えて持ち帰ったことが知られる。短い滞在期間を最大限に利用して、唐朝の最新文化をできるだけ多く学び、持ち帰ろうとした意気込みが窺われる。彼らは、大宝度の大使坂合部大分を伴い、七一八年に帰国するが、この時、請益生という短期留学生であった大和長岡は養老令の編纂に利用された開元三年令を持ち帰り[21]、大宝度の留学僧であった道慈は多くの仏典を持ち帰ったと思われる[22]。

第九次遣唐使は、天平四年（七三二）八月十七日に任命されるが、同日に節度使も任命されていることから、その関連性が問題とされている。天平四年の節度使は唐・新羅・渤海三国の軍事的な緊張に対応して取られた防衛策とされ、この天平度の遣唐使も国際関係の緊張に対処する政治的な目的から派遣されたと考えられている[23]。確かにそうした政治的な目的もあったであろうが、この時の遣唐使には伝戒師招請の任を託された興福寺僧の栄叡・普照も加わるなど唐文化摂取のための動きがそれ以前からあったと思われることから、天平四年以前から派遣が予定されていたとみるべきであろう。多治比広成を大使とする天平度の遣唐使は、翌天平五年に出発し、四船共に唐土に到着した。しかし、帰国時に無事だったのは大使の船だけであり、副使中臣名代の船は南海に、判官平群広成の船はインドシナ半島の林邑国（崑崙国）に漂着し、残り一船は行方不明となった。副使の名代はいったん唐に戻った後、天平八年に帰国した。判官の広成の船では生存者は四人のみで、唐朝の高官となっていた阿倍仲麻呂の取りなしにより渤海を経由して天平十一年に帰国した。

天平度の遣唐使は、様々な外国人を連れ帰ったことが知られる。婆羅門僧菩提僊那、林邑僧仏徹（仏哲とも）、波斯人李密翳、そして唐僧道璿、唐人袁晋卿・皇甫東朝・皇甫昇女等であるが、伝戒律師となりうる高僧と唐楽演奏の楽人の確保を図る計画的な人材招請と考えられる[24]。また、第八次遣唐使の際の留学生吉備真備と留学僧玄昉も一緒に連れ帰り、彼等が多くの漢籍・仏典、そして様々な文物をもたらしていることから、唐文化の広範な導入を目的にした派遣であったことは確かであろう。なお、請益生秦大麻呂の『問答』六巻が献上されているが、この書は律令に関する疑問を唐の学者に問い合わせた結果がまとめられたものと想定され、この度の遣唐使には律令研究も使命にあったと考えられる。大麻呂は大宝令の注釈書『古記』の作者と目され、『問答』は養老律令編纂にも役立てられたものと思われる(25)。

天平十八年に遣唐使派遣計画があったが、中止された。関係が緊張化した新羅に対する牽制と画策から派遣が計画され、準備の過程で新羅問題が幾分後退することにより中止されたのではないかとされる(26)。

天平勝宝四年（七五二）、前回からほぼ二十年を経て、第十次遣唐使が派遣された。大使は藤原清河、副使は大伴古麻呂と吉備真備の二人であった。この天平勝宝度の遣唐使は、伝戒師として鑑真を招聘したことと、唐朝の朝賀の儀式で新羅と序列を争った争長事件を起こしたことで知られる。また、前回は帰国が許されなかった阿倍仲麻呂（朝衡）を日本に連れ帰ることになった遣唐使でもあった。しかし、不運にも乗船が唐朝の最南端の安南に漂着し、仲麻呂は大使清河ともども唐の都に戻ることになり、終に日本に帰ることは叶わなかった。

天平勝宝度の遣唐使は副使が二人となっているが、副使の一人吉備真備は後から追加任命されたもので、何か特別な使命を与えられたものと考えられる。長期留学で培われた語学力や人脈を利用した伝戒師招請、阿倍仲麻呂の帰国許可の交渉という任務が想定されるが、唐文化のさらなる摂取という役割も帯びていたことと思われる。真備は、この度の入唐では、唐朝の宮廷儀礼を定めた『開元礼』や李賢注『後漢書』などをもたらし、それぞれ釈奠儀礼の整備や史学の発展に寄与したとされる(27)。

第十次遣唐使は天平勝宝五年の年末に日本に到着し、翌年正月に平城京に帰着した。その次の年、すなわち七五五年に唐朝の屋台骨を揺るがす大乱、安史の乱が勃発した。乱の情報は、天平宝字二年（七五八）に、渤海使と共に帰朝した遣渤海使小野田守により、「唐国消息」として報告された。安史の乱を知った朝廷は、西辺の防備を固める一方、宿敵新羅を討つチャンスとして征討軍の派遣を企てた（新羅征討計画）。また、天平宝字三年には、唐に滞留していた前回の大使藤原清河を連れ戻すために、迎入唐大使使（第十一次遣唐使）を派遣した。前年に来日していた渤海使と共に渤海に渡り、彼の国の援助の下に入唐を図った。遣唐使の高元度等は天平宝字五年に唐朝の送使沈惟岳等に送られて、蘇州から海路で帰国した。元度の報告によれば、唐朝は乱中の行路多難を理由に清河の帰国を認めず、それとは別に、乱による兵器の大量喪失のため、弓の材料となる牛角の送付を要請した、という。

朝廷は、早速、諸国に牛角の貢上を命じ、遣唐使派遣の準備を始めた。しかし、遣唐使船が破損したり、使節に大幅な変更が生じるなど問題が引き続き、最終的には風波の便無しということで派遣が中止された。この結果、沈惟岳らは帰国を断念し、日本に帰化することになった。

七六三年に、九年にもわたった安史の乱が漸く終わった。その後、唐国内の情勢も次第に落ち着きを取り戻していったと思われ、神護景雲三年（七六九）には在唐の藤原清河と阿倍仲麻呂の書状が、宝亀五年（七七四）には清河の書状が、来日した新羅使によりもたらされた。これを承けて、宝亀六年に、清河を連れ帰ることを目的とした第十二次遣唐使が任命された。同年中に一旦渡海を図ったが、便風を得られず、この年の出発は見送られた。宝亀八年に再び進発することとなったが、大使佐伯今毛人が重病を称したため、大使を欠くまま副使小野石根以下が派遣されることとなった。唐に着いてみると、既に清河は亡くなっており、当初の目的を果たすことはできなかった。しかし、清河と唐女の間に生まれた喜娘を連れ帰ることになった。

帰国に際し、唐朝は内使掖庭令趙宝英等を同道させ、答礼させることにした。しかし、副使小野石根と唐使趙宝英の乗った第一船は、暴風波浪により破損分解し、副使以下三十八人・唐使趙ら二十五人は水没した。生き残った唐使判官孫興進等を賓待するにあたっては、唐使を蕃夷として扱うべきか否かで、大きな問題となったようである。唐朝に対しては朝貢国の立場をとり、国内に対しては唐朝を蕃夷として位置づけるという日本の外交におけるダブルスタンダードが原因であった。(28)

唐使孫興進等を唐に送り届けるために、宝亀十年、第十三次遣唐使（送唐客使）として布勢清直等が派遣された。この遣唐使は天応元年（七八一）に帰国したが、帰朝報告が史籍に記載されていないため、その活動内容はよく分からない。唐側の史料には、この時の使人「真人興能」（布勢清直か）が能筆であったことが特記されている。

以上、八世紀の遣唐使を通覧してみると、唐文化の摂取に大きな貢献があったことが確認されるが、完全に文化的な使節に特化したわけではなかった。七世紀ほどではないが、その時々の外交課題に対処する政治的な役割も、果たしていたことが知られる。外交（政治）と文化は別々に存在するのではなく、「朝貢体制」という外交的な安定があったからこそ文化の摂取もスムーズに行うことができたのである。

（3）　遣唐使が運んだ唐文化

遣唐使がもたらした唐文化が、日本の政治・社会・文化に与えた影響の大きさは改めて述べるまでもないだろう。しかし、唐文化が丸ごと全てもたらされたわけではないので、どのような唐文化が入ってきたのか、または反対にどのようなものは入ってこなかったのか、を明らかにしなければ、日本への影響、または遣唐使の果たした役割の意義も正しく捉えることはできないだろう。将来された唐文化とはどのようなものなのか、その傾向と性格について、「朝貢体制」など当時の外交制度から説明することにしたい。

遣唐使は、唐代約二百九十年間に十五回派遣されたことから、ほぼ二十年に一度の頻度で派遣されていたことになる。もとより、派遣間隔には時期により広狭があるので、あくまでも平均値であるが、それにしても日唐間の交流の機会が極めて少なかったことが言えるだろう。これは交通手段など時代的な制約もあるが、隣国の新羅・渤海などと比べてみても、明らかに少ないことが分かる。新羅・渤海は日本の十倍以上の次数の遣唐使を送っており、唐使も遣唐使ほどではないが、それなりの頻度で派遣されていた。(29) 日本への正式な唐使の派遣は、高表仁・劉徳高・趙宝英の僅か三度であった。この違いは、新羅・渤海が唐朝との間に冊封関係を結び、日本は朝貢関係のみであったことによる。新羅・渤海は職約（被冊封国の義務）として基本的に毎年朝貢しなければならなかったし、唐朝も王の交替ごとに冊封使を派遣しなければならないなど、通交しなければならない理由・義務が存在した。また、当然ながら外交使節の往来が少なければ、それに伴われた留学僧・留学生も少ないわけであり、その少なさは新羅・渤海の比ではなかった。(30) こうした日唐間の交流のパイプの細さ、人的交流の乏しさは、当然、唐文化の将来のあり方にも大きく関わっていた。

唐文化を入手する機会が限られている以上、その数少ない機会を最大限有効に利用するために、常に日本にとっては何が必要かが考えられ、最も必要と考えられるものを手に入れようとする選択的な文化摂取が行われたということがある。遣唐使は派遣にあたって、何を持ち（連れ）帰るべきか、かなり明確な使命が与えられていた。伝戒師や楽人の招聘などはその一例となるだろう。また、持ち帰るべき書籍のリストが作成されていたことも知られる。(31) 交流の乏しさは、逆に唐朝の干渉をあまり受けないで済むということもあり、日本にとって不必要、または望ましくないものを選択的に排除することもできた。有名な例としては、玄宗皇帝が道教を日本に広めようとしたが、日本の遣唐使は道士を連れ帰らず、また道教の書籍も極力持ち帰らないようにしていた。唐代においては、道教の祖老子が唐皇帝一族の先祖とされ、道教を利用して皇帝権威の強化を図っていたのであり、そうした唐皇帝の崇拝に通じる道教の布教を日本は拒絶したのである。(32)

九世紀末に成立した『日本国見在書目録』は、それまでに日本に舶載された漢籍の総目録であり、その多くは遣唐使が将来したものと考えられている。この目録には総計千五百七十九部一万七千巻ほどの漢籍が著録されているが、(補註)唐代開元期の書籍数を記す『旧唐書』経籍志には三千六十部五千八百五十二巻とあることから、単純に数量的に見れば、部数ではほぼ半分、巻数では約三分の一の漢籍が存在したことになる。当時の交通運輸状況の劣悪さを考えれば、驚異的な書籍数と言えるだろう。唐代の史籍にも、日本の遣唐使が皇帝からの賜物を全て書籍に換えて持ち帰ったことが特記されているが、直接的な交流の乏しさを補うために、書籍を通じての唐文化移入に力を入れていたと考えてよいだろう。なお、文字文化重視のあり方は、日本における文字文化の発展をもたらす一方、中国語など外国語会話を苦手とする文化環境を作ることにもなった。遣唐使でさえも会話が通じず、筆談で交渉したという記録が残されている。(33)

驚異的な書籍数ということを右に述べたが、しかし、日本側が望めば自由に必要な書籍を持ち帰ることができたかというと、必ずしもそうではなかった。『日本国見在書目録』の内容を精査してみると、一部分が欠けた端本やあまり質の良くない麁本、来歴の不明な本などが確認され、遣唐使が完本・善本ばかり持ち帰ったのではなく、粗悪な書籍を持ち帰らざるを得ない場合も少なくなかったことが分かる。(34)これは、漢籍ばかりではなく仏典においても同じことが言える。かつて、天平度の遣唐使で帰朝した玄昉は、唐代最新の一切経を丸ごと持ち帰ったとされていたが、それは玄昉将来経の巻数が一切経の巻数と近似していたことによる憶測にすぎず、事実ではない。実際に、玄昉の経典の内容を確認してみると、一切経に含まれない雑経や注釈書類が多く含まれており、また端本・麁本も少なからず存在していることが判明した。(35)このように粗悪な本でも持ち帰らざるを得なかったのは、唐朝が善本・完本の国外持出を制限していたためと考えられる。

持出の制限ということでは、先述したように「朝貢体制」においては高級な絹製品や金・銀の工芸品などが回賜品としての価値を高めるために輸出禁制品に指定されていたわけだが、書籍も同様に朝貢国への恩典として利用されるものであったため、質の高い完本・善本は勝手に持ち出すことができなかったと考えられる。そのため、全く入手できない書籍があったり、入手に時間のかかる書籍があったり、または質の悪い書籍しか手に入らない、といった文化的な制約を受けることになった。

「朝貢体制」に規定された唐文化将来のあり方として、いま一つ指摘しておきたいのは優品を中心とした文物の舶載ということがある。民間貿易が禁じられている中で、遣唐使が入手する唐文物の中心は、唐皇帝から与えられる回賜品であった。回賜品は貢物への返礼として与えられるものだが、唐皇帝の威信を示すという政治的な理由があるため、貢物の価値を遙かに上回る高品質な貴重品で構成された。これにより、当時の超一級品が遣唐使を通じて、日本にもたらされたのである。正倉院宝物中の高級工芸品には、唐朝の回賜品と思われるものが少なくない(36)。このような唐代の高度な工芸技術で作られた唐物は、天皇・貴族らの威信財・権威の象徴として利用される一方、日本の工芸技術を高めるための手本としても活用されたことであろう。「朝貢体制」が崩れた八四〇年代以降、唐文物流入の量的な拡大は見られたが、商人のもたらすものは日常品的なものが多く、回賜品に比べ品質が格段に落ちるものが多かった。その結果、唐文化の絶対的な権威は次第に揺らぎ、相対化されてゆくことになった(37)。

三　東アジア交易圏と九世紀の遣唐使

(1)　東アジア交易圏の成立

安史の乱を境に、唐朝の国家体制は大きく変わった。すなわち、唐朝の前半は律令制による中央集権的な支配体制であったのに対し、その後半は節度使による地方分権化が進んだとされる。また、前半は租庸調などの均田制に基づく全国一律の租税制度であったが、後半では両税や商税・塩税等を経済力の格差に応じて徴収する仕組みに変わった。この税制の変化は、現物納から銭納への変化でもあり、唐代の商業や貨幣経済の進展に対応した改制でもあったことが知られる。このような唐朝の支配体制の変質は、外交体制にも大きな変化をもたらすことになった。

先に「朝貢体制」の諸規制について述べたが、唐朝前半においては公使以外の出入国を認めておらず、民間貿易も制限されていた。しかし、租庸調等の全国一律の租税の確保が困難になると、商業活動への課税が重要性を増し、唐国内で生産された商品の販路を海外に広めると共に、貿易税を徴収するために、民間貿易を公認するようになるのである。建中・貞元年間（七八〇～八〇四）には、民間人の出入国を公認したと思われ、過所（宋代では公憑）という旅券により出入国を管理する制度が設けられた。八世紀後半には多くの外国商船が唐に来航するようになり、九世紀以降は唐商船も海外に進出し始め、東アジア地域には民間商船が行き交う交易圏が生まれることになった[38]。

このような唐朝の外交制度の改変とそれに伴う国際環境の変貌は、「朝貢体制」の機能を次第に弱めることになった。すなわち、以前は唐朝に朝貢しなければ、先進文物や学術・情報を入手することができなかったが、民間貿易が拡大するにつれ、居ながらにして唐文化を入手することが可能になり、わざわざ朝貢する必要性が無くなっていったのである。八世紀後半以降、諸外国の唐朝への朝貢が次第に減少していったのは、単に唐朝の国力・権威の低下によるものではなく、規制緩和による唐朝の求心力の縮小、「朝貢体制」という国際秩序の形骸化が進んだためと思われる。八世紀最後の第十三次遣唐使以降、日本の遣唐使の派遣間隔が次第に広がっていったのも、そのためと考えられる。とりわけ、九世紀以降、唐商船が直接日本に来航するようになると、遣唐使派遣の必然性は大きく低下し、第十五次遣唐使を以て、派遣は行われなくなってしまう。

遣唐使が終焉を迎えた原因は、東アジア交易圏の成立ばかりではなかった。日本からの最後の遣唐使が派遣された直後に唐朝では武宗が即位し、会昌の廃仏という仏教弾圧を行ったことが知られる。しかし、武宗が弾圧したのは、実は仏教のみならず、マニ教、景教（ネストリウス派キリスト教）、ゾロアスター教、イスラム教という外来宗教の全てが対象とされたのである(39)。道教という自国の宗教だけを尊重するあり方は、正にナショナリズムであり、排外主義に他ならない。唐代後半は、唐朝の国力のみで国際秩序を維持することはできず、唐・廻紇・吐蕃三国のパワーバランスに依存していた(40)。その廻紇が八四〇年に、吐蕃が八四一年に相次いで滅亡することにより、急激なナショナリズムの台頭を招いたものと思われる。しかし、価値観の共有、ないし異なる価値観の尊重・共存によっても維持されてきた国際秩序は、ここに完全にその機能を喪失してしまうことになる。ほぼ同じ時期に、日本においても排外主義的な外交政策が取られたことは偶然ではなく、東アジアにおける国際秩序の崩壊に対応したものと言えるだろう。

（2） 唐朝の衰退と遣唐使

第十四次遣唐使は、延暦二十年（八〇一）に任命され、延暦二十二年に進発したが、暴雨疾風の被害のため、引き返した。翌二十三年に再出発したが、第三・四船は風に吹き戻され、渡海に失敗した。第一・二船は渡海に成功するが、大使藤原葛野麻呂の乗った第一船はかなり南方に流され、福州に着岸した。第二船は、ほぼ順調に明州に到着した。この第一・二船には、請益僧として最澄、留学僧として空海、留学生として橘逸勢が乗船していたことが知られる。また、唐朝の訳経事業で活躍した霊仙もこの時の留学僧とされる。唐代の史書に名前を残した留学僧・留学生は、阿倍仲麻呂とこの度の空海・橘逸勢だけであることを重視するならば、在唐期間が短いながらもこの二人は唐の人々にかなり強烈な印象を与えたものと思われる。帰国後、空海は真言宗を開き、逸勢も嵯峨天皇・空海と共に三筆として名を残している。霊仙も日本人で唯ひとり三蔵の称号を与えられたように、極めて学識の高い人物であった。天台宗を開いた請益僧の最澄も含め、とりわけ優秀な人材が留学僧・留学生に抜擢されたということもあるが、この時期には日本の学術・文化水準が向上し、唐朝との差が大いに縮まっていたことを示している。そのため、逸勢も空海も本来は二十年の留学期間を一年余りに短縮して帰国できたのであろう。なお、早く帰国できたのは、再々出発の判官高階遠成の乗った第四船が大同元年（八〇六）に入唐したということもある。

実際に派遣された最後の遣唐使は、承和元年（八三四）に任命された第十五次遣唐使である。第十四次が任命されてから、三十三年が経過していた。大使に任命された藤原常嗣は、第十四次遣唐使の大使葛野麻呂の男であり、親子二代で大任を帯びたことになる。この承和度の遣唐使が実際に渡海したのは承和五年であり、それまでに二度の渡海失敗で一船を失い、使節内の不和により副使小野篁が乗船を拒否するなど不運・事件が相続いた。結局、副使を欠いたまま、三船だけで進発するという異例な派遣となった。請益僧として円仁・円行・常暁、留学僧として円載が唐に渡ったが、円仁は遣唐使一行とは離れ、承和十四年まで唐に滞在し、密教を学び、多くの仏典を伝えるとともに、『入唐求法巡礼行記』という貴重な在唐記録を残した。この承和度の遣唐使は、唐到着時に二船を破損し失ったため、帰国時には新羅船を九隻雇い入れているが、東アジア交易圏が生まれ、民間商船が往来する時代になっていたからこそ可能な方法であった。これ以降、入唐僧は、民間商船に便乗して、唐に渡るようになる。また、唐の文物入手ということでは、交易のみを目的とする「入唐使」が商船を利用して派遣されたことも知られる。このような新たな動きが生まれることで、遣唐使を派遣する必要性は喪われたと言えよう。(41)

寛平六年（八九四）は、遣唐大使菅原道真により遣唐使の停止が建言され、遣唐使派遣の歴史が幕を閉じた年として広く知られているが、近年ではこのような理解は否定されている。(42)確かに道真は停止を建言しているが、朝廷がその建言を容れて停止を決定したとする確かな証拠は存在していない。寛平六年以降も、道真らが遣唐使の官職を帯びていることから、明確な決定がされないまま時日を過ごし、そのまま派遣計画が立ち消えになったと考えられる。そもそも前回の承和度の遣唐使任命から六十年も経てから遣唐使派遣が計画されたのは、温州刺史朱褒から朝貢の勧誘があったためであり、ある意味受動的な理由であった。道真は行路の危険や困難を理由に派遣計画の中止を求めたが、身の危険に代えてまで遣唐使を派遣する必要性が無くなったことを直截に示すものである。

かつては、道真の遣唐使停止の建言により、日本は鎖国的な状態になったとされたが、日本と大陸・半島の間を民間商船が往き来し、中国の仏教聖跡を巡礼する僧侶が渡海するなど海外との交流は行われていた。(43)遣唐使を派遣せず、国を閉ざしていたという認識は明らかに誤っている。ただし、国家間の交流から民間交流に変わったことにより、交流の内容・質に大きな違いが生じたことは確かである。唐朝滅亡後も、日本では中国を唐・唐土と呼称し続けた事実は重く、遣唐使時代に日本が唐朝から受けた影響が如何に大きなものであったか、十分認識しなければならない。(44)

（3）新羅と渤海

遣唐使の歴史的な展開を論じる上で、日本と新羅・渤海との関係にも触れておく必要があるだろう。なお、ここで取り上げる新羅とは、半島統一後の新羅を指す。

①新羅と日本

統一新羅と日本との間には、日本の派遣した遣新羅使が二十七回（朝鮮史料の『三国史記』には、この他に六回）、新羅が派遣した新羅使が四十七回（『三国史記』には、この他に一回）もあり、日唐関係よりはるかに緊密な関わりが見られる。(45) 日羅関係の初期においては、双方の利害が一致し、安定的な関係がもたれた。すなわち、半島領有をめぐる唐朝との対抗関係から倭国の後援を必要とした新羅と、新羅からの先進文物や資源を入手したい倭国の思惑が一致したのである。天武・持統朝には、新羅は金・銀・銅・鉄や高級絹製品・薬物等を貢物として頻繁に朝貢した。それに応じるように、倭国は、この間、唐朝との国交を絶ち、新羅の側に立った。(46) 唐朝への留学ができなくなった代わりに、新羅への留学が行われ、留学者は帰国後に僧侶や官人として活躍した。(47) 倭国はこの時期に中央集権化、律令制の形成を進めていたが、律令制に関する情報も新羅からもたらされたものが少なくなかったと思われ、浄御原令の編纂に役立てられたと考えられる。なお、浄御原令の後に編纂された大宝律令では、新羅等を蕃国（朝貢国）として従える帝国的な支配秩序が法定されており、以後の日本の対新羅外交を規定してゆくことになる。

半島統一戦争が終結し、唐羅両国の関係が次第に修復されてゆくと、日本と新羅の間には齟齬が生じるようになった。すなわち、従来通り朝貢を強要する日本に対し、新羅側は対等関係を主張するようになり、七三〇年代以降しばしば対立・衝突が発生したのである。また、日唐の国交が再開されると、より先進的な唐の文物の入手が可能になり、日本が先進文物を新羅に依存する必要性が低下した。さらに、金・銀・銅などの金属資源も日本国内で賄うことができるようになると、物質的な面で新羅に頼る必要性は一層失われていった。そうした関係性の変化の過程において、新羅征討計画が立てられるなど両国の緊張が極度に高まることもあったが、互いに相手に対する必要性が喪失したことにより、八世紀後半以降は疏遠な関係となっていった。唐朝から依頼された情報の伝達や、日本の遣唐使の安全確保のためなど、その都度、実務的な用件で使節を送ることはあったが、基本的に国家間の関係は低調に推移した。

ただし、国家としての関わりが薄れるのとは裏腹に、この頃から東アジア交易圏が形成され始め、新羅商船が来航するようになった。九世紀前半には、新羅の張宝高が唐日間の中継貿易を活発に展開した。[48]だが、張宝高が暗殺され、彼の築いた貿易ネットワークが崩壊すると、新羅国内の混乱もあり、宝高の配下にあった海商の中には海賊化する者もあったと思われる。貞観十一年（八六九）、新羅の海賊が博多津に停泊していた貢調使船を襲った事件は、日本政府に大きな衝撃を与え、以後、新羅に対する強い警戒心を植え付けることになった。八四〇年代からは唐商船が直接日本に訪れるようになっており、新羅との貿易関係も後景に退くことになった。

②渤海と日本

渤海は七世紀末に靺鞨系の大祚栄が高句麗遺民と粟末靺鞨人を糾合して高句麗故地に建てた国家で、最初は震国を名乗った。七一三年に、大祚栄が唐朝より渤海郡王に封じられてからは渤海を国号とした。建国当初から、唐朝や新羅と緊張した関係にあったが、七二六年の黒水靺鞨をめぐる紛争がさらに関係を悪化させた。渤海は国際的な孤立を避けるため、神亀四年（七二七）に最初の外交使節を日本に派遣した。[49]日本は渤海を高句麗を復興させた後継国と捉え、朝貢国として扱おうとしたため、対等な外交を望んだ渤海との間に摩擦を生じることもあった。しかし、日羅関係とは違って、決定的な悪化を免れることができたのは、互いに通交の必要性を認識し、最悪の状況を回避すべく対処したためである。その一例として、宝亀二年（七七一）来日の渤海使がもたらした国書を日本側が違例・無礼として咎め、受け取りを拒絶した際に、渤海使壱万福が国書を改修し、謝罪することにより、一件落着したということがあった。また、使節派遣の間隔を定めた年期に違犯して来日した渤海使に対し、日本側は必ずしも原則通りに追却するのではなく、柔軟に対応することも少なくなかった。

八世紀においては、新羅という共通の仮想敵国に対し、日渤両国の軍事的な連携が必要と考えられていたが、八世紀後半の藤原仲麻呂政権における新羅征討計画が中止された時期を境に軍事的な関係性は薄れていった。安史の乱の結果、新羅の後ろ盾になっていた唐朝の軍事的脅威が軽減されたこと、渤海と唐の関係が改善されたことなどが関係するのであろう。渤海使は軍事的な連携以外にも、絁・綿等の日本の物資の入手が重要な目的となっていた。そのため、軍事的な目的が失われた九世紀以降は、「商旅」（貿易商人）に他ならないと指摘されるほど経済中心の通交となった。日本側も渤海使のもたらす毛皮や人参・蜂蜜などを珍重していたので、双方の利益の合致するところが大きかった。また、頻繁な通交が困難であった唐朝との間を取り持つ中継的な役割を、日本が渤海に求めたということもあった(50)。すなわち、遣唐使に代わり、唐の文物や唐国内の情報等をもたらすことが期待されていたのである。先述したように、安史の乱の情報も渤海を通じて入手することができた。それから、第十一次遣唐使の高元度一行が渤海の援助の下に渤海経由で入唐したということもあった。これとは別に渤海経由で入唐した僧侶もいたし、在唐中の日本人との書状や物品のやりとりを中継したことも知られる。要するに、かつて、百済など朝鮮諸国に担われていた役割を、渤海が行うようになったのである。このほか、来日した渤海使に対し詩宴が開かれ、日本の文人との間で漢詩文の贈答が行われるなど文化的な交流がもたれたことも特筆される。

日本と渤海の通交は二百年近くにも及び、その間に三十四回もの渤海使の来日があり、十三回の遣渤海使の派遣があった。渤海使が渤海滅亡（九二六年）の直前の延喜十九年（九一九）まで派遣されたのは、両国が互いに通交の必要性を最後まで認めていたことの証左であろう。ただし、遣渤海使の派遣は弘仁二年（八一一）で終わっているように、九世紀以降の日本側の受動性は明らかである。東アジア交易圏の成立により、日唐間の中継的な役割は商船に代替されるようになり、日本が渤海に使節を派遣する意義が低下していったものと思われる。

おわりに

九〇七年に唐朝が滅び、その後、五代十国、宋、元と王朝交替が行われたが、この間、日本は中国王朝との間に国交を結ぶことはなかった。日本が再び中国に外交使節を派遣し、国交を再開するのは明朝になってからであった。日本の前近代の歴史を振り返ってみるならば、中国と国交を持ったのはごく限られた時期であったことが分かる。後漢、曹魏、劉宋、蕭斉（南斉）、隋、唐、明の各王朝に対してのみ遣外使節が派遣されたのである。このうち、後漢〜蕭斉朝と明朝の時には中国王朝から冊封を受けていたが、隋・唐朝では朝貢関係を結ぶだけであった。冊封関係を結んだのは、まだ国内が統一されていない時期にあたり、倭国王ないし日本国王の地位を中国王朝から承認・保証されることに大きな意味があったからであろう。ただし、他国からの侵略の可能性の低い島国の倭国・日本国にとって、国内統一が終われば、中国王朝から国王の地位を認めてもらう意義は大いに減じたものと思われる。それ故、国内統一をほぼ終えた雄略天皇（倭王武）の時代に、倭国と中国王朝との冊封関係が途絶えることになったのだろう。しかし、明朝と冊封関係を結んだ室町時代においては、南北朝の合一がなされ、国内の統一が終わった後も遣明使が派遣され続けた。それは、冊封関係に意味を認め続けていたというよりは、朝貢関係を維持することに目的が移っていたからと考えられる。

室町幕府が明朝への朝貢を続けたのは何故だろうか。その理由は、明朝が隋・唐朝と同様に強力な「朝貢体制」を復活させた王朝であったことにあると思われる[51]。明朝においても隋・唐朝と同じく厳しい対外規制を設け、朝貢使以外の出入国を禁止し、民間貿易を禁じたことが知られる。前近代の日本においては、先進的な中国の文物・文化に対する憧憬・需要は途切れること無く続いていており、室町時代も同じであった[52]。それ故、朝貢使以外に中国の文物を入手できない「朝貢体制」下にあっては、朝貢使を派遣し続けることに意味を認めたのであろう。

誤解を恐れずに述べるならば、日本が中国王朝と国交を結ぶ理由・背景には、その時代ごとの固有のものもあるが、国内状況にしろ、国際環境にしろ類似した要因があったということである。とりわけ、先進的な中国の文物・文化を必要とした日本においては、「朝貢体制」という国際秩序が重要な意味を持っていたことが確認できるであろう。遣唐使も「朝貢体制」に参加することで、安定的な国際関係を結び、先進的かつ高度な唐文化を摂取することができたのである。

註

(1)　遣唐使の主な先行研究としては、森克己『遣唐使』(至文堂、一九五五年)、茂在寅男ほか『遣唐使研究と史料』(東海大学出版会、一九八七年)、増村宏『遣唐使の研究』(同朋舎出版、一九八八年)、東野治之『遣唐使と正倉院』(岩波書店、一九九二年)、同上『遣唐使船』(朝日新聞社、一九九九年)、古瀬奈津子『遣唐使の見た中国』(吉川弘文館、二〇〇三年)、上田雄『遣唐使全航海』(草思社、二〇〇六年)、東野治之『遣唐使』(岩波新書、二〇〇七年)、森公章『遣唐使と古代日本の対外政策』(吉川弘文館、二〇〇八年)、同上『遣唐使の光芒』(角川学芸出版、二〇一〇年)、河内春人『東アジア交流史のなかの遣唐使』(汲古書院、二〇一三年)等がある。

（2）東野治之「日本国号の研究動向と課題」（『史料学探訪』岩波書店、二〇一五年、初出二〇一三年）を参照。

（3）森公章『東アジアの動乱と倭国』（吉川弘文館、二〇〇六年）、李成市「六―八世紀の東アジアと東アジア世界論」（『岩波講座日本歴史二　古代2』岩波書店、二〇一四年）等を参照。

（4）西嶋定生『西嶋定生東アジア史論集三・四』（岩波書店、二〇〇二年）を参照。

（5）「冊封体制」論に対する研究史的整理を行っているものとしては、廣瀬憲雄「古代東アジア地域対外関係の研究動向」（『東アジアの国際秩序と古代日本』吉川弘文館、二〇一一年、初出二〇〇八年）、前掲註（3）李論文等を参照。

（6）拙著『唐王朝と古代日本』（吉川弘文館、二〇〇八年）、本書第一部第一章「隋唐朝の朝貢体制の構造と展開」等を参照。

（7）森公章「古代日本における対唐観の研究」（『古代日本の対外認識と通交』吉川弘文館、一九九八年、初出一九八八年）は、中国側を上位とする中国中心的な対外観だけではなく、自国中心的な対外観も存在したことを指摘している。日本のみならず、多くの国において外向きと内向きの対外観が並存したものと思われる。

（8）細谷雄一『国際秩序』（中央公論新社、二〇一二年）等を参照。

（9）唐代の「朝貢体制」の諸規制の例外的存在であったソグド商人については、荒川正晴『ユーラシアの交通・交易と唐帝国』（名古屋大学出版会、二〇一〇年）を参照。

（10）池田温「裴世清と高表仁」（『東アジアの文化交流史』吉川弘文館、二〇〇二年、初出一九七一年）を参照。

（11）市大樹「大化改新と改新の実像」（『岩波講座日本歴史二　古代2』岩波書店、二〇一四年）を参照。

（12）森公章『「白村江」以後』（講談社、一九九八年）等を参照。

（13）葛継勇「禰軍の倭国出使と高宗の泰山封禅」（『日本歴史』七九〇、二〇一四年）及び本書第三部第二章「劉徳高に関する基礎的考察」を参照。

（14）律令法典も含め、この時期の唐代の書籍の船載は限定的であったと考えられ、八世紀初頭までは南北朝期の学術書が公定のテキストとして使用される状況にあった。本書第二部第四章「「東アジア世界」における日本律令制」、拙論「藤原仲麻呂政権における唐文化の受容」（木本好信編『藤原仲麻呂政権とその時代』岩田書院、二〇一三年、初出二〇一二年）等を参照。

（15）前掲註（7）森論文、河内春人「大宝律令の成立と遣唐使派遣」（『日本古代君主号の研究　倭国王・天子・天皇』八木書店古書出版部、二〇一五年、初出一九九六年）等を参照。

(16) 日本の国号については、前掲註(2)東野論文、神野志隆光『「日本」とは何か』(講談社、二〇〇五年)、小林敏男『日本国号の歴史』(吉川弘文館、二〇一〇年) 等を参照。
(17) 東野治之「遣唐使の朝貢年期」(前掲註(1)『遣唐使と正倉院』岩波書店、一九九二年、初出一九九〇年) を参照。
(18) 金子修一「則天武后と杜嗣先墓誌」(『国史学』一九七、二〇〇九年)、森公章「大宝度の遣唐使とその意義」(『遣唐使と古代日本の対外政策』(吉川弘文館、二〇〇八年、初出二〇〇五年) 等を参照。
(19) 杉山宏「遣唐使船の航路について」(石井謙治編『日本海事史の諸問題』対外関係編、文献出版、一九九五年) を参照。
(20) 専修大学・西北大学共同プロジェクト編『遣唐使の見た中国と日本』(朝日新聞社、二〇〇五年) 等を参照。なお、韓昇(河上麻由子訳)「井真成墓誌の再検討」(『東アジア世界史研究センター年報』三、二〇〇九年) は、井真成を留学生ではなく、天平度の遣唐使とする。
(21) 坂上康俊「日本に舶載された唐令の年次比定について」(『史淵』一四六、二〇〇九年) は、開元三年令が養老令の藍本であったとする。
(22) 勝浦令子「仏教と経典」(『列島の古代史　ひと・もの・こと七　信仰と世界観』岩波書店、二〇〇六年) 等を参照。
(23) 古瀬奈津子「隋唐と日本外交」(荒野泰典ほか編『日本の対外関係２　律令国家と東アジア』吉川弘文館、二〇一一年) を参照。
(24) 本書第三部第一章「来日した唐人たち」等を参照。
(25) 秦大麻呂については、青木和夫「古記の作者」(『日本古代の政治と人物』吉川弘文館、一九七七年、初出一九六七年) を参照。
(26) 東野治之「天平十八年の遣唐使派遣計画」(『正倉院文書と木簡の研究』塙書房、一九七七年、初出一九七一年) を参照。
(27) 彌永貞三「日本古代の釈奠について」(『日本古代の政治と史料』高科書店、一九八八年、初出一九七二年)、桃裕行「紀伝道の成立」(『上代学制の研究』吉川弘文館、一九八三年、初出一九四一年)、池田昌広「范曄『後漢書』の伝来と『日本書紀』」(『日本漢文学研究』三、二〇〇八年) 等を参照。
(28) 前掲註(7)森論文、廣瀬憲雄「倭国・日本の隋使・唐使に対する外交儀礼」(『東アジアの国際秩序と古代日本』吉川弘文館、二〇一一年、初出二〇〇五年) 等を参照。
(29) 濱田耕策「新羅の遣唐使」(『史淵』一四五、二〇〇八年)、酒寄雅志「渤海の遣唐使」(『東アジア世界史研究センター年報』四、二〇一〇年) 等を参照。

(30) 厳耕望「新羅留唐学生與僧徒」(『厳耕望史学論文集(下)』上海古籍出版社、二〇〇九年、初出一九五九年)等を参照。
(31) 大平聡「天平勝宝六年の遣唐使と五月一日経」(笹山晴生先生還暦記念会編『日本律令制論集(上)』吉川弘文館、一九九三年)等を参照。
(32) 東野治之「上代文学と敦煌文献」(『遣唐使と正倉院』岩波書店、一九九二年、初出一九八七年)、新川登亀男『道教をめぐる攻防』(大修館書店、一九九九年)等を参照。
(33) 石井正敏「遣唐使と語学」(『石井正敏著作集2　遣唐使から巡礼僧へ』勉誠出版、二〇一八年、初出二〇〇三年)、拙論「遣唐使と通訳」(『唐王朝と古代日本』吉川弘文館、二〇〇八年、初出二〇〇五年)等を参照。
(34) 拙論「遣唐使による漢籍将来」(『唐王朝と古代日本』吉川弘文館、二〇〇八年)を参照。
(35) 山本幸男「玄昉将来経典と「五月一日経」の書写」(『奈良朝仏教史攷』法蔵館、二〇一五年、初出二〇〇六・二〇〇七年)、本書第二部第三章「日本古代における仏典の将来について」等を参照。
(36) 杉本一樹「唐の文物と正倉院」(池田温編『古代を考える　唐と日本』吉川弘文館、一九九二年)、飯田剛彦「正倉院宝物の世界」(『日本の対外関係2　律令国家と東アジア』吉川弘文館、二〇一一年)等を参照。
(37) 拙論「「蕃国」から「異国」へ」(『唐王朝と古代日本』吉川弘文館、二〇〇八年、初出二〇〇一年)を参照。
(38) 拙論「唐代の出入国管理制度と対外方針」(『唐王朝と古代日本』吉川弘文館、二〇〇八年、初出一九九五年)を参照。
(39) 氣賀澤保規『中国の歴史6　絢爛たる世界帝国隋唐時代』(講談社、二〇〇五年)、石見清裕「円仁と会昌の廃仏」(鈴木靖民編『円仁とその時代』高志書院、二〇〇九年)等を参照。
(40) 森安孝夫『興亡の世界史5　シルクロードと唐帝国』(講談社、二〇〇七年)を参照。
(41) 佐伯有清『最後の遣唐使』(講談社、二〇〇七年、初版一九七八年)を参照。
(42) 石井正敏「いわゆる遣唐使の停止について」(『石井正敏著作集2　遣唐使から巡礼僧へ』勉誠出版、二〇一八年、初出一九九〇年)を参照。
(43) 榎本渉『僧侶と海商たちの東シナ海』(講談社、二〇一〇年)等を参照。
(44) 前掲註(1)東野著書を参照。
(45) 日羅関係史は、鈴木靖民『古代対外関係史の研究』(吉川弘文館、一九八五年)、濱田耕策『新羅国史の研究』(吉川弘文館、二〇〇二年）等を参照。

(46) 拙論「日本古代における金の朝貢・貿易と流通」（『歴史と地理』六五五、二〇一二年）を参照。

(47) 関晃「遣新羅使の文化史的意義」（『帰化人』講談社、二〇〇九年、初出一九五五年）を参照。

(48) 山内晋次『奈良平安朝の日本とアジア』（吉川弘文館、二〇〇三年）、田中史生『国際交易と古代日本』（吉川弘文館、二〇一二年）、渡邊誠『平安時代貿易管理制度史の研究』（思文閣出版、二〇一二年）等を参照。

(49) 日渤関係史は、濱田耕策『渤海国興亡史』（吉川弘文館、二〇〇〇年）、酒寄雅志『渤海と古代の日本』（校倉書房、二〇〇一年）、石井正敏『日本渤海関係史の研究』（吉川弘文館、二〇〇一年）、上田雄『渤海使の研究』（明石書店、二〇〇二年）、浜田久美子『日本古代の外交儀礼と渤海』（同成社、二〇一一年）、古畑徹『渤海国と東アジア』（汲古書院、二〇二一年）等を参照。

(50) 石井正敏「日唐交通と渤海」（『日本渤海関係史の研究』吉川弘文館、二〇〇一年、初出一九七六年）、東野治之「日唐間における渤海の中継貿易」（『遣唐使と正倉院』岩波書店、一九九二年、初出一九八四年）等を参照。

(51) 檀上寛『明代海禁＝朝貢システムと華夷秩序』（京都大学学術出版会、二〇一三年）等を参照。

(52) 橋本雄『中華幻想』（勉誠出版、二〇一一年）、河添房江『唐物の文化史』（岩波書店、二〇一四年）等を参照。

（補註）『日本国見在書目録』の著録書籍の部数・総巻数の表記を改めた。これについては、拙論「『日本国見在書目録』著録書籍の総巻数について」（『鴨台史学』一五、二〇一九年）を参照。同書の総巻数については、諸説あるが、原撰本に追記した書籍の巻数も計上した説が多いことに注意されたい。

第三章　外国使節の来航

はじめに

ここで取り上げる外国使節とは、中国諸王朝及び朝鮮諸国が古代日本（倭国も含む）に派遣した外交使節のことをいう。古代東アジアでは国家間の通交が中心であり、諸国の君主の派遣した公的な外交使節（公使）により交流が担われた(1)。国家君主以外の派遣した外交使節（私使）や、民間人（私人）が古代日本を訪れることもあったが、民間貿易が展開する東アジア交易圏が成立する九世紀より前にあっては、例外的なものであった(2)。

古代日本は、朝鮮諸国や中国から先進文化や資源を入手することで発展した。また、国際政治上の様々な課題に対処しなければならなかった。そのため、諸外国に外交使節を派遣する一方、多くの外国使節も受け入れてきた。このような外国との交流の重要性が認識されることにより、遣隋使や遣唐使等古代日本の派遣した外交使節に関する研究が多く生み出されてきた。しかし、来日した外国使節に関する研究は必ずしも多いとはいえず、その全体像が取り上げられたことは殆どなく、実態の究明も未だ不十分な状況にある。

ここでは、来日外国使節の全体像を概観し、外国使節がなぜ来航したのか、また、どのようにして来航したのか、そして、日本の古代国家は彼らをどのように迎え入れ、処遇したのか、対外関係史の最新の研究成果に基づき、明らかにしたいと思う。なお、古代日本の呼称だが、八世紀以前は倭国、八世紀以降は日本と区別して述べる場合もあることをご了解頂きたい。

一　古代日本に来航した外国使節

(1)　中国王朝からの外交使節

古代日本と中国王朝との通交がいつから始まったのかは、定かではない。しかし、『漢書』地理志には、「夫れ楽浪海中に倭人有り、分かれて百余国と為る。歳時を以て来り献見すと云ふ」とあることから、前漢が滅ぶ紀元八年以前には、倭人が百余りの小国を形成し、その小国の中には定期的に漢朝に外交使節を派遣するものもあったことが知られる。その後の状況を記す『後漢書』東夷伝には、「建武中元二年（五七）、倭の奴国、貢を奉じて朝賀す。使人自ら大夫と称す。倭国の極南界なり。光武、賜ふに印綬を以てす」とあり、建武中元二年に、博多付近にあった小国である奴国の王が後漢の光武帝から印綬を賜与されたことが記されている。その印は江戸時代に発見され、現存している。印面には「漢の委の奴の国王」とあり、後漢朝から倭の奴国王が冊封を受けていたことが分かる。冊封とは、中国皇帝と諸国の王ないし族長が君臣関係を結び、君長（国王・族長）の支配権を皇帝から保証してもらうことである。冊封関係を結んだ場合、中国王朝から冊書という任命書を交付する冊封使という外交使節が派遣されることがあったため、奴国の場合も後漢朝の外交使節が来倭した可能性もある。しかし、明確に来倭を示す史料が存在しない以上、あくまでも可能性にとどまる。

中国の外交使節が倭国を訪れたことを記す初見史料は、『魏志』倭人伝（正式には『三国志』魏書東夷伝倭人条）である。邪馬台国の女王卑弥呼は、先進文物の入手とともに、狗奴国との戦いを有利にするため中国魏朝に朝貢し、冊封を受けた。『魏志』倭人伝には、正始元年（二四〇）に冊封使として帯方郡太守弓遵と建中校尉梯儁らが倭国に派遣されたことが記されている。これが史料上確認できる最も古い外国使節の来訪である。正始八年には、邪馬台国と狗奴国との戦争に際し、塞曹掾史張政らが檄文を以て告喩するために倭国に遣わされた、ともある。

邪馬台国と中国王朝との通交は、泰始二年（二六六）の西晋への遣使を以て途絶えた。その後、中国王朝と倭国の通交が復活するのは、いわゆる「倭の五王」の時代である。この時代はほぼ五世紀に相当し、ヤマト政権の勢力伸長が著しく、日本列島内に版図を拡げるだけでなく、朝鮮半島にまで軍事進出していた。ヤマト政権の発展を支える鉄資源と先進文物・技術の獲得が目的であったが、半島北部の強国高句麗との対立・衝突を引き起こした。「倭の五王」と通称される五人の倭国王（応神天皇から雄略天皇に至る七代のうちの五人が該当するとされる）は、中国南朝（宋・斉）に朝貢し、冊封を受けた。高句麗との対抗上、国際的に高い地位と朝鮮半島南部（百済・新羅・任那など）における軍事支配権の承認を得るためであった。また、倭国王の地位を保証してもらい、先進文物・技術を獲得することにより、倭国の統一を進めることも大きな目的であった。『宋書』倭国伝には、倭国からの遣使のみが記載されているが、中国側からも倭国へ遣使があったことは、『日本書紀』仁徳紀・雄略紀に呉使の来倭とその応接が記されていることから確実である。呉使の呉は、南朝の領域であった江南地域を指すことから、呉使は南朝の宋の使者のことと考えてよいだろう。「倭の五王」の遣使朝貢に対する、答礼使（送使）として来倭したものと考えられる(3)。

「倭の五王」の中国南朝との通交は、倭国の統一をほぼ終えた倭王武（雄略天皇）の時代に終わりを告げ、その後、百年以上の空白期間が続く。通交が再開されるのは、南北に分裂していた中国が隋朝に再統一され、強大な中華帝国の力が朝鮮半島に及んでからである。開皇十八年（五九八）に始まった隋朝と高句麗との戦争は、両国の問題にとどまらず、東アジア全域を動乱の時代に巻き込むことになった。倭国が最初に遣隋使を派遣したのは、隋朝の高句麗遠征の翌年の推古八年（六〇〇）であり、東アジア地域の動乱に対処するために派遣されたものであることは明らかである。遣隋使は国際情勢の変動に対応するとともに、仏教や儒教等の先進文化や中央集権的な政治制度を吸収する役割も帯びていたと考えられ、都合四回、派遣された(4)。これに対し、隋朝は、大業四年（六〇八）、第二次遣隋使の小野妹子らの帰国に際し、裴世清らを倭国に派遣した。有名な「日出る処の天子」云々の国書に立腹したにもかかわらず、答礼使（送使）として世清を派遣したのは、敵国高句麗の背後にある倭国との関係を重視した戦略的な目的があったとされる。世清は倭国国内の状況を視察する任務も帯びていたと考えられ、『隋書』倭国伝には世清の帰国報告に基づくと思われる記述が見られる(5)。

大業十四年に隋朝が滅ぶと、しばらく遣使は途絶えるが、舒明二年（六三〇）に犬上御田鍬・薬師恵日ら第一次遣唐使が派遣された(6)。遣隋使同様に、東アジアの国際情勢への対応と、先進文化・制度の摂取が大きな目的であったと考えられる。貞観五年（六三一）、唐朝は御田鍬らの帰国に伴わせて高表仁らを倭国に派遣した(7)。答礼使としての派遣と思われるが、しかし、表仁が倭国の王子（倭王という史料もある）と礼をめぐって争ったため、外交交渉は決裂し、再び両国の関係は断絶した。

この後、東アジアの動乱が激化する中で、白雉四年（六五三）に遣唐使が再開されるが、斉明六年（六六〇）に滅亡した百済の復興をめぐり、倭唐両国は戦争に突入した。天智二年（六六三）、白村江で倭唐海軍が激突し、倭軍が大敗を喫し、倭国は唐朝・新羅の侵攻の危険にさらされることになった。翌年、唐朝が支配下に置いた百済旧領を占領した百済鎮将の劉仁願からの使者も来倭したが、天智天皇は鎮将の使いを私使として交渉を拒絶した。そのため、唐朝は、麟徳二年（六六五）改めて皇帝の使者（公使）として劉徳高を倭国に派遣した。倭国使を連れ、高宗の泰山封禅に参加させることが徳高の任務であったと考えられる。[8] その後、朝鮮半島の領有をめぐり、唐朝と新羅が相争うようになることで、倭は逆に唐羅両国から支援を求められることになった。

天武・持統朝は親新羅政策を取ったため、遣唐使は天智八年（六六九）から大宝二年（七〇二）の間、再び中絶するが、倭から日本に改号した八世紀以降は比較的安定的に派遣が継続した。この間に唐の先進文化・制度の摂取も大いに進むことになった。しかし、最後の遣唐使が派遣された九世紀前半に至るまでの間に日本に派遣された唐使は宝亀九年（七七八）の趙宝英らの僅か一度であった。宝英らは、宝亀八年に派遣された遣唐使に対する答礼使とされるが、なぜ、この時のみ答礼使が派遣されたかについては、その理由を十分究明する必要がある。[9] なお、大使の宝英らが遭難、水没したため、日本に到着できたのは、判官の孫興進以下の下僚だけであった。彼らを迎接するにあたり、儀礼上、唐使を蕃国（朝貢国）として扱うべきかどうかで問題となったことが知られる。この後、承和五年（八三八）の遣唐使まで日本側の遣使は続くが、唐使の来日はなかった。ちなみに外交使節ではないが、天平宝字五年（七六一）に遣唐使を送ってきた地方官沈惟岳らもいた。

以上、中国王朝から古代日本に派遣された外交使節を通覧したが、史料上確認できるのは魏使が二回、呉使（宋使か）が三回（このうち記事が簡略な二回は事実かどうか疑いもある）[10]、隋使が一回、唐使が三回となる（この他、遣唐使を送ってきた送使も一回ある）。史料に見えない使節の派遣も否定できないが、三世紀前半から九世紀前半の六百年間に限ってみても、九回しか史料に見えないというのは極めて少ないといわざるを得ない。

（2）　朝鮮諸国からの外交使節

朝鮮半島と古代日本との関係はかなり古く、遅くとも縄文時代前期には半島南部と九州北部の間では人的な交流があったとみられる[11]。史料上、半島南部と倭国との通交を示す最初のものは、『日本書紀』崇神六十五年七月条の任那国の朝貢記事である。この記事内容をそのまま史実と受け止めることはできないが、『日本書紀』の対外関係記事の最初のものであることは注目される。任那という国家は存在せず、半島南部の小国が分立した地域の名称（加羅、加耶ともいう）であり、この場合、その小国の一つ金官国からの遣使とされる[12]。地理的に日本列島と最も近く、縄文時代以来交流が存在した半島南部の小国家との通交が倭国の外交の始まりであったことは認めてよいであろう。なお、通交開始時期は、四世紀前半とされる。倭国は朝鮮半島南部の加耶諸国との通交を通じて、鉄資源や先進文物の入手を図ったものと思われる。一方、加耶諸国は、敵対する新羅との争いから、倭国との同盟を求めたものと推察される。これ以後の通交関係を見ると、加耶からの外交使節の来倭を記す記事は少なく、倭国から使者を派遣した記事が多いというのは、他の朝鮮諸国との関係に比べ特殊である。加耶地域が統一された国家ではなかったということも関係しているのかもしれないが、加耶が倭国の半島進出の窓口的役割を担っていたためであろう。なお、欽明二十三年（五六二）に加耶が滅亡した後も、任那使が見られるが、これは新羅、もしくは百済が仕立てたもので、加耶諸国からの使節ではない。

四世紀後半には、加耶を介して、百済と倭国との間にも同盟が結ばれ、通交が始まった。有名な石上神宮に伝わる七支刀は、泰和四年（三六九、東晋の太和四年か）に百済で作製され、百済王子貴須（後の近仇首王）から倭王旨（記紀記載の天皇の誰に当たるかは不明）に贈られたものとされる。この時期、百済は高句麗と激しい戦争の最中にあり、百済側から倭国との軍事的な提携を望んだと考えられる。以後、百済は、その滅亡に至るまで、倭国に使者を遣わし、様々な文物、学術、技術等を倭国に提供した。また、百済は倭国の中国通交の中継点として、倭国使の中国との往還を支援し、帰国する倭国使を送って、倭国に来ることも少なくなかった。遣隋使の帰国に際し、百済使が一緒に訪れているのはその具体例である。七世紀半ば以降、勢力を拡大する新羅との戦争が激化し、また新羅と結びついた唐朝との関係が悪化したため、百済は倭国との連携を強化し、軍事的な支援を求めるべく遣使を重ねたが、斉明六年（六六〇）に唐・新羅連合軍に滅ぼされた。

新羅と倭国との関係も加耶諸国との関わりから生まれたものであるが、百済とは逆に、新羅と倭国は相戦う関係から始まった。倭国が新羅に侵攻した記録は朝鮮史書に多く見られ、「高句麗好太王碑文」にも記されている。記紀の神功皇后による新羅征討伝承も、倭国と新羅との戦いの歴史に関わっているのであろう。倭国と敵対関係にあった新羅や高句麗との平和的な通交は、加耶・百済に比べ遅れて始まることになった。新羅使の来倭は、記紀に新羅王子の天日槍が応神朝（『日本書紀』は垂仁朝とする）に来朝したという伝承があるように五世紀に遡る可能性もあるが、通交の具体的な状況が確認できるのは六世紀半ば以降である。欽明二十一年以降、新羅はほぼ継続的に倭国に遣使するようになる。勢力拡大に伴い、新羅は百済のみならず高句麗とも戦う状況となり、倭国までも敵に回さないように修好を図ったものと推察される。欽明二十三年に加耶（任那）を滅ぼすと、倭国側に攻撃の口実を与えぬよう任那の調をもたらす使者を派遣した。その際、新羅が任那使を仕立てて、新羅使に伴わせた。唐朝が誕生すると、新羅は親唐政策を推し進め、倭国使や留学生の唐からの帰国に送使を派遣し、支援した。舒明三年（六三一）の唐使高表仁の来倭に際しても、送使を派遣し、倭国まで付き添わせた。唐倭の間を取り持ち、倭国を唐・新羅側に引き入れようという意図があったものと考えられる。斉明二年（六五六）までは継続的に倭国への遣使を続けたが、倭国が百済・高句麗側に付いたと判断したのか、その後暫く新羅からの使者は途絶える。百済・高句麗が滅亡し、半島の領有をめぐって、新羅は唐朝と対立・衝突すると、倭国への遣使を再開した。天武・持統朝を通じて、新羅は倭国を味方につけるべく、倭国の意を入れて朝貢国の立場をとり、倭国の必要とした資源や先進文物などをもたらした。また、新羅への留学僧の送迎も行ったことが知られる。八世紀以降、新羅と唐朝の関係修復が進むにしたがい、新羅は日本に対し対等外交を主張するようになり、両国の関係は次第に険悪化した。しかし、新羅は北方の渤海との対立関係から、日本との関係を断ち切るわけにはいかなかった。日本側も金など新羅のもたらす資源・文物に依存するところがあったため、関係は八世紀後半まで続いた。しかし、日本でも産金があり、新羅・渤海の対立が弱まると、両国の関係は疎遠化し、以後は必要に応じて実務的な連絡事務を行う関係となった(13)。

高句麗使の来倭は、継体十年（五一六）が最初とされるが、継続的な遣使は欽明三十一年（五七〇）からとされる。それまでは、倭国と高句麗は長らく敵対関係にあったわけだが、六世紀後半以降、急成長した新羅との軍事的・外交的対抗関係から、高句麗が倭国に急接近したものと考えられる(14)。その後、高句麗は、中国を再統一した隋朝との軍事的な緊張・衝突が起こることにより、いっそう倭国との友好関係形成に注力することになった。推古朝には、慧慈や曇徴、恵灌など僧侶を派遣したり、仏像鍍金用の金を贈ったりするなど、高句麗の積極的な倭国への働きかけが確認される。隋朝滅亡（六一八年）後も、唐朝や新羅との敵対状況が続いたことにより、高句麗は継続的に倭国に使者を送り続け、その滅亡（六六八）まで続いた。なお、滅亡後も高句麗の使者の来倭が『日本書紀』に記されるが、新羅が高句麗王族の安勝を擁立して作った傀儡政権（報徳国）からの遣使であり、新羅が仕立てたものである。

渤海は高句麗遺民と粟末靺鞨人により七世紀末に建てられた国家で、初めは震国と称したが、七一三年以降、国号を渤海に改めた。建国当初から唐朝・新羅と緊張した関係にあったが、七二六年の黒水靺鞨をめぐる紛争により、関係が急速に悪化した。神亀四年（七二七）に渤海使が初めて来日した理由には、唐朝・新羅に対抗するために日本と友好的な関係を築こうとしたことがあったと思われる。[15] 日本は渤海を滅亡した高句麗を継承した国家と考え、朝貢国として扱おうとしたため、対等外交を求めた渤海との間に摩擦が生じることもあった。だが、共に新羅を仮想敵国とする利害関係の一致もあり、次第に軍事的な関係を深めていった。八世紀半ばに安史の乱が勃発すると、日本は渤海と連携し、新羅征討計画を立てるに至った。しかし、征討計画を推進した藤原仲麻呂政権が崩壊し、また、渤海と唐朝・新羅との軍事的な緊張が緩和したことにより、征討計画は中止された。これ以降、渤海の対日通交の理由は経済的なものに変化してゆき、九世紀には「商旅」に他ならないとされた。渤海使のもたらす毛皮や蜂蜜・人参は日本の貴族たちに珍重されたほか、日本と唐朝との中継的な役割を担ったり、漢詩の贈答など文化的な交流も行われたことから、日渤の通交は渤海滅亡（九二六年）直前の延喜十九年（九一九）まで続き、この間、渤海使の来日は三十四回を数えた。

二　外国使節の乗船と航路

（1）　外国使節の乗ってきた船

日本を訪れた外国使節がどのような船に乗って来たかは、実はあまり定かではない。外洋を航海してきたことから、竜骨や隔壁を備えた木造の構造船であったこと、また、使節の人員から、その大きさが推定されるに過ぎない。しかし日本の遣唐使船のモデルとなったのは中国船ないし、それを模倣した百済船とされることから、外国使節の乗船も遣唐使船に類したものと考えることは許されるだろう。国ごとに特徴・差異があったと思われるが、船の基本構造に大きな違いはなかったものと考える。

遣唐使船自体も関連史料が限定されていることから、その復原には推測による部分が少なくないが、中国の伝統的な帆船（ジャンク船）の形態をとり、マストが二本で、竹を編んだ網代帆が張られ、両舷側には水夫が櫂（艫）をこぐための艫棚が設けられ、船尾には膚屋という船室が造設されていたという。なお、近年の研究によれば、網代帆の他に布帆も備えられていたことが明らかにされている[16]。

船の大きさだが、遣唐使船の場合は、長さ約三十メートル（十丈）、幅七〜八メートル（二十六尺）くらいと考えられている。遣唐使船には百二十から百五十人程度乗り込んだが、使節の人員がこれより少なめであった朝鮮諸国の船は、やや小ぶりであったと思われる。天平勝宝四年（七五二）来日の新羅使節は、総勢七百人余りであったが、七艘に分乗していることから、一船あたり百人程の定員であったと思われる。渤海使の船はさらに小さく、八世紀には二十人弱しか乗れないような小船で来航していたようである。九世紀以降は、日本海横断に耐えられるよう大型化したが、それでも百人程度の定員であったと思われる[17]。なお、隋使や唐使など中国からの外交使節は、日本（倭国）の使節の帰国の船に同乗して訪れている。

（2）　百済・新羅・隋唐からの航路

外国使節の日本（倭国）までの航路だが、朝鮮半島南部（百済・新羅・加耶）の国々と中国王朝からの使節の場合、半島から対馬・壱岐を経由して北九州に至るルートは基本的に同じと思われる[18]。『魏志』倭人伝には、三世紀の魏使の渡海ルートが記されており、朝鮮半島西岸中央部にあった帯方郡から海岸沿いに南下し、狗邪韓国（後の加耶のあ

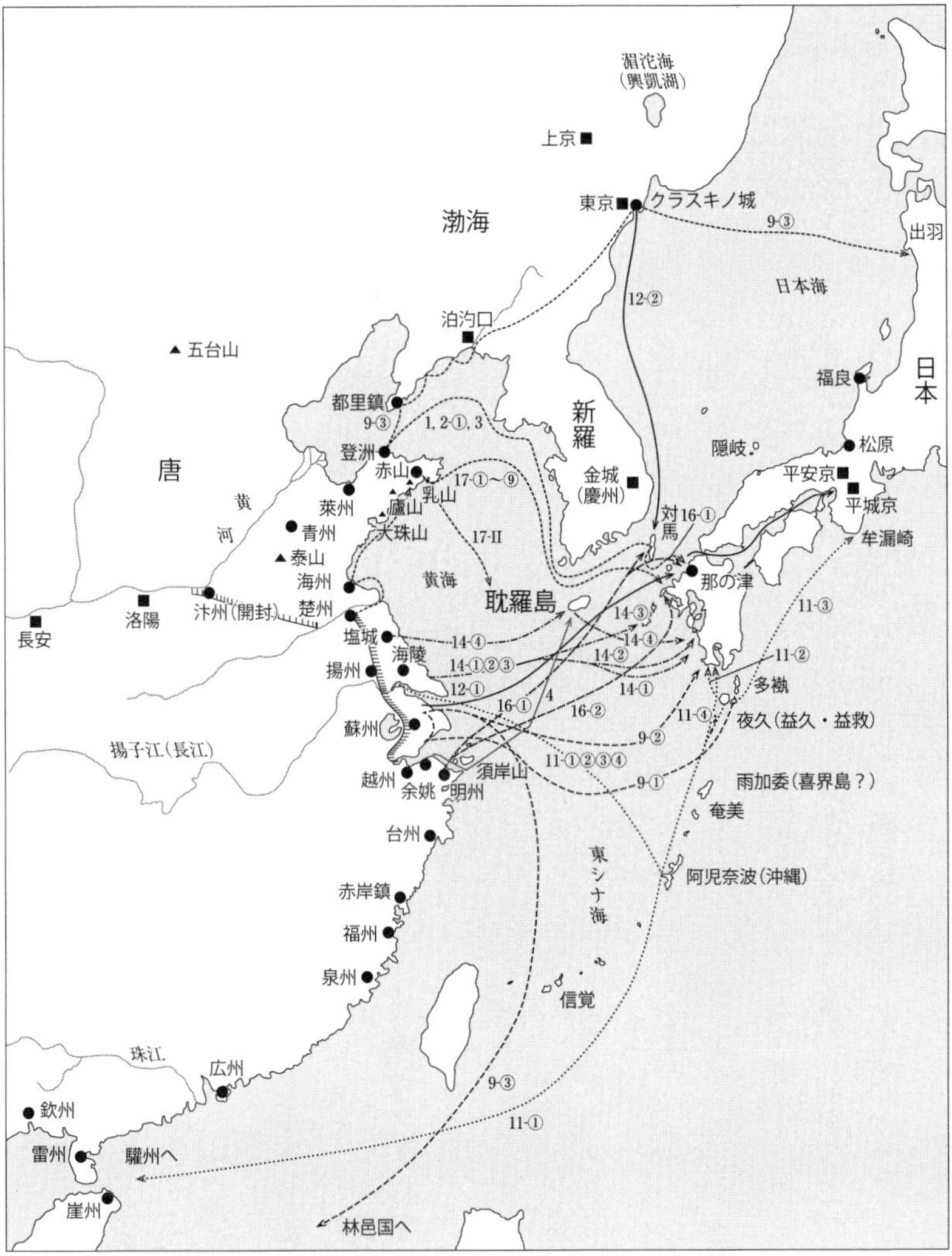

図1　遣唐使の復路（酒寄雅志「遣唐使の航路」『栃木史学』28, 2014年）

たり）から一海を渡り、対馬国に至り、次いで澣海（玄海灘）を渡り、一大国（壱岐か）に至り、東南に百里の行程で奴国（北九州博多付近か）に至るとしている。七世紀の隋使裴世清も同じルートを辿っており、中国の使者は八世紀に至るまで、このルートで来倭したと考えられる。なお、このルートは、遣唐使の北路でもあった。百済も同じように半島西岸を南下し、半島南端から渡海して九州北岸に至ったのであろう。新羅の場合は、半島東岸を南下し、半島南端から渡海したものと思われる。

中国の外交使節が朝鮮半島に至る経路としては、八世紀以前は、山東半島の登州のあたりから黄海を横断して朝鮮半島に至るものであったと思われる。八世紀以降、遣唐使が五島列島から東シナ海を横断する南路を取るようになると、遣唐使と共に来日した唐使（送使も含む）も、明州・越州などから東シナ海を一気に横断して日本を目指すルートをとるようになった。ただし、このルートは航海の危険性が高く、八世紀後半に派遣された趙宝英等の乗船は遭難し、多くの犠牲者が出た。

（3）　高句麗・渤海からの航路

高句麗・渤海からの使者は、中国や百済・新羅などの使者たちとは異なる航路をとった。高句麗の航路はあまり明確にはなっていないが、欽明三十一年（五七〇）、敏達二年（五七三）、敏達三年、天智七年（六六八）の高句麗使が越（北陸地方）に着岸していることから、高句麗の日本海側の港から直接日本海を横断し、倭（日本）の北陸地方を目指すという航路をとったと考えられる。なお、七世紀以降、筑紫を経由し、難波に到着することもあったことから、朝鮮半島西岸を南下し、百済経由で対馬・壱岐・筑紫を経て、瀬戸内海を通り難波に至るルートをとるようになったと想定される。[19]難波に高麗館という高句麗使専用の迎賓館が設けられていたことを考えると、倭国側は難波への来着を誘導していたと思われる。この点、入国管理や迎賓儀礼のあり方が関わっていたと考える。

　渤海の来日航路については、三つの説が存在している[20]。日本海横断航路説、朝鮮半島東岸航路説、北回り航路説である。日本海横断航路説は、渤海の港からそのまま日本海を横断し、北陸・山陰沿岸への到着を図るというものである。朝鮮半島東岸航路説は、渤海出港後、朝鮮半島東岸沿いに南下して、朝鮮半島と山陰地方の距離が縮まったところで日本海を横断し、山陰から日本海沿岸を東行して北陸の敦賀に至るというものである。北回り航路説は、渤海から沿海州沿岸を北上し、サハリン・北海道を経由し、東北の日本海沿岸や北陸地方に至るものである。なお、サハリンを経由せず、沿海州沿岸から北海道に直行したとする意見もある[21]。このうち、朝鮮半島東岸航路は、敵対関係にあった新羅沿岸を渤海が航路として利用するとは考えがたいなど問題点が指摘されており、渤海使の来日ルート候補からは外してよいと思われる。ちなみに、七七〇年代の一時期、日本が渤海に朝鮮半島東岸航路をとるよう強要したが、渤海は従わなかった[22]。

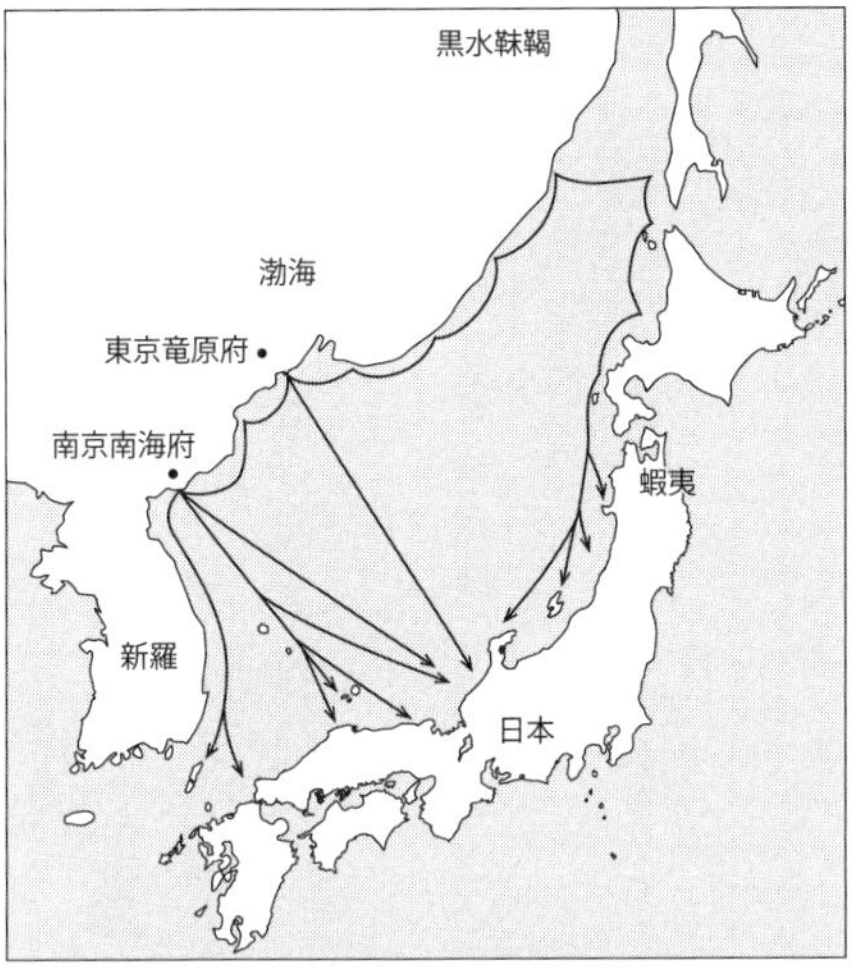

図２　渤海から日本への航路推定図（古畑徹「渤海・日本間航路の諸問題」『古代文化』46-8，1994年）

　候補となる日本海横断航路と北回り航路だが、八世紀と九世紀以降の渤海使船の来着地の傾向が変化（出羽・佐渡→山陰）したことに基づき、八世紀は北回り航路が取られ、九世紀以降は日本海横断航路に変わったとされる。この変化の理由としては、北回り航路では蝦夷地に着岸する危険性があり、八世紀の終わりの二回（七八六・七九五年来日の渤海使）は実際に蝦夷地に到着し、蝦夷から襲撃されたことが挙げられる。

また、日本海横断航路上にある鬱陵島が、九世紀以降、新羅の支配下から外れたことにより、渤海使が安全にこのルートを利用できるようになったこともあるとされる。なお、このルート変更により、渤海使の出港地が東京龍原府付近から南京南海府付近に移ったとする説もあるが、『新唐書』渤海伝に「龍原東南瀕海、日本道也」とあることから、出港地は一貫して東京龍原府の外港と見られるポシェット湾や図們江河口であったろう。ただし、南京南海府付近の港は、八世紀から風待ち港として利用されていたと見られるが、九世紀以降は日本海横断航路をとるようになると、その利用がいっそう増えることになったと思われる(23)。

三　外国使節の迎接

（1）　律令制以前の中国使節に対する迎接

外国使節の迎接は時代により大きく異なり、様々な変化が見られた。また、同時代であっても、一律に同じ対応をしていたわけではない。そこで、律令制以前の中国使節、律令制以前の朝鮮諸国使節、そして律令制以後の中国・朝鮮諸国使節の三つに分けて、それぞれに対する迎接の歴史を概述することにしたい。

倭国の外国使節迎接に関する最も古い記録は、『魏志』倭人伝中の一大率についての記述である。一大率は伊都国に置かれた官で、女王国（邪馬台国）以北の諸国を検察するとともに、倭国からの出使、帯方郡からの魏使の入国に際し、港において所持品検査を行い、魏使のもたらした文書や贈与品などを女王に伝送したという。この後、どのような接待・交渉が行われたかは不明だが、中国との外交の早い段階から、出入国管理が行われていたことは王権と外交権の関わりを考える上で注目される。

この後、倭国による中国使節迎接について知られるのは、五世紀後半の雄略天皇の時代となる。雄略天皇は「倭の五王」の一人倭王武に比定されているが、この時代は中国南朝の宋・斉に遣使朝貢が行われていた。中国史料には倭国からの遣使記事しか掲載されていないが、『日本書紀』には仁徳紀と雄略紀に呉使（中国南朝の外交使節）の来倭が記されている。そのうち、雄略十四年正月に来倭した呉使に対しては、具体的な迎接に関する記述が見られる。それによると、雄略十二年に中国南朝に派遣された身狭村主青らの帰国に伴い、呉使が織物技術者を引き連れ、住吉津に来着したという。呉使を迎え入れるために、早速、道路の整備が行われたが、呉使が大和に迎えられたのは三月であった。呉使一行は檜隈野（呉使が迎えられた地であったことから、これ以降、呉原と名付けられた。現在の奈良県明日香村栗原か）に安置され、その後、石上の高抜原（現在の奈良県天理市石ノ上付近か）で、共食者に選抜された倭の豪族との饗宴が催された。応接自体の記述はここで終わり、その後の賓待がどのように行われ、いつ頃、呉使が倭国を離れたかは判然としない。しかし、雄略天皇（倭王武）が呉使に謁見したり、王宮であった泊瀬朝倉宮に呉使を招き入れたりするようなことはなかったと思われる[24]。邪馬台国の卑弥呼の時も、この点については同様であったと考えられ、後の律令制下の迎接とは大きく異なっていた。

倭国の迎接のあり方に大きな変化が見られるのは、推古天皇の時代である。隋使の来倭に備え、中国的な外交儀礼（＝賓礼）が導入されたと考えられている。推古十六年（六〇八）、前年、隋に派遣された小野妹子の帰国に伴われて隋使裴世清らが来倭した。六月、隋使の難波津入港に際し、飾船三十艘で盛大に歓迎の儀礼が執り行われ、隋使は難波の客館に安置された。八月、飛鳥への入京に際しても海石榴市にて飾騎七十五匹による迎労の儀礼が行われた。その後、小墾田宮で裴世清による国信物の提出と国書の奏上・提出が行われた。数日後、朝廷内で饗宴が行われ、九月に難波出航前に最後の饗宴が行われ、隋使は帰国の途についた。このような迎接のあり方は、基本的に中国の賓礼に則ったものであり、隋の賓礼が導入されたものと理解されている。[25]しかし、「日出る処の天子」云々の国書に示される対等外交を主張していた当時の倭国が、隋の教えをそのまま受け入れたとは考えがたい。また、推古朝の儀礼制度には隋の影響が見られず、むしろ中国南朝の礼制の影響が見られることから、隋ではなく南朝梁の賓礼が取り入れられた可能性がある。[26]ともかくも、この推古朝から、倭国の迎接のあり方には中国の賓礼の影響が色濃く見られるようになるのである。

次に中国使節が訪れるのは、舒明朝である。第一回遣唐使の帰国にあたって、唐使高表仁等が派遣されてきたのである。舒明四年（六三二）に来倭した表仁は、倭国の王子（王とする史料もある）と礼を争い、朝命を果たさず帰国したという。恐らく、外交上の名分関係が争われたものと思われ、表仁が強硬に上位の立場を主張したために、交渉が破綻したものと推察される。倭国と唐が異なる迎接のあり方に立脚していれば、互いの主張がすれ違うことはあっても、正面から激突することはなかったと思われる。倭国が唐と同じ賓礼で迎接するようになったために、起こった事件といえるだろう。とはいえ、この段階で全てが中国化したわけではなく、倭国の従来の迎接の要素も残存していた。難波津で飾船による迎労が行われた後、難波の客館において、神酒が唐使に給われたが、この神酒給与は倭国独自のものであった。[27]こうした倭国独自の迎賓儀礼は、唐使のみならず、朝鮮諸国使に対しても行われ、律令制以後も継承された（『延喜式』巻二十一、玄蕃寮）。また、この段階では、倭王（天皇）は外交の場に出御していなかったと考えられている。[28]

天智四年（六六五）に唐使劉徳高が来倭した際は、菟道（宇治）で閲（検見・検分）が行われ、場所は不明だが饗宴、賜物が行われたこと、そして『懐風藻』によると大友皇子との面会があったことが知られる。[29]菟道での閲は迎労の威儀を整えるための検分か、唐使への示威を図った閲兵なのか、定かではないが、従前の迎接と基本的には同じ対応が取られたものと考えられる。

(2)律令制以前の朝鮮諸国使節に対する迎接

律令制以前においては、中国使節への対応と、朝鮮諸国使節への対応では、少なからぬ違いが存在した。中国使節に比べ来航件数がかなり多く、一件ごとに説明はできないので、その主な特徴について述べたい。

朝鮮諸国の使者は、筑紫にしろ、越にしろ、到着地から畿内に移送され、畿内に入った最初の地点の客館に安置された。多くの場合は難波の客館(難波郡と表記されることもある)となるが、欽明三十一年(五七〇)に来倭した高句麗使は越に来着したため、近江を経由して、山背国の相楽館(高槭館)に安置された。難波館(難波郡)・相楽館に大夫(群臣)などの豪族が派遣され、饗宴が行われるとともに、献物などの検領が行われた。表などの国書があれば、この時に同じく検収され、倭王のもとに送られた。中国使は一貫して国書をもたらしていたが、朝鮮諸国の使者の場合は、国家間の意思伝達が口頭によることも多く、そのため使者の伝える内容を大夫らが聞き取り、それを口頭で倭王に伝達したと考えられる。とりわけ、新羅使の場合は、八世紀半ばまで口頭による国家意思の伝達が続き、国書の取り交わしはなかった[30]。使節の帰国の際には、倭王(天皇)の詔も口頭で宣せられた。

推古朝に中国的な賓礼が導入された影響によってか、推古十七年に来倭した新羅使と任那使は小墾田宮において使の旨を奏上し、饗宴に与かった。しかし、この新しい方式は定着しなかったのか、この後も朝鮮諸国の使者に対しては旧来通り難波で迎接を行っていた事例が確認できる。中国の使者に対しては、七世紀以降、中国的な賓礼で応接する方向に転換していったが、朝鮮諸国の使者に対しては従来の方式が根強く残ったものと思われる。

難波での外交・迎接の機能は、七世紀後半以降、次第に筑紫大宰に移されていった[31]。この変化は、律令制的な外交制度や迎接のあり方への移行を示すものといえる。

(3) 律令制下の外国使節の迎接

律令制の導入以降、大きく変わったのは、出入国管理の仕組みが整備され、外交儀礼の中国化がより徹底していったことである。それまで、倭国の伝統的な迎接が行われていた朝鮮諸国の使節に対しても、中国的な賓礼が適用されてゆくようになる。律令法は中華帝国として周辺諸国に君臨した隋唐朝において完成したものであるため、それを模倣・継受した日本の律令法も日本を中華とする帝国法的な性格を有し、諸外国を蕃国・朝貢国に位置づけるものであった。中国的な外交儀礼（賓礼）の徹底という変化は、帝国法という律令制本来の性格が必要としたという部分も大きい。

出入国管理の基本的な仕組みは、関市令や衛禁律といった律令法規で規定されていた。入国時には、外国使節の到着地において大宰府など現地官により事情聴取や所持品検査が行われ、迎接担当の官人以外は接触できないように客館に安置し、国家による先進文物の独占的な入手、機密情報の漏洩防止などが図られた。また、出国時には、兵器など不正な持ち出し品がないか、再度所持品検査が行われた[32]。この入国時の処置の後、使節に対し、賓礼が行われるが、その応接の概略は以下の通りである[33]。

到着地から外国使節到着の報告を受けた中央政府（太政官）は、存問使を現地に派遣した。外国使節は存問使から来朝の事由を問われ、その結果を受けて、領客使によって都へ引率された。途中、難波で迎船儀礼が行われ、入京に際しては使節を歓迎する郊労の儀が催された。入京後、使節は鴻臚館に安置され、使者を派遣して労をねぎらう慰労・労問の儀が行われた。その後に、使節は宮内に招き入れられ、賓礼の中核ともいうべき拝朝の儀が行われた。拝朝の儀では、使節から天皇へ国書・国信物が献上されるのが基本であるが、国書がない場合には王言の奏上が行われた。使節の入京が正月以前であれば、元日朝賀への参列も求められた。拝朝の儀が終わると、天皇出御の下で、使節のための饗宴が開かれ、授位・賜禄なども行われた。八世紀には、長屋王、藤原仲麻呂などの有力者が使節を私邸の宴に招き、もてなすこともあった(34)。九世紀以降は、この私的な宴会が公式化し、朝集堂で臣下のみで行う宴会となった。これらの宴会の後に、鴻臚館において、使節に日本側の国書を授与する儀が行われ、いよいよ帰国の途に就くことになる。領帰郷客使に引率され出京し、難波館で最後の饗宴が行われ、難波津から母国に向けて出航した。なお、賓礼ではないが、天平勝宝四年(七五二)来日の新羅使の例からすると、使節滞在中に、寺院などの拝観や貿易活動が認められることもあったようである(35)。

おわりに

前章で述べた律令制下の賓礼のあり方は、八世紀後半以降、次第に変化していった。国書を使節到着地で事前開封し、その内容をいち早く中央政府に伝える措置がとられるようになり、国家意思伝達の場としての拝朝の儀の意義が低下することになった(36)。それとともに、東アジア交易圏成立による民間交流の活発化、国家間交流の衰退化が進行した(37)。最後の遣唐使が派遣された承和年間には、賓礼の中心にあった拝朝の儀に天皇は出御しないようになり、賓礼は大きく変質した。このことは、外交使節を迎え入れることの重要性が大きく減じたことを如実に示している。この後も、渤海使の来日が継続するが、「商旅」に他ならないとされた経済活動、また日本の文人との間で行われた漢詩贈答などの文化活動が中心であって、政治性は薄かった。渤海が九二六年に滅亡すると、国家間交流自体がなくなり、外国使節の来航は故事や文学などにおいて貴族たちの過去への郷愁を誘うテーマとなっていった。(38)

註

（1）拙論「律令国家の対外方針と「渡海制」」（『唐王朝と古代日本』吉川弘文館、二〇〇八年、初出一九九一年）を参照。
（2）本書第三部第一章「来日した唐人たち」、矢野健一「遣唐使と来日「唐人」—皇甫東朝を中心として—」（『東アジア世界史研究センター年報』六、二〇一二年）、葛継勇『七至八世紀赴日唐人研究』（商務印書館、二〇一五年）等を参照。
（3）田島公「外交と儀礼」（岸俊男編『日本の古代7　まつりごとの展開』中央公論社、一九八六年）を参照。
（4）本書第一部補論「『隋書』倭国伝について」を参照。
（5）前掲註(4)拙論を参照。なお、裴世清については、池田温「裴世清と高表仁」（『東アジアの文化交流史』吉川弘文館、二〇〇二年、初出一九七一年）を参照。
（6）日唐関係や遣唐使については、本書第一部第二章「遣唐使の役割と変質」を参照。
（7）高表仁については、前掲註(5)池田論文を参照。
（8）葛継勇「禰軍の倭国出使と高宗の泰山封禅」（『日本歴史』七九〇、二〇一四年）及び本書第三部第二章「劉徳高に関する基礎的考察」を参照。
（9）栄原永遠男「宝亀の唐使と遣唐使」（『東アジア世界史研究センター年報』二、二〇〇九年）を参照。
（10）前掲註(3)田島論文を参照。
（11）古代における日本と朝鮮の関係については、武田幸男編『古代を考える　日本と朝鮮』（吉川弘文館、二〇〇五年）を参照。
（12）田中俊明『古代の日本と加耶』（山川出版社、二〇〇九年）を参照。
（13）拙論「日本古代における金の朝貢・貿易と流通」（『歴史と地理』六五五、二〇一二年）を参照。
（14）李成市「高句麗と日隋外交—いわゆる国書問題に関する一試論—」『古代東アジアの民族と国家』（岩波書店、一九九八年、初出一九九〇年）を参照。

（15）日本と渤海との関係については、石井正敏『日本渤海関係史の研究』（吉川弘文館、二〇〇一年）、酒寄雅志「日本と渤海の交流」（『渤海と日本』吉川弘文館、二〇二四年）、古畑徹「日渤交渉開始期の東アジア情勢―渤海対日通交開始要因の再検討―」（『渤海国と東アジア』汲古書院、二〇二一年、初出一九八六年）等を参照。
（16）東野治之『遣唐使船』（朝日新聞社、一九九九年）、同上『遣唐使』（岩波書店、二〇〇七年）、同上「遣唐使船の構造と航海術」（『史料学探訪』岩波書店、二〇一五年、初出一九九四年）等を参照。
（17）古畑徹「渤海・日本間航路の諸問題―渤海から日本への航路を中心に―」（『古代文化』四六―八、一九九四年）を参照。
（18）外国使の航路は、基本的に日本の遣外使節の航路と重なる。日本の中国に派遣した外交使節の航路については、岸俊男「「呉・唐」に渡った人々」（大林太良編『日本の古代3　海をこえての交流』中央公論社、一九八六年）、酒寄雅志「遣唐使の航路」（『栃木史学』二八、二〇一四年）等を参照。
（19）井上直樹「百済経由の経路」（東北亜歴史財団編著『高句麗と倭』明石書店、二〇一五年）を参照。
（20）前掲註（17）古畑論文、同上「渤海・日本間の航路について」（『古代交通研究』四、一九九五年）を参照。
（21）小島芳孝「渤海と日本列島の交流経路」（『歴史と地理』五七七、二〇〇四年）を参照。
（22）赤羽目匡由「渤海使の大宰府航路（朝鮮半島東岸航路）をめぐって」（『人文学報　歴史学編』四三、二〇一五年）を参照。
（23）前掲註（20）に同じ。
（24）前掲註（3）田島論文を参照。
（25）前掲註（3）田島論文、廣瀬憲雄「倭国・日本の隋使・唐使に対する外交儀礼」（『東アジアの国際秩序と古代日本』吉川弘文館、二〇一一年、初出二〇〇五年）等を参照。
（26）本書第二部第一章「推古朝の迎賓儀礼の再検討」を参照。
（27）中野高行「第一部　新羅使に対する給酒規定と入境儀礼」（『日本古代の外交制度史』岩田書院、二〇〇八年）、坂江渉「古代国家と敏売崎の外交儀礼」（『日本古代国家の農民規範と地域社会』思文閣出版、二〇一六年、初出一九九八年）等を参照。
（28）前掲註（3）田島論文を参照。
（29）劉徳高については、本書第三部第二章「劉徳高に関する基礎的考察」を参照。
（30）河内春人「新羅使迎接の歴史的展開」（『ヒストリア』一七〇、二〇〇〇年）を参照。

(31) 前掲註(3)田島論文、森公章「大宰府および到着地の外交機能」(『古代日本の対外認識と通交』吉川弘文館、一九九八年)等を参照。
(32) 拙論「律令貿易管理制度の特質」(『唐王朝と古代日本』吉川弘文館、二〇〇八年、初出二〇〇〇年)を参照。
(33) 田島公「日本の律令国家の「賓礼」」(『史林』六八―三、一九八五年)、森公章「古代難波における外交儀礼とその変遷」(『古代日本の対外認識と通交』吉川弘文館、一九九八年、初出一九九五年)を参照。
(34) 前掲註(33)田島論文、浜田久美子「賓礼の周辺―日本古代の私邸・朝集堂・鴻臚館の饗宴について―」(『歴史学研究』一〇四七、二〇二四年)等を参照。
(35) 天平勝宝四年来日の新羅使の交易活動などについては、東野治之「鳥毛立女屏風下貼文書の研究―買新羅物解の基礎的考察―」(『正倉院文書と木簡の研究』塙書房、一九七七年、初出一九七四年)、李成市『東アジアの王権と交易―正倉院宝物が来たもうひとつの道―』(青木書店、一九九七年)、皆川雅樹「「買新羅物解」と天平勝宝四年来朝の新羅使についての再検討」(『専修史学』六三、二〇一七年)、拙論「京・難波における国際交易」(広瀬和雄ほか編『講座　畿内の古代学　第Ⅳ巻　軍事と対外交渉』雄山閣、二〇二二年)等を参照。
(36) 前掲註(33)田島論文を参照。
(37) 拙論「唐代の朝貢と貿易」(『唐王朝と古代日本』吉川弘文館、二〇〇八年、初出一九九八年)を参照。
(38) 浜田久美子「日渤外交の終焉と外交儀礼」(『日本古代の外交儀礼と渤海』同成社、二〇一一年、初出二〇〇三年)を参照。

〔補記〕図1・2の差し替えを行った。

第四章　東アジア世界の変貌と鞠智城

——国際環境から見た九世紀以降の鞠智城——

はじめに

鞠智城も含め古代日本の山城の殆どは、七世紀後半の東アジアの激動・争乱という国際環境を背景に築造されたと考えられている(1)。その東アジアの争乱も八世紀にはほぼおさまり、唐を中心に形成された国際秩序の下、国際関係も安定した。そのため、多くの山城はこの時期に必要性を失い、廃絶に向かったと考えられる(2)。そうした中で、鞠智城は、中絶した時期があったとしても、十世紀半ばまで存続が確認される希有な山城である。なぜ、鞠智城は長く存在し続けたのか、その理由を古代日本の国際環境から考えてみたいと思う。

鞠智城が九世紀以降も存続した理由については、新羅海賊の来寇など、この時期の対外的な危機に対処するための防衛拠点として必要とされた、とする説が有力である(3)。しかし、それならば、なぜ他の山城は鞠智城と同じように存続しなかったのか、という問題について十分説明することはできないと思われる。また、考古学的な研究成果とも整合しないところがあるように思われ、従来の説を再検討する必要があると考える。とはいえ、鞠智城（菊池城院・菊池郡城院）に関する九世紀以降の史料は僅か四件であり、いずれも簡略なものである。史料的な制約による限界もあるが、文献史学の立場から、平安時代の鞠智城の実態に出来得る限り迫ってみたいと思う。

表5　東アジア世界における8世紀と9世紀以降の違い

8世紀	⇒ 9世紀
律令制	律令制の放棄ないし大幅な改変
中央集権・軍国体制	地方分権化・権力の分散化
重農主義（抑商主義）	商業・貿易の発展
唐文化の共有	各国文化の台頭（ナショナリズム）

一　東アジア世界の変貌

（1）「東アジア世界」とは

西嶋定生氏によれば、「東アジア世界」とは、近代以前に存在した自己完結的な歴史世界の一つであり、中国に起源をもつ漢字・儒教・律令制・中国仏教という諸文化を共有する文化圏（東アジア文化圏）であるとともに、文化圏形成を促した「冊封体制」という中国中心の政治秩序で結ばれた政治圏でもあったとされる。さらに、この「東アジア世界」は唐の滅亡によって一旦崩壊し、十世紀以降、「東アジア交易圏」ともいうべき経済的国際関係が形成されたとする。(4)この「東アジア世界」論は、古代日本を取り巻いた国際環境を説明する優れた歴史理論として、長く大きな影響力を有し続けている。しかし、研究進展により、様々な批判が出され、修正すべき点も少なくない。(5)

私見によれば、「東アジア交易圏」は唐滅亡前の九世紀には誕生しており、「東アジア世界」の変貌は九世紀（その端緒は八世紀末）には顕著となっていたと思われる。また、「東アジア世界」における国際秩序は、「冊封体制」よりも「朝貢体制」の方がより実質的な役割を果たしたと考えている。(6)

表6　八世紀末以降の日本の軍縮

延暦11年（792）	諸国の軍団制停廃（大宰府管内諸国など辺要は例外），健児置く
延暦14年（795）	壱岐・対馬以外の防人停止，兵士を辺戍に充てる
延暦16年（797）	大宰府弩師停廃
延暦18年（799）	大宰府管内を除き烽候停廃
延暦23年（804）	壱岐の防人停止（対馬にのみ残存）
弘仁4年（813）	大宰府管内七国の兵士減定（ほぼ半減）
天長3年（826）	大宰府管内の兵士を廃し，選士1720人・衛卒200人を置く

表7　西海道六国二島の防衛兵員の変化・減少

東国防人　2264人（天平10年帰還時）　3000人（天平神護2年時）

→対馬防人102人（天安1年五月）

軍団兵士

弘仁4年以前　18団　17100人（六番交替勤務か）

弘仁4年減定　18団　9000人

天長3年全廃　→選士1720人・衛卒200人（四番交替勤務）

⇒定員規模では，約20000人から約2000人へ縮小 → 10分の1の規模に

（2）九世紀（八世紀末以降）の東アジア世界の変貌

表5に示したように、八世紀と九世紀とでは、東アジア世界では大きな違いが生じていたと考える。こうした東アジア世界の変貌について、国際関係に即して述べると、以下のような変化を指摘できる。

①　国際秩序の弱体化・喪失

↓　国家間通交の減少ないし消失、関係の稀薄化

↓　疑心暗鬼を生みやすい環境の形成

②　対外管理の緩和・弱体化

↓　民間貿易の展開

↓　海賊の横行

③　徴兵制廃止・地方分権化

↓　中央集権的大規模常備軍の消失

↓　外征軍編成の困難化

国家間の交渉が減少・消滅することで、国家間の利害が衝突することは無くなり、大規模な外征軍を派遣できる体

制でもなくなったことにより、戦争は起きにくい状況となった。このような国際的な緊張緩和により、表6に見られるような軍団兵士制の廃止、山城の停廃等の軍縮や、表7に示したような西海道の防衛体制の変更につながったのではないだろうか。(7)

一方で、国家の対外管理の緩和・弱体化により、民間貿易の活発化と同時に海賊が横行しやすい環境が作られることになった。(8)また、国家間の関係性の稀薄化は、相互に情報不足による疑心暗鬼を生み出すこととなったと思われる。

二　九世紀以降の鞠智城関係史料の再検討

(1)　四つの史料の確認

九世紀以降の鞠智城に関することが明確な史料は、以下に示す四つしかない。なお、鞠智城とは記されていないが、鞠智城の可能性のある史料が一つあり、参考として記す。鞠智城の記事の全てが兵庫の怪異記事で、うち一つは不動倉の火事についても記している。ここから、何が読み取れるであろうか。

①〔日本文徳天皇実録〕天安二年（八五八）閏二月丙辰条

肥後国言、菊地城院兵庫鼓自鳴。

肥後国言すらく、「菊池城院の兵庫の鼓自ら鳴る」と。

②〔日本文徳天皇実録〕天安二年（八五八）閏二月丁巳条

表８　六国史に見える兵庫の怪異記事

『続日本紀』

① 宝亀11年（780）　10月３日「左右兵庫鼓鳴．後聞箭動声．其響達内兵庫．」

② 天応１年（781）　３月26日「美作国言．今月十二日未三点．苫田郡兵庫鳴動．又四点鳴動如先．其響如雷霆之漸動．伊勢国言．今月十六日午時．鈴鹿関西中城門大鼓．自鳴三声．」

③ 天応１年（781）　４月１日「左右兵庫兵器自鳴．其声如以大石投地也．」

④ 天応１年（781）　12月26日「兵庫南院東庫鳴．」

『日本後紀』

⑤ 大同１年（806）　３月22日「日赤無光，兵庫夜鳴，是夜月蝕之．」

『続日本後紀』

⑥ 承和４年（837）　３月20日「美濃国言．二月廿五日，兵庫自鳴．至三月十五日，亦鳴同前．」

⑦ 承和７年（840）　５月２日「但馬国言．養父郡兵庫鼓無故夜鳴．声聞数里．又気多郡兵庫鼓夜自鳴．声如行鼓．」

『日本文徳天皇実録』

⑧ 斉衡２年（855）　８月10日「兵庫中鼓自鳴．」

⑨ 天安２年（858）閏２月24日「肥後国言．菊池城院兵庫鼓自鳴．」

⑩ 天安２年（858）閏２月25日「又（菊池城院兵庫鼓）鳴．」

⑪ 天安２年（858）　６月20日「又肥後国菊池城院兵庫鼓自鳴．同城不動倉十一宇火．」

⑫ 天安２年（858）　８月４日「若狭国言．兵庫鳴．如振鈴．」

『日本三代実録』

⑬ 貞観１年（859）　１月22日「大宰府言．筑前国志摩郡兵庫鼓自鳴．庫中弓矢有声聞外．」

⑭ 貞観８年（866）　４月18日「若狭国言．納印公文庫幷兵庫鳴．下知国司曰．今月十六日．宣告彼国．戒慎兵戎．今言．兵庫自鳴．陰陽寮言．遠国之人当有来投．兵乱天行．成災相仍．宜益警衛兼防災疫．」

⑮ 貞観８年（866）　９月７日「美作国言．兵庫鳴．声如撃鉦鼓．」

⑯-1 貞観11年（869）12月14日「遣使者於伊勢大神宮奉幣．告文曰．……又庁楼兵庫等上尓．依有大鳥之恠天卜求尓．隣国乃兵革之事可在止卜申利．……」

⑯-2 貞観11年（869）12月17日「去夏．新羅海賊掠奪貢綿．又有大鳥．集大宰府庁事幷門楼兵庫上．神祇官陰陽寮言．当有隣境兵寇．肥後国風水．陸奥国地震．損傷廨舎．没溺黎元．」

⑯-3 貞観11年（869）12月29日「遣使者於石清水神社奉幣．告文曰．……又庁楼兵庫等上尓．依有大鳥之恠天卜求尓．隣国乃兵革之事可在止卜申利．……」

⑯-4 貞観12年（870）２月12日「先是．大宰府言．（対馬嶋人卜部乙屎麻呂，新羅の襲撃計画を告げる）是日．　勅．彼府去夏言．大鳥集于兵庫楼上．決之卜筮．当夏隣兵．……」

⑯-5 貞観12年（870）２月15日「勅遣従五位下行主殿権助大中臣朝臣国雄．奉幣八

幡宮大菩薩宮．及香椎廟．宗像大神．甘南備神．告文曰．……又庁樓兵庫等上尓．依有大鳥之恠天卜求尓．隣国乃兵革之事可在止卜申利．……」

⑯-6　貞観12年（870）6月13日「先是．大宰府言．肥前国杵嶋郡兵庫震動．鼓鳴二声．決之蓍亀．可警隣兵．是日．勅令筑前・肥前・壱岐・対馬等国嶋，戒慎不虞．又言．所禁新羅人潤清等卅人．其中七人逃竄．」

⑰　貞観13年（871）　正月15日「大宰府言．壱伎嶋兵庫鼓鳴．」

⑱　貞観13年（871）　4月6日「因幡国兵庫火．」

⑲　貞観13年（871）　5月10日「佐渡国司言．兵庫震動．」

⑳　貞観14年（872）　7月17日「遠江国兵庫自鳴．声如槌鼓．」

㉑　元慶3年（879）　3月16日「豊前国八幡大菩薩宮前殿東一神功皇后御前瓸．無故破裂．成九十片．破裂之時其鳴如犢細声．又肥後国菊池郡城院兵庫戸自鳴．」

㉒　元慶3年（879）　11月4日「隠岐国言上．兵庫震動．」

㉓　元慶4年（880）　2月28日「先是．隠岐国言．兵庫振動．経三日後．庫中鼓自鳴．陰陽寮占曰．遠方兵賊．起自北方．是日．太政官符下因幡・伯耆・出雲・隠伎等国．慎令厳警防護非常．」

㉔　元慶4年（880）　6月23日「右兵庫寮中央兵庫自鳴．」

㉕　元慶5年（881）　6月23日「兵庫自鳴．」

㉖　元慶5年（881）　8月14日「加賀国言．太政官去六月廿九日下当道符偁．比日兵庫有鳴．蓍亀告云．北境東垂．可有兵火．自秋至冬．宜慎守禦者．謹撿．去弘仁十四年．分越前国．置加賀国．其後五十八年．未備非常．伏望請被給官庫甲冑．以備非常．自余兵器．国宰将作者．勅．甲冑宜令国宰作焉．」

又鳴。

　又鳴る。

③〔日本文徳天皇実録〕天安二年（八五八）六月己酉条

　大宰府言。（中略）又肥後国菊池城院兵庫鼓自鳴。同城不動倉十一宇火。

　大宰府言す。（中略）又肥後国菊池城院の兵庫の鼓自ら鳴る。同城の不動倉十一宇に火あり。

④〔日本三代実録〕元慶三年（八七九）三月十六日丙午条

　又肥後国菊池郡城院兵庫戸自鳴。

　又肥後国菊池郡城院の兵庫の戸自ら鳴る。

（参考）〔日本三代実録〕貞観十七年（八七五）六月二十日辛未条

　大宰府言、大鳥二集肥後国玉名郡倉上、向西鳴。群鳥数百、噬抜菊池郡倉舎葺草。

　大宰府言すらく、「大鳥二、肥後国玉名郡の倉の上に集ひ、西を向きて鳴く。群鳥数百、菊池郡の倉舎の葺草を噬み抜く」と。

(2) 兵庫の怪異記事の検討

鞠智城の兵庫の怪異をどのように理解すべきかが、問題である。新羅の兵寇、対外的な脅威・危機と結びつけて理解するのは妥当であろうか。兵寇や対外的脅威を意味するものならば、なぜ、鞠智城ばかりで、大野城やその他の山城には怪異が起こらないのか。表8によれば、兵庫の怪異は、多くが地方官庁の兵庫の怪異である。日本海沿岸の怪異は隣国の兵寇に結びつけられる傾向があるが、それ以外の地域はそのような受け止め方はされていない。鞠智城の位置は微妙であるが、あまり隣国の兵寇・対外的脅威との関連性は問題化していないのではないか。

表8を見ると、兵庫の怪異記事は八世紀後半から現れ、九世紀以降に急激に増加していることが分かる。そもそも九世紀に兵庫の怪異が多くなったのは、物事の予兆を考える讖緯思想的なものが普及したこと、物の怪など怪異を信ずる風潮と、大地激動の時代(火山噴火と大地震の時代)によるところが大きいのではないか[9]。それに加え、国家間の通交が途絶え、情報不足による相互不信、疑心暗鬼によって増幅されたところがあるのではないか。

三 九世紀の対外危機について

(1) 新羅兵寇の危機について

対外的危機(新羅兵寇)の高まりと鞠智城を結びつける見方が有力であるが、果たして妥当であろうか[10]。表9によ

表9　9世紀の対外危機（新羅兵寇）の実態

866（貞観8）年	肥前国基肄郡の川辺豊穂らの新羅人との対馬奪取計画が告げられる
同　年	隠岐国浪人安曇福雄らの新羅人との共謀による謀反密告（誣告）
869（貞観11）年	新羅海賊，博多湾停泊中の豊前国年貢船を襲い，絹綿奪取して逃走
870（貞観12）年	新羅に捕捉された対馬島民が帰国し，新羅の対馬奪取の風聞を伝える
同　年	大宰小弐藤原元利萬侶の新羅王と通謀しての謀反が告げられる
893（寛平5）年	新羅海賊が肥前国松浦郡・飽田郡を襲う
894（寛平6）年	新羅海賊が辺島・対馬に入寇す．対馬島司ら戦い，退去させる
895（寛平7）年	新羅海賊により壱岐島の官舎焼失す

表10　9世紀の対外危機における防備兵員の増強

統領・選士	
貞観11（869）年	大宰府配備の統領1人・選士40人を鴻臚館に遷し置く 大宰府例番のほか，統領2人・選士100人を増員し，鴻臚館に配備
夷俘	
貞観11（869）年	200人（2番勤務）
寛平7（895）年	50人（1番勤務，博多警固所に加置）

れば、対馬奪取などの動きもあったとされるが、新羅兵寇とは主に海賊行為を意味するものであり、国家主権（国憲）を侵害する犯罪行為（海賊の横行）の対処が問題化したのであり、国家の存亡に関わる問題ではないことに注意すべきである。国家間の全面戦争、国家の存亡に関わる侵略が想定されていたわけではない、ということである。つまり、かつての七世紀後半のような山城を必要とする危機とは捉えられていないのではないか。

（2）危機への対処について

九世紀を通して基本的に八世紀末以降の軍縮の方針は維持されており、大幅な軍備増強に転換していないことに注意しなければならない。表10に示したように、九世紀の防備体制では、日本海沿岸諸国の警備強化、鴻臚館に警固所を設けるなど局所的な対応がとられただけで、西日本各地に山城を築いた七世紀後半の国防体制とは全く異なる。後の元寇の際に、防塁が築かれ、異国警固番役が設けられたことと比べても、全く危機のスケール、対処のレベルが異

表11　9世紀における西日本諸国への弩師配置

和暦（西暦）	弩師配置国	備　　考
弘仁5（814）	大宰府	前年に新羅人の肥前小値賀島島民殺傷事件
承和5（838）	壱岐	承和2年に新羅商人来着に備え壱岐要害警備
嘉祥2（849）	対馬	
貞観11（869）	隠岐，長門	同年に新羅海賊の襲撃あり
貞観12（870）	出雲，因幡，対馬	
貞観13（871）	伯耆	
貞観17（875）	石見	前年末の櫃日宮託宣により新羅虜船に備う
元慶3（879）	肥前	
元慶4（880）	佐渡，越後	寛平5〜7年に新羅海賊の入寇あり
寛平6（894）	能登，大宰府（追加）	
寛平7（895）	越前，伊予，越中	
昌泰2（899）	肥後	

なっていると思われる。

そもそも、九世紀の対外危機を山城存続の理由とするならば、鞠智城以上に北九州や壱岐・対馬の山城がなぜ存続しなかったのか。また、不知火海との関連から鞠智城を重視するならば、それ以上に玄界灘の山城がもっとクローズアップされなければならないだろう。そもそも、表11の弩師の配置から見ても、対外防備上の肥後の位置づけは低いと考えられる[11]。

以上のことから、九世紀の対外危機と鞠智城の存続を結びつけることはできないだろう。

四　九世紀以降に鞠智城が存続した理由について

（1）　鞠智城の機能・特殊性

鞠智城が他の山城と異なる機能・特質を有したことが、存続の大きな理由ではないだろうか[12]。単純な国土防衛の軍事拠点としての山城であれば、侵略の危機が無くなった段階で用済みとなったはずであり、実際、多くの山城が停廃された[13]。

大野城の場合は、「遠の朝廷」であった大宰府防衛拠点、大宰府の逃げ城という特殊な役割があったため、基本的に大宰府がある限り存続したものと考えられる。(14)鞠智城の特殊な役割については、まだ未解明な部分が大きいが、他の山城と異なる様々な施設、構造、立地を有しており、特別な機能を有したことは間違いない。(15)

（2）菊池郡との関わり

八世紀後半の衰退期（第Ⅲ期）を経て、九世紀以降（第Ⅳ・Ⅴ期）、鞠智城の性格が変わった可能性がある。大宰府直轄から肥後国菊池郡の管轄に変わり、鞠智城の機能（交通の要所にあり、厳重な保管機能があるなど）を生かす形で、食料や武器を保管・管理する施設になったのではないか。(16)

九世紀に怪異が報告されたのも、その怪異を把握できる人員が配置され、官衙として機能していたことを示すものと考える。「菊池（郡）城院」という名称も、城そのものというよりは「正倉院」「穀倉院」など官衙の一施設的な名称のイメージがある。

鞠智城が廃絶した十世紀後半は、郡衙消失の時期とも重なり、「菊池城院」が郡の一施設化していたという推測に合致する。

おわりに

本章では、東アジア世界という国際環境の変化を視点として、鞠智城が他の山城と異なり、長く存続した理由について考察した。その結論として、従来説かれてきた九世紀の新羅兵寇に備えるためではなく、鞠智城の特殊な役割・

特別な機能に理由があったのではないかと考えた。

九世紀以降の鞠智城存続の問題から、鞠智城の山城としての特殊性の問題に行き着いたわけだが、鞠智城が他の山城と異なる特殊性を有したのはなぜか、そのことは鞠智城を築城した理由・目的と結びついているはずであり、この問題をさらに追求してゆくことが重要であろう。鞠智城の謎を解くことは、九州古代史のみならず日本古代史上の重要な課題であると確信する。

註

(1) 古代山城の成立については、鈴木拓也「文献史料からみた古代山城」(『条里制・古代都市研究』二六、二〇一〇年)、赤司善彦「古代山城研究の現状と課題」(『月刊文化財』六三一、二〇一六年)、向井一雄『よみがえる古代山城 国際戦争と防衛ライン』(吉川弘文館、二〇一六年)等を参照。

(2) 古代山城の廃絶についても、前掲註(1)諸文献を参照。

(3) 石井正敏「東アジア史からみた鞠智城」(『石井正敏著作集1 古代の日本列島と東アジア』勉誠出版、二〇一七年、初出二〇一三年)、五十嵐基善「西海道の軍事環境からみた鞠智城の機能」(『鞠智城と古代社会』三、二〇一五年)、加藤友康「平安期における鞠智城」(『鞠智城東京シンポジウム二〇一五成果報告書 律令国家と西の護り、鞠智城』熊本県教育委員会、二〇一六年)等を参照。

(4) 西嶋定生(李成市編)『古代東アジア世界と日本』(岩波書店、二〇〇一年)等を参照。

(5) 李成市『東アジア文化圏の形成』(山川出版社、二〇〇〇年)、山内晋次「「東アジア史」再考—日本古代史研究の立場から—」(『歴史評論』七三三、二〇一一年)、廣瀬憲雄「東部ユーラシアと東アジア—政治圏と文化圏の設定—」(『古代日本と東部ユーラシアの国際関係』勉誠出版、二〇一八年)等を参照。

(6) 拙著『唐王朝と古代日本』(吉川弘文館、二〇〇八年)及び本書第一部第一章「隋唐朝の朝貢体制の構造と展開」等を参照。

(7) もとより、軍団兵士制の廃止は、国際関係の変化のみに理由があったわけではなく、多面的な原因が関わっていたと思われる。

下向井龍彦「延暦十一年軍団兵士制廃止の歴史的意義―律令国家論への提言―」（『史人』一、一九九七年）等を参照。

(8) 対外管理の緩和・弱体化と民間貿易の展開との関係については、拙論「唐代の朝貢と貿易」（『唐王朝と古代日本』吉川弘文館、二〇〇八年、初出一九九八年）等を参照。

(9) 天災が激発した九世紀の歴史については、保立道久『歴史のなかの大地動乱―奈良・平安の地震と天皇―』（岩波書店、二〇一二年）等を参照。

(10) 前掲註(3)を参照。

(11) 弩師の配置については、鄭淳一「貞観年間における弩師配置と新羅問題」（『九世紀の来航新羅人と日本列島』勉誠出版、二〇一五年、初出二〇一一年）を参照。

(12) 鞠智城に関する史料的な面からの研究としては、笹山晴生『古代山城鞠智城を考える―二〇〇九年東京シンポジウムの記録―』山川出版社、二〇一〇年)、坂上康俊「文献から見た鞠智城」（『鞠智城とその時代』熊本県立装飾古墳館分館歴史公園鞠智城・温故創生館、二〇一一年）等を参照。

(13) 前掲註(2)を参照。

(14) 松川博一「文献史料からみた大野城」（『大宰府学研究（九州国立博物館アジア文化交流センター研究論集）』一、二〇一九年）等を参照。

(15) 西住欣一郎・矢野裕介・木村龍生編『鞠智城跡Ⅱ―鞠智城跡第8～32次調査報告―』（熊本県文化財調査報告第二七六集、熊本県教育委員会、二〇一二年）等を参照。

(16) 鞠智城と交通路との関連については、鶴嶋俊彦「古代官道車路と鞠智城」（鈴木靖民・荒井秀規編『古代東アジアの道路と交通』勉誠出版、二〇一一年）等を参照。鞠智城の倉庫などの保管機能については、赤司善彦「古代山城の倉庫群の形成について―大野城を中心に―」（高倉洋彰編『東アジア古文化論攷』、中国書店、二〇一四年）、同上「古代山城の建物―鞠智城と大野城・基肄城―」『律令国家と西の護り、鞠智城』（鞠智城東京シンポジウム二〇一五成果報告書）熊本県教育委員会、二〇一六年）等を参照。

〔補記〕　初出時のものに対し、論旨の変更は行っていないが、説明を加えたり、表現を改めたりしたところがある。

補論　『隋書』倭国伝について

はじめに

推古朝の歴史を考える上で、『隋書』倭国伝（以下、「倭国伝」と略称）は『日本書紀』推古紀（以下、「推古紀」と略称）と共に最も基本的かつ重要な史料である。「倭国伝」には倭国の推古朝と中国隋朝の国交に関することだけでなく、当時の倭国の文化状況や社会風俗・慣習、そして政治・支配制度などについても記されていて、「推古紀」と相補いながら推古朝の歴史復元に役立てられている。しかし、「倭国伝」と「推古紀」の記事がいつも合致・整合するわけではなく、相違・矛盾している場合もあり、どちらの記事が正しいのか問題になることが少なくない(1)。

これまでは、『日本書紀』は政治性が強い史書であるため捏造や脚色が多いとされ、「推古紀」と「倭国伝」に食い違いがある時には、「倭国伝」の記述の方が正しいとされることが一般的であった。しかし、『隋書』も史書として『日本書紀』と同様に政治的な性格を持っており、完全無欠であるとは思われない。盲目的に「倭国伝」を正しいとするのではなく、両者の史書としての性格を踏まえた上で、個々の記事の正否をできるだけ客観的に判断するべきだと考える。

そこで、この小文では、「倭国伝」とはどのような史料なのか、その成立・性格について明らかにし、「倭国伝」を

利用する際に留意すべきことを述べたいと思う。(2)

一　『隋書』の成り立ち

(1)　『隋書』の編纂

「倭国伝」そのものを取り上げる前に、「倭国伝」を含む『隋書』という史書の成り立ちについて説明しておきたい。(3)『隋書』は全八十五巻だが、唐初に編纂された隋朝史五十五巻（帝紀五巻、列伝五十巻）と梁・陳・北斉・北周・隋五代の史志である十志三十巻から成っている。なお、帝紀（本紀ともいう）とは皇帝の事跡や国家的な出来事を記したもので、列伝は臣下や諸外国の事を記したものである。中国の正史はこの本紀・列伝から成ることから、その叙述スタイルを紀伝体という。志は部門史のことで、『隋書』の十志とは礼儀志、音楽志、律暦志、天文志、五行志、食貨志、刑法志、百官志、地理志、経籍志という十種類の志を指す。

『隋書』の編纂は、唐朝の初代皇帝高祖（在位六一八～六二六）の時代から始まった。武徳四年（六二一）の令狐徳棻（五八三～六六六）の建議によって、翌年から梁・陳・北斉・北周・隋の五王朝の歴史書の編纂が開始された。しかし、数年経ても完成しなかったため、改めて貞観三年（六二九）から五朝の史書編修が行われることになった。時は貞観の治といわれる唐代前半の盛期にあたり、第二代皇帝太宗（在位六二六～六四九）の下で、多くの名臣が活躍した時代であった。『隋書』の編纂は、貞観の名臣の代表格ともいうべき魏徴（五八〇～六四三）の総裁の下で行われ、顔師古（五八一～六四五）・孔穎達（五七四～六四八）・許敬宗（五九二～六七二）といった一流の学者・文人等が編纂に加わり、貞観十年（六三六）、帝紀五巻・列伝五十巻を完成させた。

この時同時に撰上された五代史（『梁書』・『陳書』・『北斉書』・『周書』・『隋書』）は紀伝のみで志が欠けていたため、貞観十五年（六四一）に于志寧（五八八〜六六五）らに志の追加編修が命じられた。最初は令狐徳棻が監修したが、後に長孫無忌（?〜六五九）に交代した。顕慶元年（六五六）、長孫無忌により『五代史志』三十巻が完成奏上され、先に紀伝のみ完成していた『隋書』にこの『五代史志』が編入されることで、現在のような全八十五巻の史書となったのである。

（2）『隋書』の評価

『隋書』は隋朝の滅亡から間もない唐初に作成されたため、編纂に利用できる史料にも比較的恵まれ、さらに隋初から存命する者もいて、それらの人々から取材することも可能であった。『隋書』の編纂にあたった魏徴は、編纂に遺漏があることを恐れて、長命の医学者であった孫思邈（五八一?〜六八二?）のもとをしばしば訪れ、思邈から教えを受けたことが彼の列伝中に記されている。(4) 恐らく、思邈だけでなく、他の生存者からも聞き取り調査が行われたことであろう。(補註) 『隋書』がこのようにほぼ同時代の編纂史料に恵まれたことは、史書としての信頼性を高めることになったと思われる。

名臣や一流の学者・文人が筆を揮ったということもあって、『隋書』の史書としての評価は概して高い。また、南北朝から隋朝に至る学術・儀礼や各種制度の沿革を記録した十志は極めて有用であることが認められている。しかし、全く欠点がないというわけではなく、いくつか注意すべきところもある。

（3）『隋書』の問題点

まず、『隋書』はあくまでも唐朝の立場で書かれた史書であることに留意しなければならない。言うまでもなく、唐朝は隋朝を滅ぼして成立したのであり、『隋書』には唐朝の正当性を主張するために脚色されている部分が少なくない。たとえば、隋朝の煬帝の功績が無視され、ひたすら悪逆非道の皇帝として描かれているのは、その典型である(5)。また、煬帝（在位六〇四～六一八）が主権者として存命していた時期にもかかわらず、「大業十三年」（六一七）を「義寧元年」と表記してあることなども、唐朝の立場に立ったものと言えるだろう。「義寧」は李淵（唐朝の初代皇帝高祖）が、煬帝の孫の代王侑（六〇五～六一九）を擁立して立てた年号だが、隋滅亡前にあっては正当性のない年号とされる(6)。

二つめには、『隋書』編纂の依拠史料の問題がある。先に編纂史料に恵まれたことを述べたが、実は隋代全期間満遍なく史料に恵まれていたわけではなく、史料的に問題のある期間も存在する。隋末・唐初の戦乱により宮廷内の記録・文書が少なからず散逸したが、特に大業年間については編纂史料に不足・不備が生じたようである。隋朝初代の文帝の治世を記録した『開皇起居注』は唐代にも残存していたことが知られるが、煬帝の時代を記した『大業起居注』は唐初には失われていたと思われる(7)。なお、『起居注』は帝紀（本紀）編纂のための最も重要な史料であり、『隋書』帝紀（以下、「隋紀」と略称）の大業年間の記事には遺漏や過誤が存する可能性が大きいと思われる。

隋大業年間に秘書学士、唐初には著作郎であった杜宝（生没年不詳）の撰になる『大業雑記』十巻は、序文に「貞観修史は、未だ実録を尽くさず。故に此の書を為りて、以て闕漏を弥縫す」と記し、煬帝一代の事跡を記述していたという(8)。また、著名な編年体の歴史書である『資治通鑑』の大業年間の考異（他の史料との内容や繫年などの異同について取り上げたもの）においては、『大業雑記』をはじめとして趙毅（生没年不詳）の『大業略記』や杜儒童（？～六九〇）の『隋季革命記』、劉仁軌（六〇一～六八五）の『河洛行年記』など大業年間に関する多くの史料が引用され、『隋書』との対校がなされている。このようなことは、『隋書』の大業年間の記述があまり信頼されていなかったことを示している。この点、「倭国伝」の記事内容を考える上でも留意すべきであろう。

二　「倭国伝」と「隋紀」

（1）「倭国伝」と「隋紀」の違い

「倭国伝」の史料的な性格を明らかにするにあたって、「隋紀（隋書帝紀）」との関係を考えておく必要がある。どちらも『隋書』の主要な構成部分だが、両者の記す倭隋関係記事には無視できない相違が存するからである。「倭国伝」と「隋紀」との最も明確な違いは、遣隋使の派遣回数と年次にある。(9)「倭国伝」には六〇〇年（開皇二十）と六〇七年（大業三）と年次不記載のものと三回、倭国の遣隋使が訪れたことが記されている。年次不記載のものは、六〇八年に倭国に派遣された隋使裴世清の帰国に伴われて隋に渡ったことから、六〇九年（大業五）に到着したものと推定される。これに対し、「隋紀」には、六〇八年（大業四）と六一〇年（大業六）の二回の遣使が記されている。年次がことごとく違う上、派遣回数も三回と二回と異なっている。これは、どういうことだろうか。

表12　各史料における倭国の遣隋使派遣・入朝年次記載一覧

	隋書帝紀	隋書倭国伝	冊府元亀	資治通鑑	日本書紀
開皇20年（600）		○	○（巻966）		
大業3年（607）		○	○（巻997）		＊
大業4年（608）	○		○（巻970）	○	＊
大業5年（609）		△			
大業6年（610）	○		○（巻970）		
大業10年（614）					＊

（凡例）○入朝年次が史料に明記されていることを示す．
△入朝自体は記されているが，年次が史料に明記されておらず，推定年次であるものを示す．
＊使節派遣年次が史料に明記されていることを示す．

（2）関連史料との比較

この問題を考えるにあたって、同じく倭国の遣隋使の派遣について記載がある『資治通鑑』、『冊府元亀』など他の中国史料との関係を見てみることにしたい。これらの史料の内容をまとめたのが表12である。

ここで最初に指摘したいのは、「倭国伝」では大業三年（六〇七）のこととされる「日出処天子」云々の国書記事を『資治通鑑』では大業四年三月に繋けていることである。『資治通鑑』のこの記事の典拠は明示されていないが、「隋紀」及び『冊府元亀』巻九百七十外臣部・朝貢三（以下、『冊府元亀』朝貢と略称）における大業四年の倭国遣使記事が注意される。表に示したように「隋紀」と『冊府元亀』朝貢においては、大業四年と大業六年の遣使記事しかなく、「倭国伝」との間において一年のズレが存在していることが見て取れる。(10)おそらく、『資治通鑑』は、「隋紀」もしくは『冊府元亀』朝貢、ないしはその両者が依拠した原拠史料に基づき、大業四年に国書記事を繋けたものと推察される。

一方、『冊府元亀』巻九百六十六継襲一、巻九百九十七悖慢には、「倭国伝」に対応する記事が確認できる。このことは、「倭国伝」の記事の単純な誤りと解することができないことを意味する。すなわち、「隋紀」等が依拠した史料と「倭国伝」等が依拠した史料とは異なっているのであり、『隋書』及び『冊府元亀』においては二つの異なる系統の史料が利用されていると考えられる。この推測は、「倭国伝」だけではなく、同じ『隋書』の「高麗伝」や「赤土国伝」にも「隋紀」との間に年次のズレが存在していることからも裏付けられる[11]。

「隋紀」、『冊府元亀』朝貢及び『資治通鑑』はどちらも編年体の記事であり、同質性が高いということもあり、同系統の史料を利用するのは自然である。『冊府元亀』では実録類が多く利用されていることは既に先学によって明らかにされているが[12]、隋にあっては実録（起居注などから編纂される皇帝一代の歴史書）の編纂はされておらず、その元になる起居注も大業年間の分は唐初には失われていたと考えられるため、具体的に何に基づいたのかはっきりしない[13]。しかしながら、こうした年次のズレ・相違が生まれたのは、『大業起居注』をはじめとして隋朝の宮廷史料喪失に原因があったことは間違いないであろう。

（3）　遣隋使の派遣年次と回数

従来の研究では、このような「倭国伝」と「隋紀」の史料系統の違いが考慮されることがなく、単純に一方を誤りとして斥けるか、反対にどちらも正しいものとして並列的に利用されてきた。たとえば、二系統の史料を区別せず、並列的に双方の記事を取り上げるならば、遣隋使が五回以上あったことになるが、こうした解釈は明らかに誤りである。

いま問題としている遣隋使の派遣年次に限定して、「隋紀」系史料と「倭国伝」系史料の優劣を論じるならば、上述した大業年間の「隋紀」系史料の不備や、「倭国伝」と「推古紀」との符合などから、「倭国伝」系史料に軍配を挙げるべきであろう。

「倭国伝」系史料に基づき、「隋紀」系史料の年次のズレを補正するならば、『隋書』に見える遣隋使の派遣回数は、六〇〇年・六〇七年・六〇九年の三回とすべきであろう。また、『日本書紀』にしか見えない六一四年（大業十）の犬上御田鍬（生没年未詳）の遣使を加えるならば、遣隋使は総計四回となる。なお、六一四年の遣隋使が『日本書紀』にのみ見えて、『隋書』に一切見えないことの理由だが、この時の使節は隋末の混乱の中で隋朝の京都までたどり着けなかったか、もしくはたどり着いたとしてもその記録が争乱で失われためと理解される[14]。

本節では、「隋紀」と「倭国伝」の基づいた史料の違いを明らかにしたわけだが、それでは「倭国伝」はどのような史料を原拠としたのであろうか。節を改めて考えることにしたい。

三　『隋書』倭国伝の構成と依拠史料

（1）「倭国伝」の構成

『隋書』倭国伝は、内容的に次の五つに分類することができる。

A　倭国の位置と前代までの交渉記事
B　開皇二十年の遣隋使と文帝との交渉記事
C　倭国の国制・社会・風俗・物産記事
D　大業三年の遣隋使と煬帝との交渉記事
E　裴世清の倭国派遣記事

この五類の記事はそれぞれ性格が相違しており、おそらく依拠した史料が異なると思われる。以下、その典拠史料について考えてみよう。

（2）「倭国伝」の依拠史料

まず、最初のAについては、『後漢書』以下の列代史の倭人条や倭国条等を参照しながら要約したものと思われる。

次のBは、『開皇起居注』に依拠したと見てよいだろう。隋代に途中まで編纂されていた王劭（生没年不詳）の『隋書』等、他の史料が参照された可能性もあるが、唐代の『隋書』編纂時に一番信用できた史料としては、『開皇起居注』の右に出るものはなかったと思われる。

Cの国制等についての記事は、倭国使から聞き取った内容に基づくと思われるが、六〇三年（仁寿三）にあたる推古十一年の冠位十二階の内容も含んでいることから、六〇七年（大業三）の小野妹子の遣使の時の聞き取り情報が入っていることは確実である。ちなみに朝貢使節からの聞き取りは鴻臚寺という現在の外務省にあたる役所が行うもので、唐代においてはその記録が史館（国史を編纂する部局）に送られ、国史の編纂素材とされた[15]。Cの中には開皇度と大業度双方の情報が混在している可能性があるが、開皇度の情報については隋代の国史である王劭の『隋書』、もしくは国史編纂のために保存されていた隋代の鴻臚寺の記録などによったと思われる。大業度の情報については、王劭の『隋書』を利用した蓋然性は低いと思われ、主として鴻臚寺など官府（政府の役所）の記録に依拠したと考えられる。

Dは、本来であればA同様に起居注か、もしくは実録などによって書かれるべきものだが、再三述べてきたように『大業起居注』は参照できなかったと考えられる。王劭の『隋書』に大業三年部分があればこれによったと思われるが、そうでなければやはりCと同じく鴻臚寺関係の史料によったのではないだろうか。倭国の国書の内容が正確に把握されていることに着目するならば、鴻臚寺ではないとしても官府の公式な書類・記録等によったと考えてよいだろう。

（3）裴世清の遣使報告

Eは、倭国に派遣された裴世清（生没年未詳）本人の報告によったものであることは間違いないだろう。ただし、その報告がどのような形で「倭国伝」に取り入れられたかが問題である。帰国後、報告書として提出したものが記録として保存されていたということも考えられるが、貞観修史の段階で裴世清から直接聞き取った情報の可能性もあると思われる。裴世清が貞観修史の段階で生存していたことは、貞観十二年（六三八）成立の『貞観氏族志』において四等に位置づけられていたことから確実である。[16] 先に触れた孫思邈と同様に魏徴らの取材を受けた蓋然性は十分あると思われる。

このような推定を行ったことには、理由がある。裴世清が倭国に派遣されたのと同じ頃に、東南アジアの赤土国に派遣された常駿（生没年未詳）らがその報告書をまとめたと思われる『赤土国記』二巻が唐代に存在していたということがある。[17] それに対し、裴世清の報告書にあたると思われる著作が全く確認できないのである。隋代に外国に派遣された使節による記録は『赤土国記』だけでなく、韋節（生没年未詳）の『西蕃記』など他にも確認され、こうした使者本人の著作が『隋書』の外国伝の依拠史料となったことが推定される。[18] 裴世清の遣使記録も本来一書にまとめられていたが、唐代には失われていたということが考えられる。もしそうであるならば、Eの部分は、貞観修史の段階で裴世清から取材した内容に基づいて書かれた可能性が高いということになるだろう。

なお、上記以外の可能性として、裴世清の遣使記録が王劭の『隋書』に取り込まれていて、それが貞観の『隋書』編纂に利用されたということも考えられるが、王劭が大業年間初期に亡くなったことを考えると、その可能性は低いであろう。

また、官府に保存されていた裴世清の報告の原記録が直接貞観の『隋書』編纂に利用されたということも考え得るが、そうした場合であっても、貞観修史の段階で裴世清から取材した情報が原記録の上に加味されていることを考慮する必要があるだろう。

（4）「倭国伝」利用の留意点

以上、『隋書』倭国伝の内容に基づきその原拠史料の推定を行ってきたが、上記の五類の依拠史料の推定に基づき、「倭国伝」の史料的性格について私の考えを述べたいと思う。

五類のうち、Aは前代の史書に基づくものであり、取り立てて述べるべきことはない。B・Dは史官（歴史編纂官）や官府の記録に基づく部分であり、また、皇帝をはじめ多くの関係者が実際に見聞した出来事が記録されたものであり、比較的信頼性の高い部分と思われる。それに対し、C・Eの部分は、倭国の遣隋使ないし、隋の遣倭国使の報告に基づく部分であり、いわば当事者（使者本人）しか知り得ない情報であるため、それ以外の者には検証できないものであり、当事者（報告者）の主観・作為が含まれている可能性が高い史料であることに留意しなければならないと思う。とりわけ、Eについては、晩年の裴世清に取材した内容が含まれていることが想定される以上、十分な史料批判が必要である。Eの部分の史料解釈に慎重さが求められることを示す具体例を、次に述べよう。

（5）「倭国伝」の矛盾点

「倭国伝」は内容的に五つに分類でき、その類ごとに依拠史料が異なっていると上述した。そのため、同じ「倭国伝」の記事でありながら、類が異なれば記事間に矛盾するところもある。その一例として、倭国の音楽に関する記述を取り上げてみよう。

裴世清の報告内容にあたるEの部分には、裴世清を歓迎する倭国側の迎賓儀礼が次のように記述されている。

〔隋書〕巻八十一、東夷伝倭国条

倭王遣小徳阿輩台、従数百人、設儀仗、鳴鼓角来迎。

倭王、小徳阿輩台を遣はし、数百人を従へ、儀仗を設け、鼓角を鳴らし来たりて迎へしむ。

この記述によれば、隋代の楽制改革で初めて宮廷音楽に取り入れられた角笛が倭国にも存在し、隋風の音楽演奏が行われていたことになる。(19) しかし、Cの部分では、左記のように書かれている。

〔隋書〕巻八十一、東夷伝倭国条

其王朝会、必陳設儀仗、奏其国楽。

其の王の朝会には、必ず儀仗を陳設し、其の国の楽を奏す。

これによれば、倭国では隋風の音楽ではなく、倭国の音楽を演奏していたことになる。同じくCには、「（倭国の）楽に五絃の琴・笛有り」とあり、鼓角の存在を記していない。「推古紀」の裴世清を迎えた際の迎賓儀礼の記述にも鼓角が見えないことなどを考え合わせるならば、Eの記述が誤っている可能性が高いと思われる。(20) これはあくまでも推測だが、Eのこの部分は、貞観修史の際、晩年の裴世清から取材した記事であったため、彼の記憶違いが反映されたということが考えられるのではないだろうか。

私の推測の当否は別として、「倭国伝」の記述にも誤りや矛盾があることを理解してもらえたものと思う。

おわりに

『隋書』倭国伝の史料的な性格について雑駁な検討を行ってきたが、その結論は以下の通りである。

（一）『隋書』の大業年間の記述については、史料の散逸等により不備があり、「隋紀」系史料と「倭国伝」系史料との間に齟齬をきたしている。倭国の遣隋使の派遣年次については、両者に一年のズレがあるが、これについては「倭国伝」系史料の年次を採るべきである。また、六一四年（大業十）の犬上御田鍬の入朝記事のように、「倭国伝」にも「隋紀」にも見えない「書紀」の記事については、単純に否定するのではなく、『隋書』における記事の欠落・疎漏の可能性を想定することも必要であり、単純に否定すべきではない。

（二）「倭国伝」の記事内容は五種類に分類でき、それぞれ原拠史料が異なっていたことが推定できる。したがって、「倭国伝」の史料的信頼性を考える場合には、それぞれ五つの箇所ごとに判断すべきであり、特に使者の報告に基づくC・E部分については厳密な史料批判が必要である。特に五類の記事の中で矛盾・相違がある場合、どちらが正しいか慎重に考えなければならない。

以上、費やした紙数に反して、得るところは少ないが、『隋書』倭国伝を読まれる際に些かでも参考になれば幸いである。

註

（1）「倭国伝」と「推古紀」の違いについて取り上げた研究には、坂本太郎「『日本書紀』と『隋書』」（『坂本太郎著作集第二巻　古事記と日本書紀』吉川弘文館、一九八八年、初出一九七六年）、増村宏「隋書と書紀推古紀—遣隋使をめぐって—」（『遣唐使の研究』同朋舎、一九八八年、初出一九六八・一九六九年）、同上「隋書と日本書紀の遣隋使記事—宮田俊彦氏の隋書に対する問いかけについて—」（同上書、初出一九七三年）、川本芳昭「隋書倭国伝と日本書紀推古紀の記述をめぐって—遣隋使覚書—」（『東アジア古代における諸民族と国家』汲古書院、二〇一五年、初出二〇〇四年）等がある。

（2）本章の内容は、拙論「『隋書』倭国伝の史料的性格について」（『アリーナ』五、二〇〇八年）に基づくところが多い。しかし、全く同内容というわけではなく、前稿の内容を一部削除し、新たな内容を加えた部分もある。

（3）以下の『隋書』の書誌については、中華書局編集部「隋書出版説明」（『隋書』一、中華書局、一九七三年）、石原道博『新訂魏志倭人伝・後漢書倭伝・宋書倭国伝・隋書倭国伝　中国正史日本伝（一）』（岩波書店、一九八五年）、呉楓「《隋書》」（『隋唐歴史文献集釈』中州古籍出版社、一九八七年）、船越泰次「ずいしょ　隋書　八五巻」（神田信夫・山根幸夫編『中国史籍解題辞典』燎原書店、一九八九年）、大津透「隋書」（池田温編『日本古代史を学ぶための漢文入門』吉川弘文館、二〇〇六年）等を参照した。

（4）『旧唐書』巻百九十一、孫思邈伝。

（5）布目潮渢「隋唐帝国の成立」（『布目潮渢中国史論集』上、汲古書院、二〇〇三年、初出一九七〇年）等を参照。

（6）趙翼『二十二史箚記』巻十三、「大業十四年」の項を参照。また、宮崎市定「隋代史雑考」（『宮崎市定全集第七巻　六朝』岩波書店、一九九二年、初出一九五九年）も参照。

（7）姚振宗「隋書経籍志考証」（二十五史補編編委会編『二十五史補編　隋唐五代史補編』北京図書館出版社、二〇〇五年、初出一八九五年）を参照。

（8）陳振孫『直斎書録解題』巻五雑史類を参照。なお、『大業雑記』については、中村裕一『大業雑記の研究』（汲古書院、二〇〇五年）、及び辛徳勇輯校『両京新記輯校・大業雑記輯校』（三秦出版社、二〇〇六年）を参照。

（9）遣隋使派遣の回数・年次については、高橋善太郎「遣隋使の研究—日本書紀と隋書との比較—」（『東洋学報』三三—三・四、一九五一年）、増村宏「隋書と書紀推古紀—遣隋使をめぐって—」（前掲註（1）を参照）、篠川賢「遣隋使の派遣回数とその年代」（『日本古代の王権と王統』吉川弘文館、二〇〇一年、初出一九八六年）、鄭孝雲「遣隋使の派遣回数の再検討」（『立命館文学』五

五九、一九九九年）等がある。
(10) 小野妹子の二度目の隋への入朝年次については、「倭国伝」には記載がないが、『日本書紀』の難波出発記事（九月）や帰国記事（翌年九月）によれば、六〇九年（大業五）の可能性が高いと思われる。そのように考えるならば、小野妹子の二度の入朝年次について、六〇七（・六〇九）年とする「倭国伝」「推古紀」と六〇八・六一〇年とする「隋紀」『冊府元亀』朝貢との間に一年間のズレがあることになる。
(11) 「赤土国伝」と「隋紀」の年次のズレについては、篠川氏（前掲註(9)論文）も指摘している。
(12) 岑仲勉「冊府元亀多採唐実録及唐年補録」（『岑仲勉著作集　唐史余審　他一種』中華書局、二〇〇四年、初出一九六〇年）、池田温「中国の史書と『続日本紀』」（『東アジアの文化交流史』吉川弘文館、二〇〇二年、初出一九九二年）を参照。
(13) 『隋書』の主要な依拠史料の一つとされる王劭撰の『隋書』は未完であり、大業年間についてどの程度記載してあったかは不明である。なお、『隋書』巻六十九・王劭伝によれば、王劭は煬帝即位直後に秘書少監となり、数年で没したという。この伝に従えば、劭は大業年間の初期に亡くなったのであり、彼の『隋書』には大業年間初期以降のことは書かれていないと思われる。
(14) 犬上御田鍬らの遣使記事が『隋書』に記載されていないのは、氣賀澤保規「遣隋使の見た隋の風景―「開皇二十年の遣隋使」の理解をめぐって―」（王維坤・宇野隆夫編『古代東アジア交流の総合的研究』国際日本文化研究センター、二〇〇八年）のように犬上御田鍬が百済止まりで隋に到達しなかったためと考えることもできるが、「推古紀」二十三年九月是月条に「犬上御田鍬・矢田部造、大唐より至る」と明記されていることを重視すべきと考える。十五年後の舒明朝に犬上御田鍬が第一次遣唐使に登用されたのは、やはり一度中国へ渡った経験を有していたためであろう。「大唐（この場合は隋）」から帰国したと「推古紀」に書かれているように、犬上御田鍬らは少なくとも隋には到達していた（隋都まで到達したかは分からないが）と考えてよいだろう。『隋書』に無記載なのは、隋都まで到達しなかったためか、大業年間の宮廷記録の湮滅によるものと推量される。
(15) 『唐会要』巻六十三・史館上・諸司応送史館事例を参照。また、前掲註(12)池田論文も参照。
(16) 周征松「隋代中日友好使者裴世清及其家世」（中日関係史研究会編『従徐福到黄遵憲』時事出版社、一九八五年）、同上『魏晋隋唐間的河東裴氏』（山西教育出版社、二〇〇〇年）を参照。
(17) 『旧唐書』巻四十六・経籍志・地理に「赤土国記二巻　常駿等撰」とある。
(18) 晋〜南宋間の海外旅行記については、李徳輝輯校『晋唐両宋行記輯校』（遼海出版社、二〇〇九年）を参照。

（19）　渡辺信一郎「北狄楽の編成―鼓吹楽の改革―」（『中国古代の楽制と国家　日本雅楽の源流』文理閣、二〇一三年、初出二〇〇五年）、同上「隋の楽制改革と倭国」（同上書、初出二〇〇八年）を参照。なお、鼓角とは「つづみ」と「つのぶえ」のことである。

（20）　本書第二部第一章「推古朝の迎賓儀礼の再検討」を参照。

（補註）『魏鄭公諫録』巻四、対隋大業起居注には、魏徴が関係者の子孫に家伝の内容を問い合わせていたことが記されている。

第二部　礼制・仏教・律令制の伝来・受容

第一章　推古朝の迎賓儀礼の再検討

はじめに

古代東アジアにおいては、文明の先進国であった中国を中心とする国際秩序が形成されていた。朝鮮諸国や倭国（日本）は、中国と通交することにより、その先進的な文化や支配制度を学び、国家の形成・発展が促進された。中国では儒教的な秩序理念としての「礼」が現実の政治や社会生活のすみずみまでも規制していたため、中国に通交する諸国も外交の場では「礼」の規制を受けたし、また中国を範とする国家形成を図る上でも礼制の受容は必然であった。しかし、「礼」は中国の伝統的な社会・文化の中から生成されたものである以上、異質な社会・文化を有する諸外国がその全てをそのまま受け容れることはできなかった。倭国においても然りであり、礼制は選択的に、かつ段階的に、また変容を受けながら取り入れられていったと考えられる(1)。

「礼」は吉礼（祭祀）・凶礼（喪葬）・賓礼（外交）・軍礼（軍事）・嘉礼（冠婚）の五礼に体系化され、儀礼として作法・振る舞いなどが定式化されていた。皇帝・国家主催の儀礼は儀注（儀典）と呼ばれた礼典に編纂され、国制に直接関わる部分は令や式などの法律にも規定された。倭国における礼制の受容は、まず形式的な「儀礼」の導入から始められた部分が大きく、律令の継受・儀注の将来の重要性が指摘されている(2)。ただし、中国的な儀礼の導入は律令・

儀注の舶載以前から始まっていたと考えられ、律令・儀注のみから儀礼の受容を考えることはできないだろう。
本章では、中国的な賓礼に基づく迎賓儀礼が最初に導入されたとされる推古朝の隋使迎賓儀礼を中国のものと比較検討することにより、古代日本における中国儀礼の受容とその影響について、新たな見方を提示してみたいと思う。

一 推古朝の隋使迎賓儀礼

(1) 推古朝の対隋外交

推古八年(六〇〇、隋の開皇二十)、倭国は隋朝に外交使節を派遣し、倭の五王以来、百年以上も途絶えていた中国王朝との通交を再開した。この通交を契機に、ヤマト政権では中国的な国政改革が進められたという。『隋書』には、この倭国使の来訪について、次のように述べている。

〔隋書〕巻八十一、東夷伝倭国条

開皇二十年、倭王姓阿毎、字多利思比孤、号阿輩雞弥、遣使詣闕。上令所司訪其風俗。使者言倭王以天為兄、以日為弟、天未明時出聴政、跏趺坐、日出便停理務、云委我弟。高祖曰、此太無義理。於是訓令改之。

開皇二十年、倭王の姓阿毎、字多利思比孤なるもの、阿輩雞弥(大王の意か)と号し、使を遣はして闕に詣らしむ。上、所司(関係の役所、ここでは外交を掌った鴻臚寺か)をしてその風俗を訪はしむ。使者言ふ、「倭王は天を以て兄と為し、日を以て弟と為す。天いまだ明けざる時に出でて政を聴くに、跏趺して坐す。日出ずればすなわち理務を停め、『我が弟に委ねむ』といふ」と。高祖曰く、「此れ太義理なし」と。ここにおいて訓へてこれを改めしむ。

倭国の大王アメタリシヒコ（天足彦の意か）。この人物が推古天皇なのか、厩戸王の派遣した遣隋使は[3]、隋朝側の質問に答える形で、当時の倭王の政治について説明した。しかし、それを聞いた高祖（隋の初代皇帝の文帝）から道理にはずれたものと非難され、倭国使は国政改革を求められたという。

この『隋書』の記事に該当する記述は『日本書紀』（以下、『書紀』と略称する）にはみえないが、その後数年のうちに、冠位十二階の制定など中国的な国政改革が行われていることから、『隋書』の記事内容はほぼ事実と考えられている。『書紀』にみえないのは、自国の未開ぶりを批判された国辱的出来事と『書紀』編纂者に捉えられ、記事そのものが削除されたためとされる。

（2）　外交と儀礼

推古朝の国政改革は、もとより隋朝の要求のみによって行われたわけではなく、そうした改革を必要とした国内的要因も存在したことはいうまでもない。しかし、隋朝との通交自体が改革の大きな契機になったことをここでは重視したい。たとえば、冠位十二階は中央豪族の官僚化を図ったものとされるが、中国的な外交儀礼に対応するために制定された側面も強かった。隋朝との外交の場では、官僚の身分・地位を明示する必要があったのである。実際、隋使裴世清らを迎えた倭国の諸臣らは、冠位十二階の制で定められた冠とそれに対応した朝服を着用していた。冠服（衣冠）は礼制の一環であるが、迎賓儀礼の整備と呼応して導入された部分が大きいことを確認しておきたい。また、新造された小墾田宮も外交を意識した空間として建設されたと考えられ、朝礼の改制もそれらと連動して行われたものと考えざるをえない。

これらの礼制に関わる政策は、全て初回と二回目の遣隋使の間に実施されていることに注意したい。これは、まるで隋使の来訪を予期したかのような施策である。六〇〇年以後の倭国の国制改革状況を隋側が査察することが約束されていたのであろうか。それとも、倭国側が自ら改革状況を隋側に示すために、隋使の来訪を要請したのであろうか。いずれにしろ、中国的な礼制改革を終えた後、再び遣隋使が派遣されることになった。

（3）隋使の迎賓

推古十五年（六〇七）に隋に派遣された小野妹子は、翌年隋使裴世清ら一行を伴って帰国した。その来着から帰国までの賓待については、『書紀』に次のように詳しく記されている（なお、『書紀』では隋のことを唐と表記している）。

〔日本書紀〕推古十六年（六〇八）四月～九月条

A　夏四月、小野臣妹子、至自大唐。々国号妹子臣曰蘇因高。即大唐使人裴世清・下客十二人、従妹子臣、至於筑紫。遣難波吉士雄成、召大唐客裴世清等。為唐客更造新館於難波高麗館之上。

夏四月に、小野臣妹子、大唐より至る。唐国、妹子臣を号して、蘇因高と曰ふ。すなわち大唐の使人裴世清・下客十二人、妹子臣に従ひ、筑紫に至る。難波吉士雄成を遣はして、大唐の客裴世清らを召す。唐の客のために、更に新館を難波の高麗館の上に造る。

B　六月壬寅朔丙辰、客等泊于難波津。是日、以飾船三十艘、迎客等于江口、安置新館。於是、以中臣宮地連烏摩呂・大河内直糠手・船史王平為掌客。（中略）

六月の壬寅の朔丙辰に、客ら、難波津に泊す。この日に、飾船三十艘を以て、客らを江口に迎へて、新館に安置す。ここにおいて、中臣宮地連烏摩呂・大河内直糠手・船史王平を以て掌客とす。（中略）

C　秋八月辛丑朔癸卯、唐客入京。是日、遣飾騎七十五匹、而迎唐客於海石榴市術。額田部連比羅夫、以告礼辞焉。

秋八月の辛丑の朔癸卯に、唐の客、京に入る。この日、飾騎七十五匹を遣はして、唐の客を海石榴市の術に迎ふ。額田部連比羅夫、以て礼辞を告ぐ。

D　壬子、召唐客於朝庭、令奏使旨。時阿倍鳥臣・物部依網連抱、二人為客之導者也。於是、大唐之国信物置於庭中。時使主裴世清、親持書、両度再拝、言上使旨而立之。其書曰、皇帝問倭皇。使人長吏大礼蘇因高等、至具懐。朕欽承宝命、臨仰区宇。思弘徳化、覃被含霊。愛育之情、無隔遐迩。知皇介居海表、撫寧民庶、境内安楽、風俗融和、深気至誠、遠脩朝貢。丹款之美、朕有嘉焉。稍暄。比如常也。故遣鴻臚寺掌客裴世清等、稍宣往意。幷送物如別。時阿倍臣出進、以受其書而進行。大伴囓連、迎出承書、置於大門前机上而奏之。事畢而退焉。是時、皇子諸王諸臣、悉以金髻花著頭。亦衣服皆用錦紫繡織及五色綾羅。一云、服色皆用冠色。

壬子に、唐の客を朝庭に召して、使の旨を奏せしむ。時に阿倍鳥臣・物部依網連抱、二人を客の導者と為すなり。ここにおいて、大唐の国信物を庭中に置く。時に使主裴世清、親ら書を持ちて、両度再拝して、使の旨を言上して立つ。その書に曰く、「皇帝、倭皇に問ふ。使人長吏大礼蘇因高ら、至りて懐を具にす。朕、宝命を欽び承けて、区宇に臨み仰ぐ。徳化を弘めて、含霊に覃び被らしむることを思ふ。愛育の情、遐迩を隔てること無し。皇、海表に介居して、民庶を撫寧し、境内安楽にして、風俗融和し、深気至誠にして、遠く朝貢を脩するを知る。丹款の美、朕嘉みすること有り。稍に喧なり。比は常の如し。故に鴻臚寺掌客裴世清らを遣はし、稍に往意を宣べしむ。幷びに物を送ること別の如し」と。時に阿倍臣出で進みて、以てその書を受けて進み行く。大伴囓連、迎へ出でて書を承け、大門の前の机の上に置きて、奏す。事畢りて退く。この時、皇子・諸王・諸臣、悉く金の髻花を以て頭に著けり。また衣服は皆錦・紫・繡・織及び五色の綾・羅を用ゐる。一に云はく、服色は皆冠の色を用ゐる、と。

E　丙辰、饗唐客等於朝。

丙辰に、唐の客らを朝に饗す。

F　九月辛未朔乙亥、饗客等於難波大郡。

九月の辛未の朔乙亥に、客らを難波の大郡に饗す。

G　辛巳、唐客裴世清罷帰。則復以小野妹子臣為大使。吉士雄成為小使。福利為通事。副于唐客而遣之。（後略）

辛巳に、唐の客裴世清、罷り帰る。すなわちまた小野妹子臣を以て大使とす。吉士雄成を小使とす。福利を通事とす。唐の客に副へて遣はす。（後略）

（4）　迎接の次第

長文の引用となったため、簡単に隋使迎接の次第を要約しておきたいと思う。

A　隋使が筑紫に到着すると、入京まで（もしくは難波までか）の案内・領導の使（領客使）が派遣された。

B　海路により隋使が難波に到着すると、飾船による歓迎儀礼（迎労）が行われ、ひとまず難波の客館（迎賓館）に収容され、ここで応接の担当者として掌客が任命された。

C　その後一ヶ月半ほどして、飛鳥の小墾田宮に向けて隋使は出発した。隋使が飛鳥京の入り口の海石榴市に至ると、飾騎などによる歓迎の儀礼（郊労）が行われた。

D　さらに数日後、隋使は小墾田宮に迎えられて、朝庭において国書を宣読し、国書・国信物を進上する儀式が行われた。

E　また数日後に、隋使への饗応が朝（小墾田宮）にて行われた。
F　帰路再び難波に着いた隋使に対し、難波大郡で饗応を行った。
G　隋使の帰国に副えて、遣隋使を任命・派遣した。

以上の迎賓の次第は、唐代の儀注『大唐開元礼』（以下、『開元礼』と略称する）に規定された賓礼の内容と基本的に合致しており、この時の迎賓儀礼は『開元礼』とほぼ同内容であったとされる隋代の儀注『江都集礼』に基づいたものと推測されている。(4)つまり、推古朝から、隋唐的な迎賓儀礼が導入されたというのが、現在の通説である。ただし、唐代の賓礼においては儀礼の場に皇帝が必ず出御していたのに対し、推古朝の隋使迎賓儀礼では倭王（推古天皇）が出御していないという大きな違いがあり、それはシャーマン的な倭王の特性により人前に姿を現さないという習俗が残存したためと考えられている。(5)推古が出御したか否か、儀礼に関与したか否かについては異論もあるが、煩瑣になるので、ここでは触れないことにする。

（5）通説への疑問

推古朝の迎賓儀礼を隋唐的な儀礼の導入と考える通説に対し、いくつかの疑問が存在する。一つには、推古朝の迎賓儀礼整備に参照されたとされる隋の儀注が舶載されていたか、という疑問である。二つめには、推古朝の礼制全体との整合性はあるのか、という疑問である。

通説では、隋の煬帝が編纂を命じた『江都集礼』が参照されたとされるが、『江都集礼』は隋代の国家的な儀礼を記した儀注ではなく、礼制の沿革・故事、南朝系の礼論の精華をまとめた礼書であったと考えられることから、たとえ『江都集礼』が舶載されていたとしても、この書によって迎賓儀礼を整えることは不可能であったろう。(6)(補註)『江都集礼』よりも早く修撰された『隋朝儀礼』という儀注が第一回遣隋使によりもたらされ、これによって推古朝の礼制整備が行われたとする意見もあるが、[7]『隋朝儀礼』が倭国（日本国）に舶載されたことを示す徴証は全く無く、この意見にも従うことはできない。

それでは、推古朝においては、何を手本に迎賓儀礼などの礼制整備を行ったのであろうか。この問題は上述の二つめの疑問と重なるものであり、節を改め考えることにしたい。

二　推古朝の礼制と迎賓儀礼

（1）　推古朝の礼制のモデル

推古朝における礼制に関わる施策としては、中国的な儀礼の場を備えた小墾田宮の造営、冠位十二階及びそれに付随する冠服の制定、朝礼の改制などが挙げられよう。

小墾田宮が中国的な宮の構造を持っていたことは確かであるが、[8]具体的に何を手本に造営されたかは定説はまだない。それに対し、冠位十二階は中国の陰陽五行思想や朝鮮三国の位階制の影響が指摘されている。[9]また、推古十三年（六〇五）閏七月に諸王・諸臣に褶の着用が命じられているが、褶は上着なので、その下に何を着用していたのか、これだけでは不明である。しかし、『隋書』倭国伝の「その服飾、男子は裙襦を衣る」という記載からみて、中国南朝の衣服様式に類似したもので、袴褶を基本とした隋唐朝や当時の朝鮮三国とは様式的に異なるものであったと考えられる。[10]

迎賓儀礼に密接な関係のある衣冠の礼制に、中国南朝もしくは朝鮮諸国の影響が強く見られることは注意される。すなわち、推古朝の礼制のモデルは隋の礼制ではなかったことを意味している。この点、次に朝礼改制について詳しく検討し、確認してみたい。

（2）朝礼の改制

推古十二年（六〇四）九月の朝礼改制については、『書紀』は次のように記している。

〔日本書紀〕推古十二年九月条

改朝礼。因以詔之曰、凡出入宮門、以両手押地、両脚跪之、越梱則立行。

朝礼を改む。因りて詔して曰く、「凡そ宮門を出入するときは、両手を以て地を押し、両脚にて跪き、梱を越えたらば、すなはち立ちて行け」と。

この朝礼の改制においては、宮門を出入りする際は、両手を地につけ、匍匐して門の敷居（「梱」または「閫」とも表記される）を越えることが命じられているわけだが、従来、この宮門における匍匐礼は倭国（日本）固有の礼とされている。(11) しかし、朝礼改制とは旧来の礼制を改めたと考えるのが自然であり、ここで旧来の倭国固有の礼制の採用を改制と表現することには違和感がある。既に指摘されていることだが、匍匐礼は中国の喪礼などに古くから見られるものであり、倭国固有のものではないだろう。(12) やはり、ここで新たに中国的な礼制として、匍匐礼が規定されたと考えるべきである。『旧唐書』倭国伝において、「それ訴訟する者は、匍匐してすすむ」と特記されているのは、訴訟者が匍匐することに注目したものであって、匍匐自体を倭国独自のものとして記したわけではないだろう（『旧唐書』巻一百九十九上）。

〔旧唐書〕巻一百八十三、薛懐義伝

薛懐義者、京兆鄠県人。本姓馮、名小宝。（中略）懐義出入乗廐馬、中官侍従、諸武朝貴、匍匐礼謁、人間呼為薛師。

薛懐義は、京兆鄠県の人なり。本姓は馮、名を小宝といふ。（中略）懐義出入に廐馬に乗り、中官侍従し、諸武朝貴、匍匐して礼謁し、人間呼びて薛師となす。

則天武后朝に権勢をふるった薛懐義に対し、武氏や貴族たちが匍匐礼を行ったとするこの記事によれば、匍匐礼は喪礼特有のものではなかったことが知られる。この他にも唐代には、喪礼とは異なる敬意・恭順などを示すための匍匐礼の実例が散見され、こうした点からも推古朝の礼制改革は中国的な礼制への変更を命じたものと考えて間違いないであろう。それでは、この宮門出入時の匍匐礼の採用は、何に基づく改制であったのか。

現代においても敷居（閾）はまたぐものであり、踏んではならないという習俗が存在しているが、門などの敷居を通過する際の儀礼習俗は広く世界に存在した普遍的なものであったことが指摘されている。(13) 次の史料に見るように、中国でも同様の儀礼が古くから存在したことが知られる。

〔論語〕巻五、郷党第十

入公門、鞠躬如也。如不容。立不中門。行不履閾。（後略）

公門に入るに、鞠躬如たり。容れられざるが如くす。立つに門に中せず。行くに閾を履まず。（後略）

こうした通門儀礼は、南朝にも存在している。

〔宋書〕巻十五、礼志

史臣按、今朝士詣三公、尚書丞、郎詣令、僕射、尚書、並門外下車、履、度門闔乃納屐。漢世朝臣見三公、並拝。

丞、郎見八座、皆持板揖。事在漢儀及漢旧儀。然則並有敬也。

史臣按ずるに、今の朝士の三公に詣《まい》るとき、尚書丞・郎の令・僕射・尚書に詣るときは、並びに門外にて下車し、履をはき、門闑を度るときすなはち屐《けき》を納む。漢の世の朝臣の三公に見えしは、並びに拝す。丞・郎の八座に見えしは、皆板を持ちて揖す。事は『漢儀』及び『漢旧儀』に在り。然してすなはち並びに敬有るなり。

『宋書』の編まれた南斉朝においては、三公などへの敬礼として、門の前で下車し、敷居（闑）を渡るときには履を脱ぐという儀礼が存在したことが分かる。漢代の敬礼との対比が行われていることから、南朝で生まれた儀礼と考えられる。このような上級貴族官僚に対する敬礼としての通門儀礼だけでなく、皇帝に対する通門儀礼も存在していた。

〔南斉書〕巻十六、百官志

孝武時、侍中何偃南郊陪乘、鑾輅過白門闑、偃将匐。帝乃接之曰、朕乃陪卿。

孝武の時、侍中何偃南郊にて陪乗し、鑾輅白門の闑を過ぎむとき、偃将に匐はむとす。帝すなはちこれに接して曰く、「朕すなはち卿を陪せり。」

南朝宋の孝武帝の時代（四五三〜四六四）、侍中の何偃が皇帝の御車（鑾輅）に同乗し、宮門（白門）の敷居（闑）を通過しようとした時、何偃が匍匐しようとしたという。皇帝（孝武帝）が同車していることを理由に匍匐儀礼を止めさせていることから、この儀礼は皇帝に対する敬礼を意味するものであったと思われる。これによれば、まさに今問題としている推古朝の宮門出入における匍匐礼が、中国南朝にも存在したことが知られる。推古朝の衣冠の礼制が南朝の影響を強く受けていたことを考えるならば、こうした宮門通過における儀礼も南朝のものを取り入れたと推定してよいだろう。

南朝の梁においては礼制整備に関わって宮城建築が行われたように、[14] 礼制と宮城建築の一体性を考えるならば、倭国が中国的な宮殿を建造するにあたって、宮殿に関わる儀礼も一緒に受容したことが想定される。逆に、礼制・儀礼導入にあたって、それに対応した宮城建築を取り入れたとも考えられよう。そのような想定に基づけば、小墾田宮は中国南朝の宮殿（建康宮城）を直接的ないし間接的に模した可能性が考えられるだろう。六〜七世紀の宮中において王権の独占物とされた座具「あぐら」が「呉床」と表記されたことも、[15] この時期の朝礼整備や宮殿建築が呉＝中国南朝の影響下にあったことを暗示しているように思われる。また、百済から渡来した路子工《みちこのたくみ》が小墾田宮の南庭に呉橋《くれはし》を築いたという推古紀の記事（推古二十年是歳条）も上記の推定を裏付けるものと思われる。[16] さらに、小墾田宮は建物などの造営方位が正方位ではなかったと推定され、[17] 正方位で造営された隋唐期の中国都城と大きく異なっていたと思われるが、南朝の建康城も正方位ではなかったことは注意される。[18] なお、小墾田宮は瓦葺き・礎石の宮殿ではなかったと考えられ、中国的な儀礼空間が作られたといっても、それまでの倭国的な宮殿のあり方が色濃く残っていたことにも留意しておきたい。

（3）　迎賓儀礼の再検討

ここまでの衣冠の礼制や朝礼に関する検討を踏まえるならば、推古朝の礼制は中国南朝の礼制を直接手本にしたか、または朝鮮諸国を介し間接的に（変容を受けながら）取り入れられたものと考えられる。そのように考えた場合、ひとり迎賓儀礼のみ隋朝のものをモデルにしたということがありうるであろうか。そうした視点から、推古朝の隋使迎接のあり方を見直してみると、隋唐的な迎賓儀礼には見られない異質な部分を見出すことができる。通説では推古朝の迎賓儀礼と隋唐朝の儀礼の共通部分だけを見て同一視したわけだが、そもそも同じ「礼」の理念に基づく以上、儀礼の基本構造に大きな違いはあるはずはなく、むしろその違いに着目すべきであろう。

第一節の（B）で見たように、隋使裴世清が難波に到着した際に、倭国側は飾船三〇艘で迎労を行った。このような飾船による迎労は、唐代の儀注や隋・唐朝の外国使迎賓記事には全く見えないものである。しかし、この迎賓儀礼は、『延喜式』の次の規定につながるものである。(19)

〔延喜式〕巻二十一、玄蕃寮

凡新羅客入朝者、給神酒。（中略）蕃客従海路来朝、摂津国遣迎船王子来朝遣一国司。余使郡司。但大唐使者迎船有数。客船将到難波津之日、国使著朝服、乗一装船、候於海上。客船来至、迎船趁進。客船迎船比及相近、客主停船、国使立船上、客等朝服出立船上。時国使喚通事。通事称唯。国使宣云、日本尓明神登御宇天皇朝庭登、某蕃王能申上随尓参上来留客等参近奴登、摂津国守等聞著氏、水脉母教導賜幣登宣随尓、迎賜波久登宣。客等再拝両段謝言。訖引客還泊。

凡そ新羅の客入朝せば、神酒を給へ。（中略）蕃客海路より来朝せば、摂津国迎への船を遣はせ王子来朝せば一国司を遣はし、余使ならば郡司。但し大唐の使者ならば迎への船に数有り。客の船、将に難波津に到らむとするの日、国使、朝服を著し、一装船に乗り、海上に候す。客の船来たり至らば、迎への船趁り進み、客の船と迎への船相近きに及ぶ比、客主船を停め、国使、船上に立ち、客等朝服にて出でて船上に立つ。時に国使、通事を喚ぶ。通事「唯」と称す。国使宣して云はく、「日本に明神と御宇天皇朝庭と、某蕃王の申し上ぐる随に参り上り来る客等参り近づきぬと、摂津国守等聞き著けて、水脉も教へ導き賜へと宣る随に、迎へ賜はく」と宣る。客等再拝両段して謝し言す。訖りて客を引きて泊に還る。

神酒の給与(20)や、飾馬（荘馬）と同様に形象埴輪にも見える飾船などは倭国固有の儀礼習俗(21)と考えられることから、推古紀の飾船による迎労も倭国特有の迎賓儀礼と見なされるかもしれない。しかし、同時代の中国周辺の国々にも同様な迎船儀礼が見られることに注意するならば、推古朝の迎船儀礼の全てを倭国の固有儀礼と見なすことはできないと思う。

次に示すように、東南アジアの赤土国も倭国同様に舶三十艘で隋使を迎労している。

〔隋書〕巻八十二、南蛮伝赤土国条

大業三年、屯田主事常駿、虞部主事王君政等請使赤土。（中略）其王遣婆羅門鳩摩羅以舶三十艘来迎、吹蠡撃鼓、以楽隋使、進金鎖以纜駿船。（後略）

大業三年、屯田主事常駿・虞部主事王君政ら、赤土に使するを請ふ。（中略）その王、婆羅門鳩摩羅を遣はし、舶三十艘を以て来迎し、蠡を吹き鼓を撃ちて、以て隋使に楽し、金鎖を進めて以て駿の船を纜す。（後略）

さらに、新羅も倭国使を荘船（飾船）で迎えた事例（『書紀』推古三十一年〈六二三〉十一月条）があることから、こうした船による迎労儀礼は倭国独自のものとは考えられない。新羅だけでなく、東南アジアの赤土国にまで類似の儀礼があることを重視するならば、倭国も赤土国も新羅も皆同様に中国の儀礼を模倣的に取り入れたものと考えるべきだろう。(22) しかし、こうした迎船儀礼が隋朝のものであったかというと、必ずしもそうとはいえないように思う。確かに、迎船儀礼が隋代の倭国や赤土国などで行われていたのは事実だが、こうした迎船儀礼は隋代以前に倭国や赤土国に伝わっていたと思われる。

まず、赤土国の場合だが、先に示した『隋書』の記事は赤土国と隋朝の最初の通交時のものであり、これ以前に赤土国が隋朝から迎賓儀礼を学ぶ機会は無かったと思われ、隋代以前に取り入れられた儀礼と考えざるをえない（ただし、赤土国は隋代以前には確認できないので、その前身の国の段階で取り入れたということになるだろう）。また、倭国の場合も、欽明天皇の時代に飾船で高句麗使を迎労した記事（『書紀』欽明三十一年七月是月条）があることから、やはり隋代以前に取り入れられた儀礼としてよいだろう。

隋代以前という時代的限定、そして隋唐期には見られない海上での迎労というあり方から考えて、こうした船舶による迎労は、南朝時代の儀礼であった可能性が高いと思われる。長安・洛陽といった大陸奥深くに宮都を構えた隋唐朝とは違い、南朝期の諸王朝は海近い建康（現在の南京）に都し、海路入朝の国が少なくなかった。迎船儀礼もそうした宮都の立地に即したものであったと考えられるのではないだろうか。

なお、先述したように神酒給与や飾船の利用という点については倭国の儀礼習俗が取り入れられていることから、中国南朝の儀礼を忠実に取り入れたというわけではなく、倭国的な変質が加えられていることは言うまでもない。この飾船による迎賓儀礼は、中国が隋唐朝に改まっても倭国（日本国）では存続し、規定としては『延喜式』（巻二十一、玄蕃寮）にまで引き継がれることになる。儀礼とは、時代が変わったからといって簡単には捨て去られるものではないのかもしれない。

以上の衣冠・朝礼・迎賓儀礼に関する検討によれば、推古朝の礼制全般にわたって、中国南朝の強い影響が確認される。このことについては、倭国の隋への遣使が梁代の仏教的朝貢を先例とするものであり、有名な「日出る処の天子」で始まる国書は梁代の外交文書の形式を模した可能性があることも併せ考える必要があるだろう[23]。

それでは、迎賓儀礼をはじめ中国南朝の礼制がどのようにして、倭国に伝わり、整備されたのであろうか。

（4）百済と南朝文化

倭国と中国南朝との関係を考える場合、倭の五王の中国南朝への朝貢がまず思い浮かぶであろう。この時期に府官制などの政治組織や漢織《あやはとり》・呉織《くれはとり》・衣縫《きぬぬい》などの工芸技術といった中国文化の影響を受けたことが指摘されているが、礼制の影響の痕跡は確認できない。礼制に関しては、先に挙げた欽明朝の餝船の例などから考えても六世紀以降と考えるべきであろう。

六世紀から七世紀初めにかけて、僧侶、五経博士、易博士、暦博士、医博士、採薬師、呪禁師、造仏工、造寺工、鑪盤博士、瓦博士、画工など多くの中国的な学術・教養や技術を有した人材が、百済から提供されている。また、仏教の経典をはじめ暦本・天文地理書・遁甲方術の書など様々な書籍ももたらされている。当時、百済は中国南朝、とりわけ梁朝と深い関係があり、南朝の文化が多く百済に流入していた。

〔梁書〕巻五十四、諸夷伝百済条

中大通六年、大同七年、累遣使献方物、幷請涅盤等経義、毛詩博士、幷工匠、画師等。勅並給之。

中大通六年（五三四）、大同七年（五四一）、累ねて使を遣はし方物を献じ、幷びに『涅盤』等の経義、毛詩博士、幷びに工匠、画師等を請ふ。勅して並びに給ふ。

毛詩博士と五経博士との関係はよく分からないが、毛詩博士以外の儒学者が梁朝から百済に派遣されていたことは、次の『陳書』の記載からも窺うことができる。

〔陳書〕巻三十三、儒林伝

陸詡少習崔霊恩三礼義宗。梁世百済国表求講礼博士、詔令詡行。（後略）

陸詡は、少くして崔霊恩に『三礼義宗』を習ふ。梁世、百済国、表して講礼博士を求め、詔して詡をして行かしむ。（後略）

百済の僧侶が梁に留学し、仏教を学んだことも知られる。

〔観世音応験記〕(24)

有沙門発正者、百済人也。梁天監中、負笈西渡、尋師学道、頗解義趣、亦明精進。在梁三十余年、不能頓忘桑梓、還帰本土。（後略）

沙門発正なる者有り、百済の人なり。梁の天監中（五〇二～五一九）、笈を負ひて西渡し、師を尋ねて道を学び、頗る義趣を解し、また明らかに精進す。在梁三十余年、桑梓を頓忘すること能はずして、本土に還帰す。（後略）

百済は南朝の梁より儒学・仏教をはじめとする諸学問や建築・美術などの諸技術も広く学んでいたわけだが、百済はそうした梁朝から得た幅広い学術・文化を倭国にもたらしたのである。本章で問題としている迎賓儀礼をはじめとする礼制も百済経由でもたらされた梁朝のものであったと考えてよいものと思う。梁朝の天監年間には『五礼儀注』が編纂されており、倭国の迎賓儀礼も梁の『五礼儀注』の賓礼などの影響のもとに整備されたものと推測される。ただし、現段階においては『五礼儀注』が倭国に将来された徴証は見られないので、梁朝の礼制を熟知した五経博士などの教授によって衣冠などの諸礼制とともに整えられたものと考えておきたい。

隋朝は倭国に国制改革を求めたが、しかし、だからといって手取り足取り隋朝の国制を教えたわけではなく、おそらく『隋朝儀礼』などの儀注・礼典類を賜与することもなかったであろう。そのため、倭国は六世紀以来百済経由で入ってきていた南朝の知識をもって礼制をはじめとする諸改革を行ったと考えられる。なお、この時期、高句麗を通して北朝文化の流入もあったが、今のところ礼制に関しては北朝の影響は確認できない。

三　『日本書紀』と『隋書』

（1）『隋書』の記載

ここまで、『書紀』の記載に基づいて、推古朝の迎賓儀礼について検討してきたわけだが、隋使裴世清の倭国への派遣については、『隋書』にも比較的詳しく記されている。(25)

〔隋書〕巻八十一、東夷伝倭国条

大業三年、其王多利思比孤遣使朝貢。（中略）明年、上遣文林郎裴清使於倭国。度百済、行至竹島、南望耼羅国、経都斯麻国、逈在大海中。又東至一支国、又至竹斯国、又東至秦王国。其人同於華夏、以為夷洲、疑不能明也。又経十余国、達於海岸。自竹斯国以東、皆附庸於倭。倭王遣小徳阿輩台、従数百人、設儀仗、鳴鼓角来迎。後十日、又遣大礼哥多毗、従二百余騎郊労。既至彼都。其王与清相見、大悦、曰、我聞海西有大隋、礼義之国、故遣朝貢。我夷人、僻在海隅、不聞礼義。是以稽留境内、不即相見。今故清道飾館、以待大使、冀聞大国惟新之化。清答曰、皇帝徳並二儀、沢流四海、以王慕化、故遣行人来此宣諭。既而引清就館。其後清遣人謂其王曰、朝命既達。請即戒塗。於是設宴享以遣清。復令使者隨清来貢方物。此後遂絶。

大業三年（六〇七）、その王多利思比孤、使を遣はして朝貢す。（中略）明年、上、文林郎裴清を遣はして倭国に使せしむ。百済を度り、行きて竹島に至り、南に耼羅国を望み、都斯麻国を経て、逈かに大海中に在り。また東して一支国に至り、また竹斯国に至り、また東して秦王国に至る。その人、華夏に同じく、夷洲とおもへらくも、疑ひ明らかにすること能はざるなり。また十余国を経て、海岸に達す。竹斯国より以東は皆、倭に附庸す。

倭王、小徳阿輩台を遣はし、数百人を従へ、儀仗を設け、鼓角を鳴らし来たりて迎へせしむ。後十日にして、また大礼哥多毗を遣はし、二百余騎を従へ、郊労せしむ。既にして彼の都に至る。その王、清と相ひ見へて、大いに悦びて、曰く、「我れ海西に大隋なる礼義の国有るを聞き、故に遣はし朝貢す。我れは夷人にして、海隅に僻在し、礼義を聞かず。これ以て境内に稽留し、すなはち相ひ見へず。今故に道を清め館を飾り、以て大使を待し、冀はくは大国惟新の化を聞かむことを」と。清、答へて曰く、「皇帝の徳は二儀に並び、沢は四海に流る。王の化を慕ふを以て、故に行人を遣はし、此に来たりて宣諭せしむ」と。既にして清を引きて館に就かしむ。その後、清、人を遣はして王に謂ひて曰く、「朝命既に達せり。すなはち塗を戒むことを請ふ」と。ここにおいて、宴享を設け、以て清に遣はす。

また使者をして清に随はしめ、来たりて方物を貢せしむ。この後、遂に絶ゆ。

小徳阿輩台は難波において掌客として裴世清を迎えた大河内直糠手、大礼哥多毗は海石榴市で郊労した額田部連比羅夫にあたると思われ、『書紀』と『隋書』の内容は基本的に対応している。しかし、既に指摘されているように、『書紀』には見えない倭王と裴世清との会話が記されているなど大きな違いも存在している。これはただ単に記述の有無にとどまらず、相容れない違いとなっている。

『書紀』では、倭王（推古天皇）が小墾田宮の大門の向こうの奥深くにいることを前提とした儀礼が記され、倭王は全く姿を現していない。それに対し、『隋書』では、倭王が裴世清と会って直接言葉を交わしたとしている。裴世清が儀礼の場で会話した蘇我馬子ないし厩戸王を倭王と誤認したのではないか、という説もあるが、倭王と隋使の関係の書き方自体が異なっており、単純な誤認とは考えがたい。『書紀』では、倭王はまるで中国の皇帝が朝貢国の使者の国書奉読を聞く際の儀礼を行ったように描かれている。一方、『隋書』では、倭王は隋朝を礼義の大国として慕化の姿勢を示したとしている。すなわち、『書紀』では倭王は隋使を属国の使者のように扱ったとしているのに対し、

『隋書』では倭王は属国の王が宗主国の使者を迎えたように隋使を賓待したとしているのである。この場合、明らかにどちらかが虚偽を記していると考えざるを得ない。

（2）鼓角と鼓吹

『書紀』と『隋書』を詳細に比べてみると、これ以外にも重要な違いを指摘できる。『隋書』では、小徳阿輩台が儀仗を設け、鼓角を鳴らして隋使を迎えたと記しているが、『書紀』には儀仗も鼓角のことも記されていない。これらの違いについては『書紀』がただ単に省略したと解することができるかもしれないが、鼓角については慎重に検討する必要がある。というのも、鼓角の角とは角笛（ホルン）のことで、隋文帝の開皇十四年（五九四）の楽制改革で初めて鼓吹楽という宮廷音楽（軍楽）に取り入れられたものだからである(26)。礼楽と並び称されるように礼制と楽制とは密接な関係がある以上、もし隋朝の新しい楽制が推古朝に取り入れられていたことになれば、礼制の面でも隋朝の影響を考えなければならなくなるだろう。

倭国においても外国使の迎労にあたって中国的な楽奏が行われたことは、舒明朝の唐使高表仁を難波で歓迎した記事から知られる。

〔日本書紀〕舒明四年（六三二）十月甲寅条

唐国使人高表仁等、泊于難波津。則遣大伴連馬養、迎於江口。船三十二艘及鼓吹旗幟、皆具整飾。（後略）

唐国の使人高表仁ら、難波津に泊す。すなわち、大伴連馬養を遣はして、江口に迎へしむ。船三十二艘及び鼓吹・旗幟、皆具に整へ飾る。（後略）

難波における飾船による迎労という儀礼の類似性からみて、推古朝においても隋使に対し中国的な楽奏があった可能性はあるだろう。しかし、推古朝の段階で倭国に鼓吹が存在したか、また存在したとしても角笛（ホルン）が鼓吹楽に含まれていたかについては、もう少し注意深く考える必要がある。

『隋書』倭国伝には「楽に五弦の琴・笛有り」とあるように、少なくとも日隋間の交流が行われていた当時において隋側には倭国に鼓吹や鼓角が存在したという認識がなかったことが知られる。これに呼応するかのように、倭国における鼓吹の初見（史実性が疑われる神代のものは除く）は、推古二十六年（六一八）である。

〔日本書紀〕推古二十六年八月癸酉朔条

高麗遣使貢方物。因以言、隋煬帝、興三十万衆攻我。返之為我所破。故貢献俘虜貞公普通二人、及鼓吹弩抛石之類十物、并土物駱駝一匹。

高麗、使を遣はして方物を貢ず。よりて以て言すに、「隋の煬帝、三十万の衆を興して我を攻む。返りて我がために破られぬ。故に俘虜の貞公・普通の二人、及び鼓吹・弩・抛石の類十物、并びに土物・駱駝一匹を貢献す」と。

高句麗が隋朝との戦争で鹵獲した鼓吹などの戦利品と駱駝や高句麗の産物を倭国にもたらしたわけだが、これは倭国に無い珍しい物を提供することでその歓心を買おうとした行動と考えられる。角笛である大角・小角の倭国での史料上の初見は天武十四年（六八五）である（『書紀』）ことも考え合わせるならば、推古二十六年まで倭国に隋的な鼓吹が存在しなかった可能性も十分考慮する必要があると思われる。『隋書』に鼓角とあることから、当時の倭国に隋的な軍楽が存在したと即断することは避けるべきだろう。そもそも『隋書』の倭国への遣使に関する記述は、それほど信頼性が高いのであろうか。

（3）『隋書』倭国伝の史料性

些細な違いかもしれないが、『隋書』と『書紀』の間には次のような数量的な差異も存在する。

① 難波での迎労において、『隋書』では倭国側は数百人で迎えたとするが、『書紀』では飾船三十艘で迎えたとする。

② 難波から小墾田宮（飛鳥京）へ移動する間の日数を、『隋書』は十日とするが、『書紀』は約一ヶ月半（四十八日）とする（六月十五日〜八月三日）。

③ 入京の際の郊労において、『隋書』では倭国側は二百余騎で迎えたとするが、『書紀』は飾騎七十五騎で迎えたとする。

①〜③の違いを見てみると『隋書』はあくまでも概数的な表記であり、正確な記録に基づくものではないように思われる。また、人数などにおいては『隋書』の方が『書紀』よりかなり多めになっていることが注意される。倭国に使節を派遣したのとほぼ同時期に隋朝は南海の赤土国にも使者を遣わしているが、『隋書』赤土国伝の方が数量的な記載が詳細になっている。赤土国伝は使者となった常駿らの撰になる『赤土国記』二巻（『旧唐書』巻四十六、経籍志）によったと思われるが、倭国伝の倭国への遣使記事のもとになった史料は定かではない。『隋書』編纂時には既に『大業起居注』など大業年間に関わる宮廷の重要史料が喪われていたと思われ、倭国伝のこの部分については晩年の裴世清への取材記事が含まれている可能性も考えられる(27)。裴世清の三十年以上隔てた昔日の記憶や印象によったため、概数表記となったり、人数については多めの記載になったりしたということも考えられるのではないだろうか。えてして人間の過去の記憶は、美化・誇大化されがちである。鼓角の演奏も、現実以上に盛大なイメージにふくらむ

ことにより付加された虚像の可能性が高い。

（4）高表仁の争礼

ここで先に指摘した倭王と隋使との間における国書伝達の際の儀礼の問題について、検討を加えることにしたい。『書紀』と『隋書』の内容が完全に対立しており、どちらかが虚偽を記していると思われる。この問題を考える上で重要な示唆を与えてくれるのが、舒明朝に来倭した唐使高表仁と倭王（倭王子という説もある）との争礼事件である。(28)

〔唐会要〕巻九十九、倭国条

貞観十五年十一月、使至。太宗矜其路遠、遣高表仁持節撫之。表仁浮海、数月方至。（中略）表仁無綏遠之才、与王争礼、不宣朝命而還。由是復絶。

貞観十五年（五年の誤り、六三一）十一月、使至る。太宗、その路の遠きを矜れみ、高表仁を遣はし節を持して撫せしむ。表仁海に浮かびて、数月にしてまさに至る。（中略）表仁、綏遠の才無く、王と礼を争ひ、朝命を宣べずして還る。これによって復た絶ゆ。

高表仁は綏遠（遠い地方を鎮め安んずる）の才覚が無いため、倭王と礼を争って、朝命を宣べなかったという。この朝命（王命）とは使旨とも表現されるもので、国書の内容（国家意思）を倭国に伝えることができなかったことが非難されているのであり、(29) この時の外交交渉が失敗に終わったことが知られる。その原因となった争礼とは、どちらが政治的に上位か名分関係を儀礼の上で争ったことを意味すると思われる。

裴世清の際は何ら問題は発生せず、裴世清は隋帝の国書を倭国側に伝え、使命を達している。そういう意味では、高表仁の来倭の際に、倭国側も唐側も裴世清の時と同じ対応をしていれば何ら問題はなかったはずである。『隋書』

の記述に従って考えると、倭国側が隋使に対して朝貢国の立場を取っていたにもかかわらず、唐使に対しては朝貢国の立場を取らず、対等ないし上位の立場を取ったため争礼が起こったということになるだろう。しかし、倭国側においても、推古朝に比べ、舒明朝の方がより上位の立場を打ち出すことがありうるだろうか、大いに疑問である。倭国側は隋使の時には問題が起こらなかったことから、むしろ推古朝の迎接儀礼を先例に、唐使を賓待しようとしたのではないだろうか。そのように考えると、むしろ『書紀』の記述の方が蓋然性が高いように思われる。

『書紀』の記述に従って考えると、推古朝の隋使迎接の時には倭国王は宗主国のように上位の立場で対応し、隋使もその対応を受け容れた。舒明朝の唐使迎接の際、倭王は隋使の時と同様に上位の立場で臨んだが、唐使はそれを拒んだために、争礼問題が発生したということになるだろう。ここで問題になるのは、中国の使節が常に政治的な上下関係に固執したかということである。名分上中国（皇帝）側が上位であることを相手国（王）側に認めさせることも使節の重要な役割であったことは言うまでもないが、それが最も重要な使命ではなかったと思われる。

〔新唐書〕巻百五、李義琛伝

初、義琰使高麗、其王據榻召見。義琰不拝、曰、吾、天子使。可当小国之君、奈何倨見我。王詞屈、為加礼。及義琛再使、亦坐召之、義琛、匍匐拝伏。時人由是見兄弟優劣。

初め、義琰、高麗に使するに、その王、榻によりて召し見る。義琰、拝さずして、曰く、「吾は、天子の使なり。小国に当たるべき君は、いかにぞ我に倨り見えむ」と。王、詞屈して、加礼を為す。義琛の再使に及びて、また坐して召すに、義琛、匍匐して拝伏す。時人、これによりて兄弟の優劣を見る。

李義琰・義琛は、唐代前半の官僚で、義琰の従祖弟（またいとこ）が義琛という親族関係にある。ともに高句麗に使節として派遣された経歴をもつが、義琰は榻（腰掛け）に坐ったまま会見した高句麗王に対し、小国の君主が天子の使いにとるべき態度ではないとその無礼を指摘し、その対応を改めさせたという。しかし、義琛が使いとなった際も高句麗王は坐ったままであったが、義琛はその尊大な振る舞いを問題とせず、王に対し匍匐拝礼したため、当時の人々はこれによって義琰と義琛の優劣を評価したとする。義琰のように唐皇帝が相手国の王より上位であることを外交儀礼の場で認めさせることが望ましいのは言うまでもないが、しかし、義琛のように相手側の対応に即して下位の立場を取ることもあり、そのことが優劣の判断材料となることはあっても非難されるほどのことではなかったことは注意される。恐らく、外交使節においては、朝命（王命）を伝達することが最大の任務であって、そのためには儀礼上の上下関係は二次的な問題となったのではないかと思われる。唐皇帝の名分を守るために倭王と争礼した結果、朝命を伝達できなかった高表仁は非難されたが、高句麗王の傲慢な態度を改めさせなかったとしても朝命を伝達できた李義琛は非難されなかったし、処罰を受けた形跡も見られない。相手国の対応状況などを勘案して儀礼上どのような立場を取るかは、外交使節の裁量に任されていた部分が大きかったのではないだろうか。この点については、かなり時代が下るが、室町時代に足利義満が受封儀礼において明使に対し高慢な態度を取ったが[30]、何ら問題とされなかったことも傍証となるであろう。

李義琛のように相手国上位の外交儀礼を受け容れることもあったことを考えると、裴世清が倭国を上位とする外交儀礼に従ったとする『書紀』の記述を頭から否定することはできないだろう。むしろ、先に述べたように、裴世清の使命達成と高表仁の争礼事件の関係を合理的に読み解くためには、『書紀』の記述の方が正しいと考えるべきであろう。『隋書』のこの部分の記述の元となった裴世清の報告ないし談話には、虚偽・修飾・過誤がかなり含まれていたと考えられる。そもそも、「日出る処の天子」、そして「東の天皇」という国書を以て繰り返し対等外交を主張した倭国側が、それと全く矛盾するような隋使に阿《おもね》る対応を取ったとは考えがたい[31]。裴世清の報告・談話は、そうした観点から見ても信じがたい。

以上のことから、『隋書』に見られる鼓角についても、慎重に考えるべきであろう。『書紀』に記載がなく、その存在を疑わしむる史料があるのだから、今後新たな証拠が見つからない限り、その存在を盲信すべきではないと考える。推古朝においては、未だ隋朝の儀礼は導入されておらず、前節で述べたように南朝の儀礼に依拠して礼制の整備が行われたとしてよいだろう。

(5)『日本書紀』推古紀の史料性

『隋書』の倭国への遣使記事には信拠できない部分があることを述べたわけだが、だからといって『書紀』の隋使迎接記事には全く嘘・偽りがないということではない。既に指摘されているように、『書紀』においても倭国（日本国）にとって都合の悪いことは記さなかったり、改竄を加えたりしている部分がある。先に述べた六〇〇年（隋開皇二十、推古八）の遣隋使について、『書紀』が全く触れていないのはその一例である。隋使迎賓記事においても、隋の煬帝の国書に「皇帝、倭皇に問ふ」とあったとするが、「倭皇」は本来は「倭王」とあったはずで、『書紀』編者による改変と思われる。推古紀の隋使迎賓記事も、百パーセント正しいというわけではない。

しかし、倭国における隋使の迎賓儀礼については、基本的に『書紀』の記述に基づいて考えてよいものと考える。「倭王」を「倭皇」に書き改めるなどの改竄はあるが、あくまでも部分的なものであって、全面的な改変が行われたとは思われないからである。その証拠として、隋からの国書が「皇帝問」という臣下に与えられる書式であったことや、倭国が隋に「朝貢」したとする隋側の表記など、倭国（日本国）にとって都合の悪い情報がそのまま記されており、原史料の記載が比較的残されていると思われる。

一般的に『書紀』よりも『隋書』の方が史料としての信頼性が高く評価されていると思うが[32]、常にそうした先入観で史料を読むことは危険である。『書紀』の政治的偏向性のみ問題にされるが、『隋書』の史料的な性格にも十分注意を払う必要があるであろう[33]。両書の違いが、必ずしも『書紀』の改竄とばかり考えることはできない。

おわりに

本章では、隋唐的な儀礼が最初に導入されたと言われる推古朝の迎賓儀礼について再検討を行った。その結果として、推古朝の迎賓儀礼には、隋朝の儀礼との関係性は見られず、中国南朝の影響が強かったことを確認できたと思う。従来、日本古代の儀礼研究では、隋唐朝の儀礼との比較検討しか行われず、それ以前の中国王朝との関わりは殆ど問題とされてこなかった。そのため、隋唐朝の儀礼との違いは、倭国（日本国）固有の儀礼習俗と解されるのが一般的であった。また、隋唐朝の儀礼は『開元礼』に記載されたものだけが対象とされ、そこに規定されていない儀礼にはあまり関心が払われてこなかったように思われる。しかし、匍匐礼と同様に倭国固有の儀礼とされてきた跪伏礼の起源が隋唐以前の中国に求められることが近年明らかにされたように[34]、今後こうした従来の研究のあり方が見直されることを期待したい。

古代日本（倭国）と中国との間には、漢王朝以来の長い通交の歴史があり、その文化的影響も極めて長期にわたるものであった。近視眼的に直近の影響だけを考えるのではなく、長いスパンでその影響を考える必要がある。現代のようにグローバル化が進んだ時代とは異なり、文化の流入にも往々にしてタイムラグがあり、中国の同時期の文化がすぐさま倭国（日本国）にもたらされたわけではないことに注意しなければならないだろう[35]。また、中国文化は直接もたらされるだけではなく、朝鮮諸国を介してもたらされることが少なくなかった。その場合、朝鮮諸国における変容を被ることもあった。こうした中国文化の流入のあり方を踏まえて、中国的儀礼の影響を考える必要があるだろう。

日本固有の儀礼習俗に中国南朝の儀礼、朝鮮諸国での変容を受けた中国儀礼、そして隋唐朝の儀礼が積み重なって、古代日本の儀礼が整備されていったと思われる。奈良時代後半から平安時代初期にかけて、次第に唐的な色彩が強まっていったことは確かだが、中国と朝鮮諸国との長い通交の歴史がもたらした複雑な影響関係を見逃してはならないだろう。

註

(1) 大隅清陽「唐の礼制と日本」(『律令官制と礼秩序の研究』吉川弘文館、二〇一一年、初出一九九二年)を参照。
(2) 註(1)に同じ。
(3) 厩戸王(聖徳太子)なのか、はたまた蘇我馬子なのか、については意見が分かれている。また、遣隋使の小野妹子の祖先「天《あめ》帯彦国押人命《たらしひこくにおしひとのみこと》」が誤って記録されたとする説もある。東野治之『遣唐使』(岩波書店、二〇〇七年)を参照。
(4) 瀧川政次郎「江都集礼と日本の儀式」(岩井博士古稀記念事業会編『岩井博士古稀記念論文集』岩井博士古希記念事業会、一九六三年)、田島公「外交と儀礼」(岸俊男編『日本の古代7 まつりごとの展開』中央公論社、一九八六年)を参照。
(5) 田島氏前掲註(4)論文を参照。
(6) 本書第二部第二章「『江都集礼』の編纂と意義・影響」、白石將人「『江都集礼』と隋代の制礼」(『東方学』一三七、二〇一九年)及び西本昌弘「日本古代礼制研究の現状と課題」(『日本古代儀礼成立史の研究』塙書房、一九九七年)等を参照。
(7) 黒田裕一「推古朝における「大国」意識」(『国史学』一六五、一九九八年)を参照。
(8) 岸俊男「朝堂の初歩的考察」(『日本古代宮都の研究』岩波書店、一九八八年、初出一九七五年)を参照。
(9) 大隅清陽「古代冠位制度の変遷」(『律令官制と礼秩序の研究』吉川弘文館、二〇一一年、初出一九八六年)を参照
(10) 中国南朝及び隋代の服飾については、杉本正年『東洋服装史論攷 中世編』文化出版局、一九八四年)を参照。

(11) 武光誠「古代日本と朝鮮の立礼と跪礼・匍匐礼」(『律令制成立過程の研究』雄山閣、一九九八年、初出一九七六年)、新川登亀男「小墾田宮の匍匐礼」(『日本古代の儀礼と表現―アジアの中の政治文化―』吉川弘文館、一九九九年、初出一九八六年)を参照。
(12) 西本昌弘「日本古代礼制研究の現状と課題」(『日本古代儀礼成立史の研究』塙書房、一九九七年)を参照。
(13) アルノルト・ファン・ヘネップ(綾部恒雄・綾部裕子訳)『通過儀礼』(弘文堂、一九九五年。二〇一二年に岩波書店から再刊)を参照。
(14) 小林聡「泰始礼制から天監礼制へ」(『唐代史研究』八、二〇〇五年)を参照。
(15) 大隅清陽「座具から見た朝礼の変遷―養老儀制令12庁座上条の史的意義―」(『律令官制と礼秩序の研究』吉川弘文館、二〇一一年、初出二〇〇二年)を参照。
(16) 岸俊男「小墾田宮の呉橋」(『古代宮都の探求』塙書房、一九八四年、初出一九八三年)を参照。
(17) 林部均『飛鳥の宮と藤原京　よみがえる古代王宮』(吉川弘文館、二〇〇八年)を参照。
(18) 張学鋒「六朝建康城的発掘与復原新思路」(『南京暁荘学院学報』二、二〇〇六年)を参照。
(19) 森公章「古代難波における外交儀礼とその変遷」(『古代日本の対外認識と通交』吉川弘文館、一九九八年、初出一九九五年)を参照。
(20) 中野高行「難波館における給酒八社」(『日本古代の外交制度史』岩田書院、二〇〇八年、初出一九九二年)、同上「新羅使に対する給酒と入境儀礼」(同上書、初出一九九六年)を参照。
(21) 餝馬(荘馬)については、大隅清陽「日本律令制における威儀物受容の性格」(『律令官制と礼秩序の研究』吉川弘文館、二〇一一年、初出一九九九年・二〇〇一年)を参照。
(22) 廣瀬憲雄「倭国・日本の隋使・唐使に対する外交儀礼」(『東アジアの国際秩序と古代日本』吉川弘文館、二〇一一年、初出二〇〇五年)を参照。
(23) 河上麻由子「遣隋使と仏教」(『古代アジア世界の対外交渉と仏教』山川出版社、二〇一一年、初出二〇〇八年)を参照。
(24) 史料は、董志翹『『観世音応験記三種』訳注』江蘇古籍出版社、二〇〇二年)による。また、佐野誠子「陸杲『繫観世音応験記』訳注稿(三)」(『名古屋大学中国語学文学論集』三一、二〇一八年)も参照。
(25) 『隋書』倭国伝と『日本書紀』推古紀の記事を対照・検討したものに、川本芳昭「隋書倭国伝と日本書紀推古紀の記述をめぐって」（『東アジア古代における諸民族と国家』汲古書院、二〇一五年、初出二〇〇四年）がある。

(26) 渡辺信一郎「北狄楽の編成―鼓吹楽の改革―」（『中国古代の楽制と国家　日本雅楽の源流』文理閣、二〇一三年、初出二〇〇五年）、同上「隋の楽制改革と倭国」（『中国古代の楽制と国家　日本雅楽の源流』文理閣、二〇一三年、初出二〇〇八年）を参照。

(27) 本書第一部補論「『隋書』倭国伝について」を参照。

(28) 池田温「裴世清と高表仁―隋唐と倭の交渉の一面―」（『東アジアの文化交流史』吉川弘文館、二〇〇二年、初出一九七一年）を参照。

(29) 田島公「大陸・半島との往来」（『列島の古代史　ひと・もの・こと　4　人と物の移動』岩波書店、二〇〇五年）を参照。

(30) 橋本雄「室町日本の対外観」（『歴史評論』六九七、二〇〇八年）を参照。

(31) 河上麻由子『古代日中関係史　倭の五王から遣唐使以降まで』（中央公論新社、二〇一九年）は、日本の対隋外交は対等を求めるものではなかったとするが、隋側の認識を示す「倭王」という呼称を回避し、同等ないし上下関係の不明確な「天子」「天皇（天王の可能性もある）」という呼称を用いていたことからも対等外交を主張していたと考えるべきであろう。拙論「倭の五王と遣隋使」（大津透編『日本史の現在2　古代』山川出版社、二〇二四年）を参照。

(32) 高明士「隋唐使臣赴倭及其礼義問題」（『台大歴史学報』二三、一九九九年）を参照。

(33) 前掲註(27)拙論を参照。

(34) 前掲註(15)大隅論文を参照。

(35) 拙論「遣唐使による漢籍将来」（『唐王朝と古代日本』吉川弘文館、二〇〇八年）等を参照。

(補註) 初出時には、『江都集礼』を隋代の儀注として論じていたが、その後、『江都集礼』に関する研究を深めた結果、本文のように書き改めた。

第二章　『江都集礼』の編纂と意義・影響

はじめに

隋の煬帝が、即位以前、揚州総管であった時期に編纂させた『江都集礼』は、従来、文帝の命によって編まれた『隋朝儀礼』に次ぐ隋代の国家儀礼（五礼）を定めた儀注とされてきた(1)。さらに、『江都集礼』が儀注であることを前提に、大業律令との関係や、古代日本の儀式整備への影響などが論じられてきている(2)。『江都集礼』が中国・日本の礼制を考える上で重要な礼書であることは確かであるが、瀧川政次郎氏の先駆的な研究以後(3)、高明士氏や史睿氏の重要な言及はあるものの(4)、その内容や編纂過程などについて未だ検討不十分な点が残されているように思われる(5)。本章では、『江都集礼』が如何なる書物であるかを明らかにした上で、これまでの通説の見直しを行いたいと思う。

なお、本章は平成三十年（二〇一八）五月十九日に開催された第六十三回国際東方学者会議において口頭報告した内容に基づいているが、その後、白石將人氏により本章と内容的に重なる論考が発表されたため(6)、関連する部分については一部修正・補足を加えている。

一　『江都集礼』は儀注に非ず

（1）　関連史料の再検討

①書籍目録（書目）上の位置づけ

『江都集礼』は現存しておらず、その逸文も寥々たるものであるため、その書籍の内容・性格を直接捉えることは極めて困難である。そこで、『江都集礼』が現存していた時代において、どのように捉えられていたかを確認することにしたい。『江都集礼』の内容・性格を窺う上で有用なのが、書籍目録（書目）である。書目はその内容・性格に基づいて、書籍を細かく分類し著録しているからである。

『江都集礼』はこれまで儀注とされてきたが、隋代の宮廷図書目録である『大業正御書目録』に基づいて編纂された『隋書』経籍志では、経部論語類に著録されていることに注目する必要があるだろう(7)。『隋書』経籍志の論語類の解説には、同類には「五経の総義」を附すとあることから、『江都集礼』は五経の総義（総論）という位置づけであったことが知られる。『隋朝儀礼』が史部儀注類に入れられていることを考えるならば、『江都集礼』は成立した隋代においてそもそも儀注と見なされていなかったということを意味する。この事実は、極めて重要である。

『江都集礼』は唐宋代の書目にも著録されているが、それらではどのように分類されていたか見てみよう。八世紀前半、唐開元期の朝廷秘庫の書目『古今書錄』に基づく『旧唐書』経籍志、及び九世紀末の日本の漢籍目録『日本国見在書目録』では、それぞれ経部礼類、礼家に収載されており、史部儀注類、儀注家に分類されていないことが注意

表13　宮廷書目における『江都集礼』

書目名	著録部類	撰者	巻数	備考
隋書経籍志	経部論語類		126巻	7世紀初めの「大業正御書目録」に基づく
旧唐書経籍志	経部礼類	潘徽等	120巻	8世紀前半の「古今書録」に基づく
日本国見在書目録	礼家		126巻	「日本国見在書目録」は9世紀末の成立
崇文総目	経部礼類	隋諸儒	104巻	「崇文総目」は1041年（慶暦元）成立
新唐書芸文志	史部儀注類	牛弘・潘徽	120巻	『新唐書』は1060年（嘉祐5）成立
宋史芸文志	史部儀注類	潘徽	104巻	両宋の書目等の記録を継ぎ合わせ編纂

される。[8] 北宋時代を代表する宮廷書目である『崇文総目』でも、経部礼類に著録されていた。[9]『江都集礼』を儀注と分類する書目は、『新唐書』芸文志と『宋史』芸文志である。[10] しかし、両書ともに隋代から遠く離れた時代の書目であり、不正確な内容を含んでいることから、信をおくことは難しい。[11]

書目から見る限り、『江都集礼』は経書、礼書と位置づけられるものであり、儀注と捉えることは難しいと思われる。

②内容に言及する史料

唐宋代において、『江都集礼』の内容に言及した史料について検討することにしたい。

まず、唐代（正確には周代）の言及としては、聖暦元年（六九八）の明堂で行う告朔の礼に関する王方慶の奏議中に見られる。[12]

〔通典〕巻七十、礼三十、沿革三十、嘉礼十五

大唐貞観十一年、復修四時読令。武太后聖暦元年臘月制、毎月一日於明堂行告朔之礼。（中略）鳳閣侍郎王方慶奏議曰、（中略）漢承秦滅学、庶事草創、所以無告朔之事。至平帝元始中、王莽輔政、庶幾復古。後漢董卓西移、載籍湮滅、告朔之礼、於此而墜。宋何承天礼論、雖加編次、於事則闕。梁崔霊恩三礼義宗、但捃摭前儒、因循故事。隋大業中、煬帝令学士撰江都集礼、只鈔撮礼論、更無異文。貞観顕慶及祠令不言告朔者、蓋為歴代不伝、所以其文遂闕。今若毎月聴

政、於事亦煩、孟月視朔、恐不可廃。」従之。（後略）
大唐の貞観十一年（六三七）、四時読令を復修す。武太后の聖暦元年（六九八）臘月に制すらく、「毎月一日、明堂に於て告朔の礼を行へ。」（中略）鳳閣侍郎王方慶奏議して曰く、「（中略）漢、秦の滅学を承けて、庶事草創し、所以に告朔の事無し。平帝の元始中（一〜五）に至りて、王莽輔政し、復古をこひねがふ。後漢の董卓西移して、載籍湮滅し、告朔の礼、此に於て墜つ。宋の何承天の『礼論』、編次を加ふると雖も、事に於ては則ち闕く。梁の崔霊恩の『三礼義宗』、但に前儒を捃摭し、故事を因循す。隋の大業中、煬帝、学士をして『江都集礼』を撰ばしむも、只に『礼論』を鈔撮し、更に異文無し。貞観・顕慶、祠令に及ぶも告朔を言はざるは、蓋し歴代不伝の為なり。所以に其の文遂に闕く。今若し毎月聴政せば、事に於て亦た煩ふも、孟月視朔は、恐くは廃すべからず。」之に従ふ。(補註1)（後略）

方慶の言によれば、『江都集礼』は何承天『礼論』の鈔撮であり、全く異なるところが無いという。同様な認識は南宋の王応麟『困学紀聞』にも見え、「『礼論』を撮りて為る」と記す(13)。ただし、応麟の記述は方慶の発言によった可能性があるだろう。

宋代の言及としては、『崇文総目』の『江都集礼』解題に「諸儒をして周・漢以来の礼制の因襲を集めしめ、下は江左先儒の論議に逮ぶ」とあることが注意される(14)。解題として書かれている以上、かなり信憑性の高い認識を示していると思われる。

『礼論』の鈔撮か否かは後に検討するとしても、唐宋代の認識としては礼制の沿革や議論について記した礼書というものであり、隋代の国家儀礼を定めた儀注という認識はなかったと思われる。

③逸文の検討

『江都集礼』の逸文としては、『隋書』巻七十六潘徽伝に引用する序文を除くと、『旧唐書』に三条、『旧五代史』・『宋史』・『日本三代実録』・『吏部王記』に各一条存在する。(15) 逸文の内容を大まかに分類すると、礼制の故事・先例を記すものと、礼制に関わる書物の記事を引用するものとがある。前者の例としては、『旧唐書』礼儀志に見える次の逸文がある。

〔旧唐書〕巻二十五礼儀志五

（元和十五年）其月、礼部奏、準貞観故事、遷廟之主、蔵於夾室西壁南北三間。第一間代祖室、第二間高宗室、第三間中宗室。伏以山陵日近、睿宗皇帝祧遷有期、夾室西壁三室外、無置室処。準江都集礼、古者遷廟之主、蔵於太室北壁之中。今請於夾室北壁、以西為上、置睿宗皇帝神主石室。制従之。

（元和十五年〈八二〇〉）其の月、礼部奏すらく、「貞観の故事に準ずるに、遷廟之主は、夾室西壁南北三間に蔵す。第一間は祖室に代わり、第二間は高宗の室、第三間は中宗の室なり。伏して以るに山陵の日近く、睿宗皇帝の祧、遷すに期有り、夾室西壁三室外、置室の処無し。『江都集礼』に準ずるに、『古へは遷廟之主を、太室北壁之中に蔵す。』(補註2) 今夾室北壁に於て、西を以て上と為し、睿宗皇帝神主の石室を置かむことを請ふ」と。制して之を従す。

「古へは」云々という遷廟の主を蔵置する古礼の典拠として引用されていることが分かる。後者の例としては、『旧唐書』荘憲皇后伝に引かれる逸文がある。

〔旧唐書〕巻五十二順宗荘憲皇后伝

元和十一年三月、崩於南内之咸寧殿、謚曰荘憲皇后。初、太常少卿韋繇進謚議、公卿署定、欲告天地宗廟。礼院奏議曰、謹按曽子問、賤不誄貴、幼不誄長、礼也。古者天子称天以誄之、皇后之諡、則読於廟。江都集礼引白虎通曰、皇后何所諡之、以為於廟。又曰、皇后無外事、無為于郊。（後略）

元和十一年（八一六）三月、南内の咸寧殿に崩じ、諡を荘憲皇后と曰ふ。初め、太常少卿韋纁諡議を進め、公卿署定し、天地宗廟に告さむと欲す。礼院奏議して曰く、「謹しむで『曽子問』を按ずるに、『賤は貴に誄さず、幼は長に誄さざるは、礼なり。』古へは天子、天を称して以て誄し、皇后の諡は、則ち廟に於て読む。『江都集礼』の引く『白虎通』に曰く、『皇后は何所にか諡するや。以為へらく廟に於てす。』又曰く『皇后外事無ければ、郊に為す無し。』（後略）

憲宗の母荘憲皇后の崩御に際し、その諡号の扱いについて論議が生じ、古礼を調べるにあたって『江都集礼』が利用され、同書に引用されていた『白虎通』の記事が参照されたというものである。

逸文は微々たるものであるが、それらから『江都集礼』の内容を推察するに、『白虎通』などの先行文献を引用しつつ、礼制に関わる故事・先例について記すという内容を含んでいたと見られる。（補註3）そうした内容は、現存する儀注である『開元礼』には全く見られないものである。

④その他考慮すべき点

『江都集礼』が通説のように国家儀礼を定めた儀注であるならば、施行記事が無いのは不審である。『隋朝儀礼』にしろ、唐代の儀注にしろ、皆施行記事が存在している。また、後述するように、『江都集礼』が煬帝の即位前に編纂されたことを考えるならば、いくら皇帝の子であっても皇帝ではない人物が国家儀礼を編纂・制定することは皇帝権力を侵害することとなり、そのような行為が認められたとは考えがたい。そのような周辺状況から考えても、『江都集礼』を儀注と考えることは難しいように思われる。

以上①〜④で検討した結果から、『江都集礼』は儀注ではない、と考える。それでは、『江都集礼』は如何なる書物であったのか、次項でもう少し具体的な内容を明らかにすることにしたい。

（2）『江都集礼』の巻数・内容

①巻数

『江都集礼』の巻数は書目によって異なっているが、その違いの意味を明らかにしておきたい。まず、隋代の原撰本は百二十六巻であったことは、『大業正御書目録』に基づいた『隋書』経籍志によって知られる。(16)『隋書』潘徽伝に引く『江都集礼』の序文に百二十巻とあることから、こちらの巻数を原撰本の巻数と理解する向きもあるが、(17)『隋書』列伝中の書籍巻数は概ね唐代の巻数に改められていることから、潘徽伝に記す巻数も唐代の巻数に変更されたものと考えられる。実際、『旧唐書』経籍志・『新唐書』芸文志に著録される巻数は百二十巻である。

隋末・唐初の戦乱や武徳五年（六二二）に発生した宮廷図書移送中の水没事故などで、隋代の宮廷図書の大半は喪失した。(18)恐らく、『江都集礼』の原撰本も宮廷図書の一部として運命を同じくしたものと推量される。その後、貞観年間の宮廷図書の復旧事業において、(19)『江都集礼』もその残本や異本などが収集され、再編集・校訂を加えることにより、唐代の百二十巻本が作成されたものと考えられる。

唐末・五代の混乱期を経た北宋においては、『江都集礼』の完本は存在せず、『崇文総目』には百二十巻本の残欠、百四巻として著録される。『宋史』芸文志の記載は『崇文総目』と同様で、北宋の書目によったものと考えられ、南宋にも百四巻本が存在した証拠とはならない。南宋期の情報として、王応麟『玉海』巻三十九芸文・三礼の「隋江都集礼」の注記に「続書目、五十巻」とある。「続書目」は南宋の『中興館続書目』と見られ、南宋期には五十巻本として残存していた可能性がある。[20] しかし、『宋史』芸文志の礼類には、『江都集礼図』五十巻が著録されていることから、南宋では『江都集礼』と『江都集礼図』が混同されていた可能性もあり、南宋まで『江都集礼』が残存したかは慎重に考えるべきであろう。[21] なお、『江都集礼図』は、『江都集礼』の内容を図解した書ではないかと推察されるが、撰者及び成立経緯・内容全て不明である。

②内容

『江都集礼』の具体的な内容を窺う上で、最も役立つものは『隋書』潘徽伝に引用された潘徽作の『江都集礼』の序文であろう。序では、まず礼の効用やその歴史などを簡要に説明し、その後、晋王楊広（煬帝）を褒め讃え、続いて晋王が『江都集礼』編纂を思い立った理由、そしてその編纂の方針・方法が述べられ、さらに『江都集礼』の優秀さを説き、潘徽が晋王の仁徳の下で編纂にあたり、その恩奨により序文を書くに至ったことを記し結んでいる。ここでは編纂の理由・方針・方法の部分のみ、次に示そう。

〔隋書〕巻七十六潘徽伝所引『江都集礼』序

（前略）以為質文遞改、損益不同。明堂、曲台之記、南宮東観之説、鄭、王、徐、賀之答、崔、譙、何、庾之論、簡牒雖盈、菁華蓋鮮。乃以宣条暇日、聴訟余晨、娯情窺宝之郷、凝相観濤之岸、総括油素、躬披細縹、芟蕪刈楚、振領提綱、去其繁雑、撮其指要、勒成一家、名曰江都集礼。凡十二帙、一百二十巻。（後略）

（前略）以為へらく質と文は遞ひに改まり、損益は同じからず。明堂・曲台の記、南宮・東観の説、鄭・王・徐・賀の答、崔・譙・何・庾の論は、簡牒盈つと雖も、菁華蓋し鮮なし。乃ち宣条の暇日、聴訟の余晨を以て、情を窺宝の郷に娯しみ、相を観濤の岸に凝す。油素を総括し、躬ら細縹を披き、蕪を芟り楚を刈り、領を振るひ綱を提げ、其の繁雑を去り、其の指要を撮りて、勒して一家と成し、名づけて『江都集礼』と曰ふ。凡そ十

二帙、一百二十巻なり。(補註4)（後略）

序の引用箇所を簡約するならば、『江都集礼』は「明堂・曲台之記、南宮・東観之説、鄭・王・徐・賀之答、崔・譙・何・庾之論」に関する多くの書物（「簡牒」）の「繁雑」を除き、「指要」を取って、「勒成」した書ということになる。「明堂」は周の、「曲台」は秦の、「南宮」は前漢の、「東観」は後漢のそれぞれ宮殿名を以て、各時代を表していると思われる。「鄭・王・徐・賀之答、崔・譙・何・庾之論」の、鄭は鄭玄、王は王粛、徐は徐邈（もしくは徐広）、賀は賀瑒（もしくは賀循）、崔は崔霊恩、譙は譙周、何は何承天、庾は庾蔚之という後漢以後の礼学の大家（先儒）を指しているのであろう。挙げられた先儒のうち、鄭玄は後漢、王粛は曹魏、譙周は蜀・西晋、賀循は西晋であるが、その他は皆南朝の学者である。(22)そのように理解するならば、『崇文総目』の解題に「集周・漢以来礼制因襲、下逮江左先儒論議」とあることと見事に符合することとなり、『江都集礼』は周・漢以来の礼制の沿革と江左（南朝）の儒者の礼制議論に至るまでを収載した書ということになるだろう。

王方慶や王応麟は、『江都集礼』は何承天『礼論』の鈔撮に過ぎないと述べているが、劉宋の何承天（三七〇〜四四七）より後の蕭梁・崔霊恩（生没年未詳）などの説も取り入れていたことを考えるならば、両王の説は当たらないと言えよう。史睿氏が「江南礼学的大結集」と指摘するように、(23)『江都集礼』には宋・何承天『礼論』のみならず、梁代に至るまでの南朝の礼学が集大成されていたと考えられる。

二　『江都集礼』の編纂と意義

（1）編纂過程と編纂者

①編纂過程

『江都集礼』の成立時期については、これまでに三説存在している。瀧川氏は、仁寿年間か大業の初年の成立と見ている。[24] 高明士氏は、開皇二十年（六〇〇）とする。[25] また、西本昌弘氏及び筆者の旧説は、大業年中としている。[26]

三説の是非を考える上で、まず重視すべき史料は『江都集礼』の序であろう。序中で、編纂を命じた楊広（煬帝）の肩書きが「上柱国・太尉・揚州総管・晋王」とあることから、楊広が立太子する開皇二十年十一月以前の成立と見られる。成立の上限を考えるにあたっては、撰者潘徽が楊広に仕え始めた時期を押さえる必要がある。『隋書』潘徽伝によれば、徽は元秦王俊の学士であったが、俊が薨じた後に、晋王広の下で揚州博士となり、諸儒と『江都集礼』を撰することになったという。従って、徽が『江都集礼』の編纂に関わったのは、秦王俊の薨じた開皇二十年六月以降ということになろう。上限・下限ともに開皇二十年ということになり、高氏の開皇二十年成立説が正しいと考える。筆者の旧説（大業年中成立説）は、ここに撤回したいと思う。[27]

潘徽の編纂従事開始時期と晋王広の揚州総管在任期間により、開皇二十年六月から同年十一月の間に成立したと考えられるが、『江都集礼』の編纂開始が徽の編纂従事開始と同じであったかについては別途考える必要があるかもしれない。もし、編纂開始と徽の従事開始が同時であったとするならば、長くても編纂期間は六月から十一月という半年に満たない期間となり、果たして百二十六巻という大部の書籍を編纂できたかという疑問が生じることと思われる。徽は途中から参加し、編纂は徽の参加した六月以前から始まっていた可能性もあるだろう。

しかし、次に示す『資治通鑑』の記事によれば、楊広（煬帝）は揚州総管時代から約二十年間に三十一部一万七千巻余の書物を編纂させたという。

〔資治通鑑〕煬帝大業十一年（六一五）正月条

春、正月、増秘書省官百二十員、並以学士補之。帝好読書著述、自為揚州総管、置王府学士至百人、常令修撰、以至為帝、前後近二十載。修撰未嘗暫停、自経術、文章、兵、農、地理、医、卜、釈、道乃至蒱博、鷹狗、皆為新書、無不精洽、共成三十一部、万七千余巻。（後略）

春、正月、秘書省の官を百二十員増し、並びに学士を以て補す。帝、読書・著述を好み、揚州総管と為りてより、王府に学士を置くこと百人に至り、常に修撰せしめ、以て帝と為るに至るまで、前後二十載に近し。修撰未だ嘗て暫くも停まらず、経述・文章・兵・農・地理・医・卜・釈・道ないし蒱博・鷹狗、皆新書を為り、精洽ならざるは無く、共に三十一部、万七千余巻と成る。（後略）

平均すると一年間に八百五十巻以上の編纂ということになり、計算上は半年未満という短期間でも百二十六巻の『江都集礼』の編纂も可能であったことになるだろう。現状では徽の従事開始以前に編纂が始まっていたとする徴証は確認できず、また『江都集礼』は徽を中心に編纂されたことを考えるならば、編纂開始と徽の従事開始を同時としてよいであろう。すなわち、『江都集礼』は開皇二十年六月以降に編纂が開始され、同年十一月までに完成したと考えられる。

なお、白石氏は開皇二十年に一応完成した後に、牛弘が編纂に参与して続修が行われ、大業年間に完成した可能性を指摘されている。(28) 白石氏の論拠は『江都集礼』の原撰本は百二十巻であり、百二十六巻本というのは続修本であるとする理解にある。しかし、先述したように百二十巻本は唐代の巻数であり、原撰本の巻数ではない。また、牛弘を撰者とするのは『新唐書』芸文志だけであり、信拠できない。王方慶が大業年中の成立を述べているのも誤解と思わ

表14　関係年表

年	月	出　来　事
開皇1（581）		楊広，晋王に立てられる（13歳）．
開皇3（583）		文帝，『隋朝儀礼』編纂を命ずる．
開皇5（585）	1	『隋朝儀礼』を施行する．
開皇9（589）	1	隋，陳を滅ぼす．
		秦王俊に揚州総管四十四州諸軍事を授く．
開皇10（590）	11	江南（会稽）で高智慧等乱を作す．
		晋王広揚州総管となり，江都に鎮す（22歳）．
開皇20（600）	6	秦王俊薨去．潘徽，晋王広の下で『江都集礼』の編纂に従事．
	?	『江都集礼』完成し，潘徽に序文を書かせる．
	11	晋王広立太子（32歳）．（前月に皇太子勇廃太子）
仁寿2（602）	閏	文帝，五礼（仁寿礼）の修定を楊素・蘇威・牛弘らに命ずる．
仁寿4（604）	7	文帝崩御．煬帝即位．

れることは、註（27）で触れた。従って、続修は無かったと考えるものである。ただし、先に述べたように、唐代に残本・異本などによる再編集はあったであろう。

②編纂者

『江都集礼』の編纂に加わったのは、『隋書』潘徽伝によれば潘徽と諸儒とされる。時に潘徽は揚州博士であったが、諸儒は晋王府の学士であったと思われる。先に掲載した『資治通鑑』大業十一年正月条には、楊広（煬帝）は晋王府に学士百人を置き、「常に修撰せしむ」「修撰未だ嘗て暫くも停まらず」と記されており、恒常的な編纂体制が存在していたことが知られる。こうした編纂体制が短期間での『江都集礼』の編纂を可能にしたものと考えられる。

編纂の中心にあった潘徽は、『隋書』の伝によれば呉郡の出身であり、陳に仕えていたことから、明らかに南朝出身の学者であった。諸儒（学士）も広陵（江都・揚州）で集められたことから、南朝系の学者が中心であったと考えられる(29)。南朝系の学者によって『江都集礼』は編纂されたのであり、その内容が南朝礼学の集大成となったことも当然のことと言えよう。

（2）　編纂の目的・意義

①文帝の礼制整備との関係

『江都集礼』が編纂されたのは何故か、その理由・目的について考えてみたい。

隋朝初代皇帝文帝の下で『隋朝儀礼』という儀注が編纂されたが、南北朝の統一以前ということもあり、北朝系の礼制の影響が濃厚であった。『隋書』礼儀志によれば、『後斉儀注』二百九十巻に準拠したもので、一部王倹の礼を採用したとされる（30）。

開皇九年（五八九）、陳朝を滅ぼし、南北朝の統一を果たした文帝は、その治世の末期である仁寿年間に新たな儀注の編纂を命じた（31）。これを仮に『仁寿礼』と呼ぶが、文帝が崩じたため、未完成に終わったようである。文帝は既に『隋朝儀礼』を編纂していたにもかかわらず、新たな儀注の編纂を思い立ったのは、『隋朝儀礼』の不備・問題点を是正する必要があったためと思われる。『仁寿礼』の編纂には、南朝出身の許善心・虞世基が参加していることから、南朝系の礼制の要素を取り込もうとしていたのではないかと推測される。

南北朝統一後、南北礼制の融合・統合を必要とする背景があり、北朝系の礼制に基づく儀注『隋朝儀礼』に代わる新たな儀注が求められたものと考えられるだろう。父文帝が抱えていた課題を、南朝文化の中心的な地であった江都（揚州・広陵）にあった楊広はより強く認識していたのではないだろうか。

②大業年間の礼制改革

煬帝は即位すると、次々に礼制改革に着手した。まず、大業元年（六〇五）に輿服制度の改革を行い、同年には七廟制に改めるという宗廟制度の改革が計画された。また、大業四年（六〇八）には孔子を先聖、顔回を先師とする釈奠制度の改革が行われた。いずれも南朝礼制への復帰、南学の北進、南北礼制の融合と考えられるものであった(32)。

このような大業年間の南朝礼制の取り込みには、南朝礼学の研究が前提にあったと考えられる。すなわち、『江都集礼』編纂による南朝礼学の集大成の成果が、大業年間の礼制改革に役立てられたものと想定できるのではないだろうか。煬帝は南北朝統一により、南北朝の礼制の融合・統一の必要性を痛感し、従来の北朝系の礼制に南朝系の礼制を取り込むべく、南朝の礼制の源流から現在に至る全体像を把握すべく、『江都集礼』の編纂を思い立ったのではないかと考える(33)。

③大業律令との関係

次に、煬帝が編纂・施行を命じた大業律令と『江都集礼』との関係について述べたい。まず、確認すべきこととして、『江都集礼』は儀注ではないことから、大業律令は儀注を伴わない律令であったということである。大業律令は開皇律令を大幅に改変したものとされるので、本来ならば儀注も改訂し、大業律令と一緒に新儀注も編纂・施行すべきであったと考えられる。何故、儀注を編纂しなかったのか、または編纂できなかったのか、その理由を考えることには意味があると思われる。

大業律令の詳細は明らかではないが、北朝的な律令と南朝的な律令の融合を図った過渡的性格が見られる。とりわけ礼と密接な関係をもつ律において、そのような性格が確認される。例えば、開皇律は十二篇で唐律と同じ構成であったと思われるが、大業律は十八篇であり、篇目が増えたのは南朝の律の篇目をも取り込んだためである。また、北朝律から生まれてきた十悪条を改変し、南朝律に近づけたことが知られる(34)。大業律令編纂においては、南朝の礼制要素を取り込むことも配慮されたと考えられ、その際には『江都集礼』が参看されたのではないだろうか。

北朝系の律令であった開皇律令に南朝系の要素を大幅に取り込むことは、急激な南朝体制への引き戻しとも言え、制度的な矛盾や北朝系官人の反発も大きかったのではないかと推察される。そういう意味で、大業律令はあくまでも過渡的な矛盾を孕んだ律令であり、南北の支配体制の統合に成功したとは言いがたい。唐朝がその成立時に開皇律令への復帰を宣言しなければならなかった背景には、そうした事情もあったと考えられる(35)。律令で南北融合的な国家体制を確立できなかったことと同様に、隋代においては南北融合の国家儀礼（儀注）の制定には至らなかった。南北朝の礼制を統合した国家儀礼の完成は、唐代へ持ち越されることとなったのである。

④唐代の礼制論議・改正

唐初の礼制は隋開皇の礼制に準拠し、北朝系の性格が強いとされるが、その後南朝系の要素が取り込まれ、礼制の南北融合が進められたとされる(36)。そうした礼制改正にあって、『江都集礼』は南朝の礼書である何承天『礼論』や崔霊恩『三礼義宗』と共に参看引用されたことが知られる(37)。引用状況などから、『江都集礼』は南朝系の礼制の沿革・議論の経過などを調べるのに役立てられたようである。唐代の南北礼制の融合において、『江都集礼』が担った役割は小さくなかったと思われる。煬帝の果たせなかった南北礼制統合という事業は、『江都集礼』によって隋から唐へと橋渡しされたと言えるのではないだろうか。

煬帝の事績が否定的に扱われた唐代において、『貞観礼』・『顕慶礼』・『開元礼』と一緒に参看されていたことは、『江都集礼』の礼書としての価値が高く評価されていたことを示すものであろう。五代・北宋に至っても、宮廷の礼制論議において『江都集礼』は参照されており、その価値は長く認められていた。

三　『江都集礼』の日本への伝来と影響

（1）伝来時期

『江都集礼』が日本にもたらされたのは何時か、これについて瀧川氏は推古十六年（六〇八）の遣隋使小野妹子の帰朝の際とされる[38]。日本に伝来した『江都集礼』の巻数がいずれも『隋書』経籍志の巻数と同じ百二十六巻であることから、隋代に入手したことは明らかである[39]。但し、日本への将来は、遣隋留学生の帰朝した唐初（日本では舒明朝）まで時期が下る可能性もある。

（2）日本での行用

①推古朝から奈良時代

七世紀前半にはもたらされていた『江都集礼』であるが、同書は儀注でないことから、通説のように推古朝の儀礼整備に利用されたとは考えられない。推古朝の儀礼整備は、百済経由で入手した南朝（梁）の儀礼に関する知見によるものと考えられる[40]。

大化改新以後、『顕慶礼』伝来以前は、大隅清陽氏が説かれるように、主に律令中の礼制規定により儀礼整備が行われたと考えるべきであろう[41]。なお、推古朝以来の南朝の儀礼の影響は平安時代まで残っていたと思われる[42]。この間、史料上から『江都集礼』の利用を窺わせるものは無く、飛鳥・奈良時代においては『江都集礼』が行用されることはなかったように思われる。

②平安時代

『江都集礼』の行用が明確に確認できるようになるのは、平安時代以降である。平安時代中期の儀式書『西宮記』

において、『沿革礼』とともに、殿上人・奉公之輩の設備すべき文書とされた。

〔西宮記〕巻十、殿上人事、凡奉公之輩、可設備文書

　一、礼儀事、

『江都集礼』百廿六巻、『沿革礼』十巻已上唐書、『内裏式』（三巻）、『儀式』十巻、『年中行事』、『式暦』、『外記庁例』、『弁官記』、『叙位例』、『除目例』、外記・内記等文書目録。

どのように利用されたかということでは、具体例として『吏部王記』の記事を示す。

〔吏部王記〕延長三年（九二五）六月二十二日条

廿二日、未、葬神楽岡下、未発。常陸太守代明親王読哀冊宣命云々。太子幼少、人疑所服。伝聞、右中弁淳茂以為、君父無殤、彼宮司及祇候人皆可服。唯兼公官者公事即吉。依江都集礼文也。大学助教秦惟興以為、服公事者無服。兼公官者不可服云々。（後略）

　二十二日、未、神楽岡の下に葬り、未だ発せず。常陸太守代明親王、哀冊の宣命を読むと云々。太子幼少なれば、人服するところを疑ふ。伝へ聞くに、右中弁淳茂以為へらく、君父殤に無ざれば、彼の宮司及祇候の人は皆服すべし。唯だ公官を兼ぬる者は公事吉に即け。『江都集礼』の文に依るなり。大学助教秦惟興以為へらく、公事に服する者は無服なり。公官を兼ぬる者は服すべからずと云々。(補註5)（後略）

『吏部王記』の記事は、皇太子慶頼王の死去に際し、服喪すべき人々の範囲が問題となり、『江都集礼』が参照・依拠されたことを示す。この他、『日本三代実録』にも引用が見られるが、これも喪礼などで疑義が生じた際に参照されたことが知られる。(43)

中国の礼制模倣の段階から、礼制の理解・咀嚼が進むことにより、中国同様に礼制論議が行われるようになった平

安時代以降、『江都集礼』が本格的に参看・利用されるようになったのではないかと思われる。なお、『江都集礼』の伝存は院政期までは確認できるが、その後いつ頃散逸したかは不明である。(44)(補註6)

おわりに

『江都集礼』は儀注ではなく、周・漢以来の礼制の沿革・故事、南朝系の礼論の精華をまとめた礼書であった。これまで『江都集礼』を儀注と見なし、それに基づいて論じられてきた学説・議論は基本的に見直す必要があるだろう。隋の煬帝が『江都集礼』を編纂させたのは、南北朝の礼法の統合を進める上で参照・活用するためであったと考えられる。『江都集礼』は、その後、唐代の礼制整備においても参考・利用され、五代・北宋代においても参看されており、長期間にわたって重要視された礼書であった。日本でも平安時代に至って、その有用性が認識・理解され、殿上人の必備の書として重視・活用された。礼制を論じるにあたって役立つ情報が盛り込まれ、また見やすく適当な分量にまとめられた使い勝手の良い礼書であったため重宝されたものと考えられる。(補註7)

『江都集礼』は極めて優れた礼書であったからこそ、時代を超え、国を越え利用され続けたものと考えられる。『江都集礼』は、煬帝の文化事業の歴史的意義を示す一例と言えるのではないだろうか。また、北朝から生まれた隋唐朝が南朝的な礼制を学びとる典拠となり、南北礼制の統合に重要な役割を果たした礼書でもあったと考える。

註

(1) 瀧川政次郎「江都集礼と日本の儀式」(岩井博士古稀記念事業会編『典籍論集』岩井博士古稀記念事業会、一九六三年)、田島公

「外交と儀礼」（岸俊男編『日本の古代七　まつりごとの展開』中央公論社、一九八六年）等を参照。
（2）小林聡「泰始礼制から天監礼制へ」（『唐代史研究』八、二〇〇五年）を参照。
（3）前掲註（1）瀧川論文を参照。
（4）高明士「隋代的制礼作楽—隋代立国政策研究之二—」黄約瑟・劉健明編『隋唐史論集』香港大学亜洲研究中心、一九九三年）、史睿「北周後期至唐初礼制的変遷与学術文化的統一」（『唐研究』三、一九九七年）。
（5）隋唐の礼制に関する主要な先行研究としては、陳寅恪「隋唐制度淵源略論稿」（『陳寅恪先生全集』上、里仁書局、一九七八年、初出一九四四年）、陳戍國『中国礼制史　隋唐五代巻』（湖南教育出版社、一九九八年）、任爽『唐代礼制研究』（東北師範大学出版社、一九九九年）、金子修一『古代中国と皇帝祭祀』（汲古書院、二〇〇一年）、同上『中国古代皇帝祭祀の研究』（岩波書店、二〇〇六年）、雷聞『郊廟之外　隋唐国家祭祀与宗教』（生活・読書・新知 三聯書店、二〇〇九年）、張文昌『制礼以教天下—唐宋礼書与国家社会—』（台大出版中心、二〇一二年）等がある。
（6）白石將人「『江都集礼』と隋代の制礼」（『東方学』一三七、二〇一九年）。
（7）『隋書』経籍志が『大業正御書目録』に基づいて編纂されたことについては、拙論「中日書目比較考」（『東洋史研究』七六—一、二〇一七年）を参照。
（8）唐代の儀注である『開元礼』や『永徽（顕慶）礼』も礼類・礼家に分類されることもあったので、『旧唐書』経籍志や『日本国見在書目録』において礼類・礼家に分類されていたことを以て唐代や古代日本では『江都集礼』を儀注と認めていなかったと断言することはできないであろう。
（9）『崇文総目』については、池田温「『崇文総目』管見」（『東方学会創立五十周年記念東方学論集』東方学会、一九九七年）を参照。
（10）南宋の鄭樵『通志』芸文略においても史部儀注類に分類しているが、これは『新唐書』芸文志に依拠したものであろう。
（11）『新唐書』芸文志では『江都集礼』の撰者に潘徽に加え牛弘を記すが、恐らく『隋朝儀礼』もしくは『仁寿礼』との混同による誤りであろう。『隋書』巻四十九牛弘伝をはじめとして、牛弘の事績を記す史料には牛弘が『江都集礼』編纂に関わったことを記すものは無い。ちなみに、佚名撰『新唐書芸文志注』（王承略・劉心明主編『二十五史芸文経籍志考補萃編』十八、清華大学出版社、二〇一二年）も撰者の「牛弘」は衍字とする。『新唐書』・『宋史』芸文志の不精密については、内藤湖南「支那目録学」（『内藤湖南全集』十二、筑摩書房、一九七〇年）、倉石武四郎『目録学』（汲古書院、一九七九年）等を参照。

なお、口頭発表した際に、『新唐書』芸文志ではそれ以前に礼類に含まれていた書も多く儀注類に移されていることから、分類の仕方が変わったのではないかというご指摘を頂いた。ご指摘の点も勘案すべきと考える。

(12) 王方慶の奏議については、本文に引用した『通典』のみならず、『旧唐書』巻二十二礼儀志、『唐会要』巻十二饗明堂議にも収載されている。なお、本史料に見える明堂における告朔については、金子修一「則天武后の明堂について」（唐代史研究会編『律令制—中国朝鮮の法と国家—』汲古書院、一九八六年）を参照。

(13) 〔困学紀聞〕巻五、儀礼

『宋・何承天伝』云、「先是、『礼論』有八百巻、承天刪減并合為三百巻。」又王倹別鈔条目為十三巻。梁・孔子袪続一百五十巻、隋『江都集礼』、亦撮『礼論』為之。朱文公謂、「六朝人多精於礼、当時専門名家有此学。朝廷有礼事、用此等人議之。唐時猶有此意。」潘徽『江都集礼』序曰、「明堂・曲台之記、南宮東観之説、鄭・王・徐・賀之答、崔・譙・何・庾之論、簡牒雖盈、菁華蓋鮮。」杜之松借王無功『家礼問』・『喪礼新義』、無功条答之。又借王倹『礼論』、則謂往於処士程融処、曽見此本。観其制作、動多自我周・孔規模、十不存一。今諸儒所著、皆不伝、蓋礼学之廃久矣。

(14) 〔文献通考〕経籍考巻十四、経儀注

『江都集礼』一百四巻

『崇文総目』、隋諸儒撰。初、煬帝以晋王為揚州総管、鎮江都。令諸儒集周・漢以来礼制因襲、下逮江左先儒論議、命潘徽為之序。凡一百二十巻、今亡闕、僅存一百四巻。

(15) 『旧唐書』巻二十五礼儀志五の元和十五年（八二〇）の記事、『旧唐書』巻五十二順宗荘憲皇后伝の元和十一年（八一六）三月の記事、『旧唐書』巻二十六礼儀志六の長慶元年二月の記事、『旧五代史』巻一百四十三礼志下の顕徳四年（九五七）四月の記事、『宋史』巻一百九礼志十二吉礼十二后廟の至道三年（九九七）の記事、『日本三代実録』貞観十三年（八七一）十月五日条の記事、『吏部王記』延長三年（九二五）六月二十二日条の記事である。

(16) 前掲註(7)拙論を参照。

(17) 前掲註(1)瀧川論文、註(6)白石論文等を参照。

(18) 前掲註(7)拙論を参照。

(19) 『旧唐書』経籍志には、「（前略）大業の季に及びて、喪失するもの多し。貞観中、令狐徳棻、魏徴相次ぎて秘書監と為り、経籍

の亡逸を上言して、購募を行ふことを請ひ、幷せて学士を引きて校定せむことを奏して、群書大いに備はる。」とある。
(20) 前掲註(6)白石論文を参照。
(21) 前掲註(6)白石論文では、『朱子語類』中の記事や葉純芳・橋本秀美編輯『楊復儀礼経伝通解続巻祭礼』(中央研究院中国文哲研究所、二〇一一年)の成果などを根拠として、『江都集礼』が南宋にも残存していたことを論じている。重要な指摘と考えるが、今まだ考慮すべき点もあると考える。
(22) 白石氏は、「潘徽は礼学の歴史として、南北分裂以後は、南朝の人物だけを挙げていることが分かる」(前掲註(6)論文、三二頁)と指摘している。なお、『江都集礼』序中の学者の比定において、白石氏は「徐」を徐邈に、「賀」を賀循に限定しているが、それぞれ徐広、賀瑒の可能性もあるのではないかと考える。
(23) 前掲註(4)史論文、一七一頁。
(24) 前掲註(1)瀧川論文を参照。
(25) 前掲註(4)高論文を参照。
(26) 西本昌弘「日本古代礼制研究の現状と課題」(『日本古代儀礼成立史の研究』塙書房、一九九七年)、拙論「比較儀礼論」(石井正敏ほか編『日本の対外関係2　律令国家と東アジア』吉川弘文館、二〇一一年)を参照。
(27) 大業年中成立説の論拠は、聖暦元年の王方慶の奏議中に「隋大業中、煬帝令学士撰江都集礼」とあることによるが、「只鈔撮礼論、更無異文」など方慶の『江都集礼』に関する認識は不正確であり、信頼性は低いと言わざるを得ない。恐らく、煬帝(楊広)が編纂を命じたということから、煬帝の治世である大業年間の成立と誤解したものと考える。
(28) 前掲註(6)白石論文、二八頁。
(29) 〔旧唐書〕巻二十一礼儀志一
自晋至梁、継令条纉。鴻生鉅儒、鋭思綿蕝、江左学者、髣髴可観。隋氏平陳、寰区一統、文帝命太常卿牛弘集南北儀注、定五礼一百三十篇。煬帝在広陵、亦聚学徒、修『江都集礼』。由是周・漢之制、僅有遺風。
(30) 〔隋書〕巻八、礼儀志三
開皇初、高祖思定典礼。(中略)(牛)弘因奏徴学者、撰『儀礼』百巻。悉用東斉儀注以為準、亦微採王倹礼。修畢、上之、詔遂班天下、咸使遵用焉。

(31)『仁寿礼』の編纂については、『隋書』巻二高祖本紀、仁寿二年（六〇二）閏十月己丑条を参照。
(32)前掲註(4)史論文、一七一～一七四頁。
(33)煬帝の南北統一政策と江南文化（南朝文化）の取り込みについては、妹尾達彦「江南文化の系譜―建康と洛陽（1）（2）―」（『六朝学術学会報』一四・一五、二〇一三・二〇一四年）を参照。
(34)『隋書』巻二十五刑法志、『唐六典』巻六尚書刑部などを参照。
(35)中村裕一『唐令の基礎的研究』（汲古書院、二〇一二年）は、唐朝は開皇律令への復帰を宣言しながらも、実際には唐令が大業令の規定を継承していた部分が少なくなかったことを指摘している。
(36)前掲註史（4）論文、一七四～一七八頁。
(37)『唐会要』巻十下九宮壇、巻十二饗明堂議、巻十五廟議上などを参照。
(38)前掲註(1)瀧川論文、三四五～三四六頁。
(39)前掲註(7)拙論を参照。なお、日本へ伝来した『江都集礼』の巻数は、『日本国見在書目録』と『西宮記』（該当部分は本文掲載）によって知られる。
(40)本書第二部第一章「推古朝の迎賓儀礼の再検討」を参照。
(41)大隅清陽『律令官制と礼秩序の研究』（吉川弘文館、二〇一一年）第三部「律令制と礼の受容」を参照。日本古代における礼制継受については、古瀬奈津子『日本古代王権と儀式』（吉川弘文館、一九九八年）、前掲註(26)西本論文も参照。
(42)本書第二部第一章「推古朝の迎賓儀礼の再検討」を参照。
(43)『日本三代実録』貞観十三年（八七一）十月五日条

天皇服錫紵、近臣皆素服。葬太皇大后於山城国宇治郡後山階山陵。是時、天皇為祖母太皇大后喪服有疑未決。於是、令諸儒議之。（中略）民部少輔兼東宮学士従五位下橘朝臣広相議曰、「天皇為太皇大后、可服錫紵五月。所以服錫紵者、拠喪葬令文也。所以喪期五月者、拠『儀礼喪服経』。曰、『不杖麻屨者、祖父母。』鄭玄注云、『此斉衰文也。』又戴徳『喪服変除』曰、『為祖父母、十三月而祥。々而除。』又劉表『喪服後定』、亦同此文。又隋『江都集礼』、『斉衰不杖朞、祖父母之喪。』又唐『開元礼』、『為祖父母、斉衰不杖周。』又田瓊『喪服条例』曰、『天子不降其祖父母。言天子絶朞喪。唯不降其祖父母等。』然則、唐天子為祖母太皇大后斉衰朞。国家殊制喪服、降斬衰三年為一年服。降斉衰一年為五月服。下至大功・小功・緦麻、皆従降殺。故喪期當五月。」（後

略）

(44) 院政期の書籍目録と思われる『通憲入道蔵書目録』に、礼家の書物として著録されている。なお、従来は藤原通憲（信西）の蔵書目録とされてきたが、田島公「典籍の伝来と文庫」（石上英一編『日本の時代史30　歴史と素材』吉川弘文館、二〇〇四年）は、院政期の天皇家ゆかりの文庫の蔵書リストであると主張している。

（補註1）東野治之先生の私信でのご教示により、一部書き下し文を修正した。

（補註2）（補註1）に同じ。

（補註3）北宋・范鎮『東斎記事』巻二には、北宋・景祐中（一〇三四～一〇三八）の礼制に関する議論において、『江都集礼』が利用されたことが記載されている。

（補註4）（補註1）に同じ。

（補註5）（補註1）に同じ。

（補註6）藤原頼長の「要書目録」にも、『江都集礼』が挙げられている。拙論「藤原頼長「要書目録」の基礎的研究」（『鴨台史学』一九、二〇二三年）を参照。

（補註7）『江都集礼』の巻数百二十六巻ないし百二十巻は、それ自体としては決して少ない巻数とは言えないが、それ以前の何承天『礼論』三百巻に比べるならば、かなり巻数が削減されたといえるだろう。

第三章　日本古代における仏典の将来について

はじめに

古代における国際秩序と仏教との関わりを考えるにあたって、まず想起されるのは、西嶋定生氏の「東アジア世界」論である。[1]西嶋氏によれば、前近代の東アジア地域には、中国を中心とする国際秩序が存在し、共通した文化現象が見られるという。すなわち、(一)漢字文化、(二)儒教、(三)律令制、(四)仏教(漢訳仏教)である。これら中国由来の文化は、中国王朝との外交関係を媒介に広まったものであり、中国を中心とする国際秩序との密接な関係が想定されている。

筆者は先に漢籍の古代日本への舶載状況を通じて、上記の問題について検討を加えたことがあるが、漢籍には仏典が含まれないことから、仏教と国際秩序との関連については全く取り上げることができなかった。[2]そこで本章では、古代東アジア地域の国際秩序形成において、仏教が果たした役割について、漢訳仏典の古代日本への将来を切り口にして考えてみたいと思う。[3]なお、筆者の力量不足もあるが、唐朝中心の国際秩序が機能していたことが明確な八世紀を中心に時期を絞って検討することにしたい。[4]

仏典の将来を具体的に検討する前に、唐代の国際秩序と仏教との関わりについて概観しておきたい。

唐代の国際秩序は、冊封関係、朝貢関係、羈縻州県、和蕃公主など様々な関係が複合して形成されたと考えられるが、最も基本的なものは朝貢関係である。(5)それ故、朝貢関係の推移から国際秩序の動態・変化を読み取ることも可能ではないかと考える。

一　唐代の国際秩序と仏教

ここで第一部第一章に掲載した表2（本書二四頁）をご覧頂きたい。この表は、『冊府元亀』外臣部・朝貢門に記載された唐代の朝貢記事から皇帝の代ごとにその件数を整理したものである。もとより、唐代の朝貢全てを網羅したわけではなく、恐らく漏れ落ちもあるかと思われるが、全体的な傾向を把握する上では問題はないものと考える。(6)

表によれば、唐代の朝貢総件数は一三四八件であり、一年間あたりの平均朝貢件数は四・七件になる。一般に、唐朝の国際的な影響力は安史の乱（七五五～七六三）を境に低下するとされるが、乱後もそれなりの朝貢件数があり、唐朝を中心とする国際秩序が依然機能していたことが窺われる。

全体として時代を追うごとに減少傾向があるのは否めないが、注目されるのは武宗朝における朝貢件数の急激な減少である。この時期に、会昌の廃仏など唐朝の仏教政策が一変したことが知られ、それとの関連が考えられる。なお、武宗は、仏教のみならず、マニ教・イスラム教・景教・ゾロアスター教など外来宗教の全てを弾圧したのであり、単なる仏教対道教という二つの宗教の対立に矮小化すべきではないと考えられる。(7)異文化を否定・排除しようとする排外主義が背景にあったことは間違い無いだろう。そのような観点から考えるならば、武宗以前の唐朝の仏教保護とその隆盛は、唐代の国際性を表すものであったと言えよう。また、武宗朝の仏教弾圧に見られる排外主義の高まりと、朝貢国の急減に示される国際秩序の喪失は、表裏一体の現象であったと考えられる。

唐朝の仏教保護政策の一つに、国家的な訳経事業がある。表15は、『開元釈教録』巻十・総括群経録上に記載された後漢から唐代前半（『開元釈教録』の成立した開元十八年〈七三〇〉頃まで）に至る各時代の翻訳経の部数・巻数及び訳経者数を整理したものである。これによれば、唐代の訳経部数は三百一部で、それまでの全時代の部数の七分の一弱であるが、巻数で言うと二千百七十巻となり、全体の三分の一弱に及ぶことが分かる。なお、この表での唐代の数字は、『開元釈教録』が成立した開元十八年（七三〇）までのものであり、唐代前半の約百年ほどのことに過ぎない。これ以後も、唐代では訳経事業が継続して行われていたことから、実際の唐代の数字はこれよりもかなり大きなものになることは間違いない(8)。

表15　後漢～唐前半の訳経事業

時　代	訳経者数	経論部数	経論巻数
後　漢	12人	292部	395巻
曹　魏	5人	12部	18巻
呉　代	5人	189部	417巻
西　晋	12人	333部	590巻
東　晋	16人	168部	468巻
苻　秦	6人	15部	197巻
姚　秦	5人	94部	624巻
乞伏秦	1人	56部	110巻
前　涼	1人	4部	6巻
北　涼	9人	82部	311巻
宋　代	22人	465部	717巻
蕭　斉	7人	12部	33巻
梁　代	8人	46部	201巻
元　魏	12人	83部	274巻
高　斉	2人	8部	53巻
周　朝	4人	14部	29巻
陳　代	3人	40部	133巻
隋　朝	9人	64部	301巻
唐　朝	37人	301部	2170巻
合　計	176人	2278部	7046巻

（凡例）
1. 本表は，『開元釈経録』巻十・総括群経録上の記載に基づいて，後漢から唐代前半までの各時代の訳経者数・経論部数・経論巻数を整理したものである．
2. 時代の名称は，基本的に『開元釈経録』の記載に基づくが，「皇朝」のみ「唐朝」に改めた．

唐代までの約五百年間の訳経の歴史を振り返って見ると、前半の約百年に限っても、唐代は極めて訳経が盛んな時代であることが知られる。唐代のこうした訳経事業は国家政策として行われていたわけだが、その結果大量に生み出された漢訳仏典がどのように周辺諸国にもたらされ、またそのことが唐代の国際秩序とどのような関係を有したのであろうか。

二　日本への仏典将来

（1）　玄昉将来経典の「画期性」

古代日本（ここでは倭国の時代も含める）への仏典の将来には、いわゆる「仏教公伝」以来、長い歴史が存在している。(9)当初は梁代など南朝系の仏典が百済を介して流入していたと思われるが、高句麗僧が来朝する推古朝頃からは高句麗経由の北朝系の仏典ももたらされていたものと推量される。このような朝鮮諸国を介した仏典将来は、受動的かつ間接的なものであり、決して体系性を備えた経典の入手ではなかった。あくまでも個別の経典が相手国の意思（都合）によりもたらされるものであった。そのような受動的かつ間接的な仏典伝来のあり方は、遣隋使による仏典の将来により大きく改められることになる。すなわち、遣隋使においては主体的かつ直接的に中国の仏典の入手が図られるようになるのである。(10)ただし、どのくらいの、またどのような経典がもたらされたかは不明な部分が大きい。(11)

隋朝が滅亡した後は、遣唐使がその役割を引き継ぎ、積極的に仏典を舶載した結果、七世紀半ばには「一切経」と称されるほど多くの経典が存在するまでになったことが知られる。さらに七世紀後半には、道昭ら入唐僧が多量の仏典をもたらし、飛鳥寺禅院に仏典が集中的に収集所蔵されたことも明らかにされている。なお、日唐関係が一時的に中断した天武・持統朝には、新羅からも仏典がもたらされたものと思われる。天武・持統朝には、「一切経」の書写・読誦が行われたことから、かなり大量の仏典が既に日本に存在したことが推測されるが、同時期に「一切経」のテキストを求める動きも見られることから、まだ量的にも質的にも完備されていたわけではないものと考えられる。[12]そのため、八世紀に遣唐使が再開されると、再び仏典の蒐集が行われることになる。

八世紀には七度にわたって遣唐使が派遣されたが、その中で特に多くの仏典をもたらしたことで知られるのが養老（霊亀）度の遣唐使とともに入唐し、天平度の遣唐使に伴われて帰国した玄昉である。「経論章疏五千余巻」というこれまでに無い大量の経典を持ち帰ったが、[13]その将来経典数が唐代の一切経数（五千四十八巻）と近似していることから、一切経を一セット丸ごともたらしたものと理解されてきた。[14]また、その中に含まれていた唐代の一切経の目録である『開元釈教録』は、「五月一日経」をはじめ以後の一切経の蒐集・編成の基準となり、奈良時代の写経事業へ多大な影響を与えたとされる。[15]さらに、玄昉の経典には「訛謬失誤无し」という評言も見られ、極めて良質の経典テキストをもたらしたと考えられている。[16]一切経という体系性を備えた、しかも良質な仏典の将来は、これまでに無い画期的なものとして高く評価されてきた。

しかし、皆川完一氏の「五月一日経」についての詳細な実証的研究により、一切経五千余巻をもたらしたとする解釈には疑義が出されている。[17]すなわち、玄昉所持経は「五月一日経」書写の底本として貸し出されたが、途中で貸し出しが止まることから、五千余巻全てが底本となりうる経典ではなかったか、あるいは五千余巻という数字自体に誤りがあるのではないか、と論じられた。そして、この皆川氏の研究を引き継ぐ形で、山下有美氏と山本幸男氏は、写経所が玄昉から借請した経典の目録である「写経請本帳」を分析・検討することにより、玄昉所持（将来）経典の内実を明らかにされた[18]。その内訳は次の通りである。

入蔵経　五百六十四部二千百六十六巻
不入蔵経　二十六部九十巻
録外経　二十四部百四十五巻

この結果に基づき、玄昉将来経典五千余巻のうち、入蔵経二千百六十六巻以外は、不入蔵経・録外経や章疏など一切経には含まれない雑経や注釈書の類だったのではないかと推測されている。実際、玄昉以降も遣唐使が経典入手を図っていることから、この推測は当たっているものと思う[19]。すなわち、玄昉は、一切経を丸ごと将来したわけではなかったのである。玄昉将来経については、一般に説かれるような高い評価を与えることはもはや不可能であり、改めてその内容・実態を再検討する必要があるだろう。

（2）　玄昉将来経典の再検討

玄昉が一切経全てを持ち帰ったわけではなかったと考えられるわけだが、そうであるならば、何をもたらすことができなかったのか、また、もたらした経典はどのようなものであったのかも明らかにする必要があるだろう。この問題を考える上で最適な史料は、「未写経目録」である[20]。この目録は、大平聡氏により、天平勝宝四年（七五二）の遣唐使に入手を依頼した未将来経の目録と指摘されている[21]。すなわち、天平勝宝四年段階で、写経の底本にふさわしいテキストの存在しない経典を列挙したものである。天平七年（七三五）に玄昉が持ち帰った経典では補えなかった底本、つまり欠けていたもの、または不十分であったものが記されており、玄昉将来経の問題点を反映していると考えられるのである。

表16は、「未写経目録」に記載された経典名・巻数・訳経者・成立年を整理し、備考欄に玄昉将来経典の状況等を注記したものである。[22] 未写経典は、全部で百七十六部六百八十四巻であるが、備考欄の玄昉将来経典に関する注記を一覧するならば、その殆どが玄昉将来経典に存在しないものであることが確認できる。また、玄昉将来経典に存在するものであっても、錯本、欠巻であるもの、また書名が異なることから異本と想定されるものなど何らかの問題が存在していることが分かる。「未写経目録」には、玄昉が将来できなかった経典や、将来したものでも欠陥のある経典がリストアップされていることが、これにより再確認できるだろう。[23]

ここで特に注目したいのは、「錯本」「欠巻」など玄昉将来経典のうち欠陥のある経典である。先に触れたように、従来、玄昉将来経典は、良質なテキストであったとされてきたが、必ずしも善本・完本のみを写してきたわけではないことを示していよう。[24] 一切経を全て写し取って来ることができず、多くの雑経をもたらしたことと併せ考えるならば、善本・完本だけで構成された欽定の一切経をテキストとして書写したわけではないことは明らかであろう。『開元釈教録』を持ち帰ったことから、玄昉は『開元釈教録』に基づいて計画的に書写したと考える向きもあるが、その将来経典の内容や写本の質を考えるならば、『開元釈教録』は殆ど参照されていないように思われる。[25] 玄昉将来の『開元釈教録』自体に欠巻があるように、成立後間もない同書を入手すること自体困難であり、帰国からそれほど遡らない時期に漸く入手したというのが実態ではないだろうか。そもそも、玄昉が『開元釈経録』に基づいて経典を蒐集・書写していたならば、帰国時には何が欠けていたかは全て分かっていたはずであり、「五月一日経」書写のために底本を貸し出している途中で底本とすべき経典が無いことに気づくなどということはありえないだろう。[26]

先に筆者は遣唐使による漢籍将来について検討した際、テキストの入手に様々な困難・制限があり、「善本・完本ばかりを写し取ることなど不可能で、ある意味手当たり次第可能なかぎり底本を借り出し、写し取るので精一杯だっ

表16 「未写経目録」掲載経典

部 類	経典名・巻数	訳経者（撰者）	成立年	備 考
大乗経	『金剛般若波羅蜜経』1巻	陳・真諦		玄なし
	『法鏡経』2巻	後漢・安玄ほか		〔欠下巻〕，玄欠か
	『大方広入如来智徳不思議経』1巻	唐・実叉難陀		玄なし
	『大方広仏花厳経不思議仏境界分』1巻	唐・提雲般若	689（永昌1）	玄なし
	『大方広如来不思議境界経』1巻	唐・実叉難陀		玄なし
	『大乗金剛髻珠菩薩修行分』1巻	唐・菩提流志	693（長寿2）	玄なし
	『大方広普賢菩薩所説経』1巻	唐・実叉難陀		異本あり，玄なし
	『菩薩十住行道品』1巻	西晋・竺法護		玄なし
	『大方広華厳経続入法界品』1巻	唐・地婆訶羅	685（垂拱1）	玄なし
	『方広大荘厳経』12巻	唐・地婆訶羅	683（永淳2）	玄なし
	『薩曇分陁利経』1巻	失訳		玄なし
	『宝雨経』10巻	唐・達磨流支等	693（長寿2）	玄なし
	『入定不定印経』1巻	唐・義浄	700（久視1）	玄なし
	『大乗方広惣持経』1巻	隋・毘尼多流支		玄なし
	『文殊師利現宝蔵経』3巻	西晋・竺法護		玄なし
	『証契大乗経』2巻	唐・地婆訶羅	680（永隆1）	玄なし
	『大乗入楞伽経』7巻	唐・実叉難陀	704（長安4）	玄なし
	『大方等大雲請雨経』1巻	隋・闍那崛多等		玄なし
	『無極宝三昧経』1巻	西晋・竺法護		玄なし
	『大荘厳法門経』2巻	隋・那連提耶舎		玄なし
	『度一切諸仏境界智厳経』1巻	梁・僧伽婆羅等		玄なし
	『六度集経』8巻	呉・康僧会		玄なし
	『太子沐魄経』1巻	西晋・竺法護		玄なし
	『大乗加耶山頂経』1巻	唐・菩提流志	693（長寿2）	玄なし
	『仏為勝光天子説王法経』1巻	唐・義浄	705（神龍1）	玄〈仏為勝経〉
	『作仏形像経』1巻（注1）	失訳		玄〈作仏形像経〉
	『浴像功徳経』1巻（注2）	唐・義浄	710（景龍4）	玄〈浴像功徳経〉
	『不空羂索神変真言経』30巻	唐・菩提流志	709（景龍3）	玄なし
	『不空羂索陁羅尼経』1巻	唐・李無諂	700（久視1）	玄なし
	『千手千眼観世音菩薩姥陀羅尼身経』1巻	唐・菩提流志	709（景龍3）	玄なし
	『文殊師利根本一字陁羅尼経』1巻	唐・宝思惟	702（長安2）	玄なし
	『孔雀王咒経』1巻	姚秦・鳩摩羅什		玄なし
	『大孔雀王咒経』3巻	唐・義浄	705（神龍1）	〔欠上〕，玄欠か
	『千囀陁羅尼観世音菩薩咒経』1巻	唐・智通	653（永徽4）	玄なし
	『観自在菩薩随心咒経』1巻	唐・智通	653（永徽4）	玄なし
	『仏頂最勝陁羅尼経』1巻	唐・地婆訶羅	682（永淳1）	玄〈仏頂勝陀羅尼〉
	『最勝仏頂陁羅尼浄除業障経』1巻	唐・地婆訶羅	682（永淳1）	玄なし
	『阿難陁目佉尼呵離陁経』1巻	宋・求那跋陀羅		玄〈阿難陁目佉尼呵離陁経〉
	『出生无辺門陁羅尼経』1巻	唐・智厳	721（開元9）	玄なし
	『六字咒王経』1巻	失訳		玄〈同名〉
	『大仏頂如来密因修証義諸菩薩万行首楞厳経』10巻	唐・懐迪・梵僧		玄なし
	『文殊師利宝蔵陁羅尼経』1巻	唐・菩提流志	710（景龍4）	玄なし
	『金剛光焰止風雨陁羅尼経』1巻	唐・菩提流志	710（景龍4）	玄なし
	『阿吒婆拘鬼神大将上仏陁羅尼経』1巻	失訳		玄なし
46部	『六字大陁羅尼呪経』1巻	失訳		玄なし
124巻	『清浄観世音普賢陁羅尼経』1巻	唐・智通	653（永徽4）	〔錯本〕，玄〈同名〉
大乗律	『菩薩戒本』1巻	北涼・曇無讖		玄なし
大乗論	『金剛般若論』2巻	隋・達磨笈多		玄〈同名〉（注3）
	『金剛般若波羅蜜経破取着不壊仮名論』2巻	唐・地婆訶羅	683（永淳2）	玄なし

	『文殊師利菩薩問菩提経論』2巻	北魏・菩提流支		玄欠か
	『顕揚聖教論頌』1巻	唐・玄奘	645（貞観19）	玄なし
	『王法正理論』1巻	唐・玄奘	649（貞観23）	玄なし
	『摂大乗論釈』10巻	唐・玄奘	648（貞観22）	玄欠か
	『弁中辺論頌』1巻	唐・玄奘	661（龍朔 1）	玄なし
	『因明正理論本』1巻	唐・玄奘	647（貞観21）	玄なし
	『唯識二十論』1巻	唐・玄奘	661（龍朔 1）	玄なし
11部	『唯識三十論』1巻	唐・玄奘	648（貞観22）	玄なし
23巻	『観所縁論釈』1巻	唐・玄奘	657（顕慶 2）	玄なし
小乗経	『別訳雑阿含経』20巻	失訳		「欠五巻」，玄なし
	『大般涅槃経』3巻	東晋・法顕		玄なし
	『般泥洹経』2巻	失訳		「欠下巻」，玄なし
	『梵網六十二見経』1巻	呉・支謙		玄なし
	『起世因本経』10巻	隋・達磨笈多		玄なし
	『四諦経』1巻	後漢・安世高		玄なし
	『鉄城泥犁経』1巻	東晋・曇無蘭		玄なし
	『離睡経』1巻	西晋・竺法護		玄なし
	『受歳経』1巻	西晋・竺法護		玄なし
	『梵志計水浄経』1巻	失訳		玄なし
	『苦陰経』1巻	失訳		玄なし
	『苦陰因事経』1巻	西晋・法炬		玄なし
	『楽想経』1巻	西晋・竺法護		玄なし
	『阿耨風経』1巻	東晋・曇無讖		玄なし
	『瞻婆比丘経』1巻	西晋・法炬		玄なし
	『伏婬経』1巻	西晋・法炬		玄なし
	『善生子経』1巻	西晋・支法度		玄なし
	『数経』1巻	西晋・法炬		玄なし
	『三帰五戒慈心厭離功徳経』1巻	失訳		玄なし
	『須達経』1巻	蕭斉・求那毘地		玄なし
	『仏為黄竹園老婆羅門説学経』1巻	失訳		玄なし
	『尊上経』1巻	西晋・竺法護		玄なし
	『兜調経』1巻	失訳		玄なし
	『意経』1巻	西晋・竺法護		玄なし
	『応法経』1巻	西晋・竺法護		玄なし
	『優婆夷堕舎迦経』1巻	失訳		玄なし
	『鞞摩粛経』1巻	宋・求那跋陀羅		玄なし
	『婆羅門子命終愛念不離経』1巻	後漢・安世高		玄なし
	『邪見経』1巻	失訳		玄なし
	『箭喩経』1巻	失訳		玄なし
	『広義法門経』1巻	陳・真諦		玄なし
	『四人出現世間経』1巻	宋・求那跋陀羅		玄なし
	『鴦崛摩経』1巻	西晋・竺法護		玄なし
	『十一想思念如来経』1巻	宋・求那跋陀羅		玄なし
	『四泥犁経』1巻	東晋・曇無蘭		玄なし
	『舎衛国王夢見十事経』1巻	失訳		玄なし
	『五蘊皆空経』1巻	唐・義浄	710（景龍 4）	玄なし
	『雑阿含経』1巻	失訳		玄なし
	『水沫所漂経』1巻	東晋・曇無蘭		玄なし
	『満願子経』1巻	晋・失訳		玄なし
	『三転法輪経』1巻	唐・義浄	710（景龍 4）	玄なし
	『相応相可経』1巻	西晋・法炬		玄なし
	『慢法経』1巻	西晋・法炬		玄なし

部　類	経典名・巻数	訳経者（撰者）	成立年	備　　考
	『法海経』1巻	西晋・法炬		玄なし
	『海八徳経』1巻	姚秦・鳩摩羅什		玄なし
	『阿闍世王問五逆経』1巻	西晋・法炬		玄なし
	『進学経』1巻	宋・沮渠京声		玄なし
	『得道梯橙錫杖経』1巻	失訳		玄なし
	『弟子死復生経』1巻	宋・沮渠京声		玄なし
	『五王経』1巻	失訳		玄なし
	『鬼子母経』1巻	失訳		玄なし
	『父母恩難報経』1巻	後漢・安世高		玄なし
	『八無暇有暇経』1巻	唐・義浄	701（大足 1）	玄なし
	『長爪梵志請問経』1巻	唐・義浄	700（久視 1）	玄なし
	『譬喩経』1巻	唐・義浄	710（景龍 4）	玄なし
57部	『略教誡経』1巻	唐・義浄	711（景雲 2）	玄なし
88巻	『療痔病経』1巻	唐・義浄	710（景龍 4）	
小乗律				
小乗論	『阿毘達磨集異門足論』20巻	唐・玄奘	663（龍朔 3）	玄なし
	『阿毘達磨識身足論』16巻	唐・玄奘	649（貞観23）	玄〈同名〉
	『阿毘達磨品類足論』18巻（注4）	唐・玄奘	660（顕慶 5）	玄なし
	『衆事分阿毘曇論』12巻	宋・求那跋陀羅・菩提耶舎		玄なし
	『阿毘曇毘婆沙論』60巻（注5）	北涼・浮陀跋摩・道泰等		「欠巻」，玄なし
	『阿毘達磨倶舎釈論』22巻	陳・真諦		玄なし
	『阿毘達磨倶舎論本頌』1巻	唐・玄奘	651（永徽 2）	玄なし
	『阿毘達磨顕宗論』40巻（注6）	唐・玄奘	652（永徽 3）	玄なし
	『法勝阿毘曇心論経』6巻	高斉・那連提屋		玄なし
11部	『十八部論』1巻	失訳		玄なし
197巻	『異部宗輪論』1巻	唐・玄奘	662（龍朔 2）	玄なし
賢聖集伝	『道地経』1巻	後漢・安世高		玄なし
	『百喩経』4巻	蕭斉・求那毘陀		「欠第一二三」，玄なし
	『大乗修行菩薩行問諸経要集』3巻	唐・智厳	721（開元 9）	玄なし
	『惟日雑難経』1巻	呉・支謙		玄なし
	『仏般泥洹摩訶迦葉赴仏経』1巻	東晋・竺曇無蘭		玄なし
	『仏入涅槃密迹金剛力士哀恋経』1巻	失訳		玄なし
	『達磨多羅禅経』2巻	東晋・仏陀跋陀羅		玄なし
	『禅法要解』2巻	姚秦・鳩摩羅什		玄なし
	『肉身観章句経』1巻	後漢・失訳		玄なし
	『法観経』1巻	西晋・竺法護		玄なし
	『思惟略要法』1巻	姚秦・鳩摩羅什		玄なし
	『十二遊経』1巻	東晋・迦留陀加		玄なし
	『雑譬喩経』1巻	後漢・支婁迦讖		玄なし
	『阿育王経』10巻	梁・僧伽婆羅		玄欠か
	『法句経』2巻	呉・維祇難等		玄なし
	『三慧経』1巻	失訳		玄なし
	『阿毘曇五法行経』1巻	後漢・安世高		玄なし
	『阿含口解十二因縁経』1巻	後漢・安玄・厳仏調		玄なし
	『小道地経』1巻	後漢・支曜		玄なし
	『文殊師利発願経』1巻	東晋・仏陀跋陀羅		玄なし
	『六菩薩名』1巻	後漢・失訳		玄なし
	『一百五十讃仏頌』1巻	唐・義浄	711（景雲 2）	玄なし
	『讃観世音菩薩頌』1巻	唐・慧智	693（長寿 2）	玄なし
	『龍樹菩薩伝』1巻	姚秦・鳩摩羅什		玄なし

	『勧発諸王要偈』1巻	宋・僧伽跋摩		玄なし
	『龍樹菩薩勧誡王頌』1巻	唐・義浄		玄なし
	『迦丁比丘説当来変経』1巻	失訳		玄なし
	『大阿羅漢難提蜜多羅所説法住記』1巻	唐・玄奘	654（永徽 5）	玄なし
	『金七十論』3巻	陳・真諦		玄なし
	『勝宗十句義論』1巻	唐・玄奘	649（貞観 22）	玄なし
	『釈迦譜』10巻	蕭斉・僧祐（撰）		玄なし
	『釈迦氏略譜』1巻	唐・道宣（撰）	665（麟徳 2）	玄なし
	『釈迦方志』2巻	唐・道宣（撰）	650（永徽 1）	玄なし
	『経律異相』50巻	梁・宝唱等（撰）		玄なし
	『諸経要集』20巻	唐・玄惲（撰）	650（永徽 1）	玄なし
	『出三蔵記集』15巻	梁・僧祐（撰）		玄なし
	『衆経目録』7巻	隋・法経等（撰）		玄なし
	『大唐内典録』10巻	唐・道宣（撰）	664（麟徳 1）	「欠第七第九」玄〈同名〉
	『続大唐内典録』1巻	唐・智昇（撰）	730（開元 18）	玄なし
	『古今訳経図記』4巻	唐・靖邁（撰）		玄なし
	『大周刊定衆経目録』15巻	唐・明佺等（撰）	695（天冊万歳 1）	玄欠
	『開元釈経録』20巻	唐・智昇（撰）	730（開元 18）	「欠第十五」，玄欠
	『一切経音義』25巻	唐・玄応（撰）		「欠第十二巻」，玄欠
	『新訳大方広仏華厳経音義』2巻	唐・慧苑（撰）		玄〈新訳花厳音義〉
	『集古今仏道論衡』4巻	唐・道宣（撰）	664（麟徳 1）	玄なし
	『続集古今仏道論衡』1巻	唐・智昇（撰）	730（開元 18）	玄なし
	『弁正論』8巻	唐・法琳（撰）		玄なし
	『破邪論』2巻	唐・法琳（撰）		玄なし
50部	『甄正論』3巻	唐・玄嶷（撰）		玄なし
251巻	『集諸経礼懺儀』2巻	唐・智昇（撰）	730（開元 18）	玄なし
合　計	176部684巻			

（凡例）

1. 本表は，「未写経目録」（『大日本古文書』12-549～563）記載の経典を訳経者（撰者）・成立年などを付して整理したものである．
2. 経典名・巻数の項の記載は，『開元釈経録』の表記を参照して改めたところがある．『開元釈経録』は，CBETA 漢文大蔵経によった．
3. 字体は，原則として新字体に改めた．巻数も漢数字から算用数字に改めた．巻数表記の無いものは，『開元釈経録』の巻数を記した．
4. 各経典の訳経者（撰者）名及び成立年代は，『開元釈経録』巻第1～9（総括群経録上）によった．
5. 備考欄の「玄なし」は，山本幸男「玄昉将来経典と「五月一日経」の書写」（『相愛大学研究論集』22，2006年）において玄昉所持経とされた経典に存在しないことを指す．「玄欠」は，同じく玄昉所持経に存在するものの欠巻があることを意味する．玄〈同名〉は，玄昉所持経の中に同名の経典があることを示し，玄〈経典名〉は近似する経典が玄昉所持経の中に存在する場合，その経典名を記載したものである．また，「　」に記したのは「未写経目録」原文の注記である．

6. 大乗論の『王法正理論』の後に，擦り消しがなされた上に，『十地論』・『十住論』・『九識論』・『華厳論』・『華厳論』の5経が記載されているが，性格不明の記載のため，表からは外してある．

（注1）『造立形像福報経』1巻（失訳）の誤りの可能性がある．この本は玄昉の目録に無い．
（注2）『仏説浴像功徳経』1巻（唐・宝思惟）の誤りの可能性がある．この本は玄昉の目録に無い．
（注3）「天平13年目録」では欠
（注4）小乗論の『阿毗達磨品類論』と『衆事分阿毗曇論』の間に，「施設足論」という記載があるが，巻数表記も無く，『開元釈経録』にも対応経典が見いだせないため，経典名ではなく，『阿毗達磨品類論』に関わる注記と理解しておきたい．
（注5）『阿毘曇毘婆沙論』60巻と『阿毘達磨大毘婆沙論』200巻との混同があるように思われる．
（注6）原文では「顕宗論第一帙　第三九十」としか記載されていないが，『開元釈経録』に照合して修正した．

たのではないだろうか」と述べたが、仏典においても同じ状況があったのではないだろうか。[27] この点については、天平勝宝度の遣唐使の仏典将来状況により補強できるものと思う。

（3）　天平勝宝度の遣唐使による仏典将来

天平勝宝度の遣唐使は唐僧鑑真を連れ帰ったことで有名であるが、この時の遣唐使は戒師招請のみならず、未船載の仏典の収集・将来をも大きな任務としていた。[28] 先に取り上げた「未写経目録」が天平勝宝度の遣唐使に入手を依頼した未将来経の目録と考えられることから、この遣唐使では『開元釈教録』で定められた一切経の経典の完備を目指し、不足している仏典の入手を図っていたと考えられる。

その使命がどの程度果たされたかだが、幸いその結果を示す史料が存在する。それは、天平宝字五年（七六一）三月二十二日付けの「奉写一切経所解」である。[29] 解の内容だが、冒頭の「申す後写加経の事」という事書きの次に、「合せて大小乗経論・賢聖集・別生幷びに目録外の経、惣べて一百七巻、用紙一千八百三十二張」とあり、その後に経典の目録、内訳（具体的な経典名）が続き、「以前の経論は、並びに是れ旧元来、本无し。去る天平勝宝六年の入唐廻使請来するところなり。今内堂より奉請し、写し加ふること前の如し」で結ばれている。これによれば、天平勝宝度の遣唐使は経典総数で二十四部百七巻を持ち帰ったことが知られる。なお、ここには別生経・録外経五部二十二巻が含まれているので、本来持ち帰るべき入蔵経典としては十九部八十五巻しか将来できなかったということになる。先の「未写経目録」に掲載された経典総数は百七十六部六百八十四巻であったことと対比するならば、その入手率は部数で約十%、巻数では約十二%という実に寥々たる結果となる。

ここで、「奉写一切経所解」に記載された経典は、天平勝宝度の遣唐使が将来した経典の全てなのか、という疑問を持たれる方もいることと思う。確かに、この時の遣唐使に加わっていた膳大丘が『金剛般若経注』という「奉写一切経所解」に見えない仏典を持ち帰っていたことが知られており、他にも経典を持ち帰っていたのではないかという疑いが生じることと思う(30)。しかし、「未写経目録」掲載の経典の天平勝宝六年(七五四)以後の存在状況を調べてみると、その殆どが実在を確認できない。確実に存在が確認できるのは、この天平勝宝度の遣唐使が将来した経典のみである(31)。たとえ「奉写一切経所解」に漏れた経典があったとしても、微少なものと推量される。平安前期においても、『開元釈教録』掲載の経典に欠けるものが多くあったことが知られ(32)、天平勝宝度の遣唐使が未写経典を大量に持ち帰り、『開元釈教録』掲載経典の未舶載問題を大いに解決したということは考えられない。膳大丘の『金剛般若経注』は「未写経目録」でリストアップされた経典ではなく、あくまでも注釈書であり、「奉写一切経所解」が対象とした経典から外れるため記載されていないにすぎない。

天平勝宝度の遣唐使の未写経経典の入手率は十%を僅かに超える程度のものと考えられるわけだが、将来した入蔵経典十九部のうち六部は欠巻のある端本であることも考え併せるならば、玄昉将来経典よりも量的にも質的にも劣っていたと言えるだろう。遣唐使の在唐期間はせいぜい一年程度であったのであり、その期間では十分な蒐書活動はできなかったのだと考えられる(33)。官大寺の一切経を利用できない者にとっては、経典の在処を探し出し、それを借り出すだけでも大変な困難があり、善本・完本を求めるとなるとその苦労はさらに増大したことであろう。たとえ雑経・章疏の類を多く含むにしても玄昉が五千巻を超える仏典を蒐集・書写できたのは、十八年間も在唐できたことによるところが大きいと思われる。玄昉は恐らく十八年という年限を最大限に利用し、あらゆるツテを求めて、諸方面を探索することにより、漸く五千余巻の仏典を書写することができたのであろう。

八世紀の仏典の将来においては、漢籍と同様に、善本・完本の入手は容易ではなく、蒐書には非常に多くの年月を要したと考えられる。遣唐使らの仏典入手を阻む障碍の存在が想定されるが、そのことについては次節で述べたい。

三　唐朝における仏典と外交

（1）写本時代の仏典の流布

印刷術が発達する以前の写本の時代では、書籍は極めて稀少・貴重なものであり、書籍の所蔵者は秘蔵する傾向が強かった。そのため、書籍の存在状況の把握は難しく、たとえ所蔵先が判明しても書籍を借り出すことも至難であり、貸し手と借り手の間に相応の信頼関係（もしくは、直接的な上下関係）が無ければ、書籍を写し取ることなどできなかった。(34) 中国では古くから書肆の存在は知られているが、八世紀後半まではその存在は「おぼろげ」であり、流通量も限られていた。(35) 希望する特定の本を書肆で購入することなど事実上不可能であった。こうしたことは、仏典においても同様のことが言え、日本の遣唐使が仏典の入手において非常な労苦を強いられた原因の一端は写本時代の書籍のあり方に起因していると思われる。

表17は、「未写経目録」掲載の経典を時代別にその部数・巻数を整理し、その未写率を表したものである。つまり、どの時代の経典が蒐集・書写に困難が大きかったかを測る尺度の一つとして提示したものである。この表によれば、唐代の経典の未写率が高いことが分かり、新しく漢訳・撰述された経典ほど、写本の流布が少なく、またその所在情報も乏しいことから、底本の獲得に苦労が大きかったことを想定させる。玄昉将来の『開元釈教録』が欠巻のある端本であったのも、唐代の最新の経録であったからこそであり、その入手の困難さを物語っている。

表17　「未写経目録」掲載経典成立時代別未写率

部類	南北朝以前	隋	唐	失訳	小計
大乗経	10部20巻	3部4巻	28部95巻	5部5巻	46部124巻
大乗律	1部1巻	なし	なし	なし	1部1巻
大乗論	1部2巻	1部2巻	9部19巻	なし	11部23巻
小乗経	34部36巻	1部10巻	7部7巻	15部35巻	57部88巻
小乗律	なし	なし	なし	なし	なし
小乗論	4部100巻	なし	6部96巻	1部1巻	11部197巻
賢聖集伝	24部113巻	1部7巻	22部128巻	3部3巻	50部251巻
合計	74部272巻	6部23巻	72部345巻	24部44巻	176部684巻
未写率	0.11	0.08	0.16	0.22	0.14

（凡例）

1. 本表は，「未写経目録」（『大日本古文書』12-549～563）記載の経典を時代別に分類し，その未写の割合を整理したものである．
2. 経典の部類については，『開元釈経録』に従った．
3. 字体は，原則として新字体に改めた．巻数も漢数字から算用数字に改めた．巻数表記の無いものは，『開元釈経録』の巻数を記した．
4. 各経典の訳経者（撰者）名及び成立年代は，『開元釈経録』巻第1～9（総括群経録上）によった．
5. 未写率は，『開元釈経録』掲載経典の時代別の総巻数で，「未写経目録」掲載経典の成立時代毎の総巻数を割ることで求めた．数値はいずれも割り切れないため，小数点以下第3位を四捨五入し，小数点以下第2位までで表記した．

なお、写本時代にあっても、入手しやすい仏典も存在した。石山寺一切経中の『遺教経』や奈良朝写本の存在する『肇論疏』は、天平度の遣唐使の帰国に際して、唐人から日本への流伝を託されて持ち帰ったものである。(36) 前者については、太宗の貞観年間に施行が命じられ、広く流布することが許された経典である。(37) 後者は注釈書であり、一切経（入蔵経）には含まれず、唐朝の制限から外れたものであったと思われる。このように自ら探し出さなくても、所有者から与えられる仏典も例外的に存在した。

（2）国家による経典の持ち出し制限

遣唐使の仏典将来の障碍となったものには、写本時代の特性のみならず、国家的な制限もあった。

入唐僧が帰国に際し、経典を持ち帰る場合、節度使や刺史に判印・印信による許可を得なければならなかったことが知られる。(38) すなわち、許可無しに勝手に経典を持ち出すことが禁じられていたわけである。唐代は漢籍をはじめ最新・高度な文物や情報の海外流出を厳しく制限していたのであり、[39]仏典も同じく制限の対象になっていたのである。漢籍を参考にするならば、仏典においても善本・完本・最新本などが制限の対象になっていた蓋然性が高い。

なお、文物流出の取り締まりは、唐代後半の外交方針の変化に伴って強化された。八世紀後半までは、公使（国家の正式な外交使節、留学僧・留学生も含む）以外の出入国を認めていなかったが、八世紀末（建中～貞元年間）からは私的な海外通交も認められるようになり、それに応じて過所・公憑（パスポート）による出入国検査が厳しく行われるようになった。[40]その際には、不正な持ち出し品が無いか所持品のチェックも厳重に行われ、物品リストの提出が求められた。九世紀以降の入唐僧には経典の将来目録が存在しているが、それはこうした唐朝の出国検査に対応して作成されたという一面もあるだろう。

八世紀後半までの仏典持ち出し制限の仕組みについてはあまり明確ではないが、公使（留学生・僧等も含む）のみに通交が制限されており、善本・完本を所有する官大寺の蔵経を管理すれば、海外への流出が十分制限できていたということなのだろう。[41]八世紀までの入唐僧の将来目録が現存していないのは、九世紀以降と違い、そもそもそれほど作成する必然性は無かったからではないだろうか。玄昉の将来目録も元々存在していなかったか、あっても不十分なものであった可能性がある。[42]

（3）　唐朝の経典賜与と国際秩序

唐朝は仏典の海外流出を厳しく制限していたが、一方で経典を外国に賜与するケースも見られる。よく知られた例としては、貞観十七年（六四三）、太宗が新羅僧の慈蔵に一切経一部を下賜したということがある。[43]また、（正確には周朝だが）日本に対しても、則天武后（天后皇帝）が経論律を大宝度の遣唐使に寄託し送ったことが知られる(44)。この時に賜与されたかは定かではないが、成立間もない『金光明最勝王経』や『華厳経』八十巻がいち早く日本に将来された理由としては、皇帝からの賜与であった蓋然性が高いと思われる(45)。

唐朝がこのように経典を外国に賜与したのは、一切経のような善本・完本の仏典全集、または成立間もない新訳経典といった極めて貴重で入手し難いものを、非常に大なる恩典として与える意味があったと思われる。新羅のような友好国を自らにつなぎ止めるための材料として、また日本のような辺遠の蕃夷の朝貢を招慰するための道具として利用されたと見ることができるだろう。要するに、仏典も漢籍と同様に、唐朝の重要な外交カードとして活用されたということである(46)。しかし、外交上、仏典と漢籍が全く同じ意味しか持たなかったということでは無いと思われる。

善本・完本、または最新本といった経典の流出には厳しい制限を行ったが、その一方で唐朝は諸外国の留学僧を積極的に受け入れ、周辺諸国への仏教拡大に力を入れていた。制限外の経典であれば、玄昉のように留学僧が多くの仏典を持ち帰ることも可能であったのである。また、制限された仏典でも外交カードとして外国に与えられており、唐朝としては仏典そのものの広まりは禁じていないのであり、むしろその流布を推進していたと捉えることもできるだろう。漢訳仏典の普及を通じて中国的な仏教文化を諸外国と共有することに外交的な意義を認めていたのではないだろうか。すなわち、仏教という共通の価値観を共有することにより諸外国との対立・摩擦を回避し、また共通の価値基盤の上に唐朝の権威を確立することによって安定的な国際秩序の樹立を図ったと見ることも可能であろう(47)。その権威の源泉の一つは、大量の仏典を漢訳し、その最高・最新の仏典を独占的に所有する唐朝が、諸外国に仏典を供給する仏教文化の中心であるということにあったのではないだろうか。

おわりに

西嶋氏は、(一) 漢字文化、(二) 儒教、(三) 律令制、(四) 仏教という四つの共通する文化現象に着目して「東アジア世界」論を組み立てられたわけだが、このうち仏教だけは「東アジア世界」におさまらない広がりを持っていた。唐代の国際秩序が「東アジア世界」のみに閉じられていたわけではないことを考えるならば、やはり仏教の持つ外交的な機能・役割を再評価すべきであろう。そうした観点から、唐朝の推進した国家的な経典翻訳事業の歴史的な意義も捉え直す必要があるように思われる。また、そうして生み出された大量の仏典が日本も含め諸外国にどのように広まり、どのような影響をもたらしたのか、さらに検討を深めなければならないと考える。

仏教学・仏教史に暗いため、思わぬ大きな誤り、不備があるのではないかと甚だ畏れる。諸賢のご批正をお願いしたい。

註

(1) 西嶋定生『西嶋定生東アジア史論集第三巻　東アジア世界と冊封体制』(岩波書店、二〇〇二年)。

(2) 拙論「遣唐使による漢籍将来」(『唐王朝と古代日本』吉川弘文館、二〇〇八年)、本書第二部第四章「「東アジア世界」における日本律令制」を参照。

(3) 八世紀もしくは奈良時代の仏典将来状況に関する先行研究には、石田茂作『写経より見たる奈良朝仏教の研究』(東洋書林、一九八二年、初出一九三〇年)、藤野道生「天平勝宝年間における将来経疏私考」(『文経論叢　史学篇』五・六、一九七〇・一九七一年)、薗田香融「南都仏教における救済の論理(序説)」(日本宗教史研究会編『日本宗教史研究　四　救済とその論理』法蔵館、

一九七四年）、田村圓澄「旧訳経典・新訳経典の伝来」（『飛鳥・白鳳仏教論』雄山閣、一九七五年）、大平聡「天平勝宝六年の遣唐使と五月一日経」（笹山晴生先生還暦記念会編『日本律令制論集』上、吉川弘文館、一九九三年）、同上『正倉院文書と古写経の研究による奈良時代政治史の検討』（一九九三〜一九九四年度科学研究費補助金一般研究（C）研究成果報告書、一九九五年）、上川通夫「一切経と古代の仏教」（『日本中世仏教史料論』吉川弘文館、二〇〇八年、初出一九九八年）、宮崎健司「『開元釈教録』入蔵録等・正倉院文書等所載仏典対照表（稿）」（『日本古代の写経と社会』塙書房、二〇〇六年、初出二〇〇一年）、山本幸男「玄昉将来経典と「五月一日経」の書写」（『奈良朝仏教史攷』法蔵館、二〇一五年、初出二〇〇六・二〇〇七年）等がある。

（4）唐代の国際秩序と仏教の関連について論じた近年の成果には、中田美絵「唐代徳宗期『四十華厳』翻訳にみる中国仏教の転換―『貞元録』所収「四十華厳の条」の分析より―」（『仏教史学研究』五三―一、二〇一〇年）、中林隆之「東アジア〈政治―宗教〉世界の形成と日本古代国家」（『歴史学研究』八八五、二〇一一年）、河上麻由子「唐代における仏教と対中国交渉」（『古代アジア世界の対外交渉と仏教』山川出版社、二〇一一年）等がある。

（5）堀敏一『中国と古代東アジア世界　中華的世界と諸民族』（岩波書店、一九九三年）、同上「古代東アジア世界の基本構造」（『律令制と東アジア世界―私の中国史学（二）―』汲古書院、一九九四年、初出一九九三年）を参照。

（6）本書第一部第一章「隋唐朝の朝貢体制の構造と展開」でも述べたが、『隋書』・『旧唐書』・『新唐書』などの正史類から朝貢記事を補足することはしなかったのは、正史と『冊府元亀』とでは同一の朝貢を年次を違えて記述することもあるので、二重カウントを防止するためである。性格の異なる史書を無原則に合体するよりは、多少欠落があるにしても同一の情報源で概観した方が全体的な傾向を捉える上でより過失が少ないと考える。

（7）会昌の廃仏の背景・性格については、氣賀澤保規『中国の歴史6　絢爛たる世界帝国隋唐時代』（講談社、二〇〇五年）、石見清裕「円仁と会昌の廃仏」（鈴木靖民編『円仁とその時代』高志書院、二〇〇九年）を参照。

（8）鎌田茂雄「訳経と仏教文献」（『中国仏教史』第六巻、東京大学出版会、一九九九年）を参照。中国における訳経の歴史については、水野弘元『経典はいかに伝わったか　成立と流伝の歴史』（佼成出版社、二〇〇四年）も参照。

（9）近年、「仏教公伝」についての『日本書紀』の記事の史料批判が進み、仏教伝来年次の信憑性が問題とされるが、百済の聖明王から公伝があったこと自体は疑う必要はないと思われる。曽根正人『聖徳太子と飛鳥仏教』（吉川弘文館、二〇〇七年）、吉田一彦『仏教伝来の研究』（吉川弘文館、二〇一二年）等を参照。

(10)　遣隋使に仏典入手の任務があったことについては、山尾幸久「小野氏と小野妹子」（志賀町史編集委員会編『遣隋使　小野妹子』滋賀県志賀町、一九九四年）、池田温「遣隋使のもたらした文物」（氣賀澤保規編『遣隋使がみた風景─東アジアからの視点─』八木書店、二〇一二年）等を参照。

(11)　正倉院に残存する尊勝院旧蔵の隋経などは、遣隋使がもたらした経典であった可能性があるが、定かではない。前掲註(10)池田論文参照。また、佐佐木信綱編『隋経』（佐佐木信綱発行、一九二九年）、赤尾栄慶「聖語蔵経管見─調査報告にかえて─」（『正倉院紀要』三二、二〇一〇年）も参照。

(12)　八世紀以前の仏典将来状況については、前掲註(3)田村論文、前掲註(3)上川論文、勝浦令子「仏教と経典」（『列島の古代史　ひと・もの・こと　7　信仰と世界観』岩波書店、二〇〇六年）等を参照。

(13)　『続日本紀』天平十八年（七四六）六月己亥条、『扶桑略記』天平七年（七三五）四月辛亥条、『帝王編年記』聖武天皇・天平七年四月条、『元亨釈書』巻十六・力遊条等。

(14)　例えば、前掲註(12)田村論文等。

(15)　皆川完一「光明皇后願経五月一日経の書写について」（『正倉院文書と古代中世史料の研究』吉川弘文館、二〇一二年、初出一九六二年）、山下有美「五月一日経「創出」の史的意義」（正倉院文書研究会編『正倉院文書研究』六、吉川弘文館、一九九九年）、同「日本古代国家における一切経と対外意識」（『歴史評論』五八六、一九九九年）等を参照。

(16)　『扶桑略記』天平十八年六月丙戌条。

(17)　前掲註(15)皆川論文を参照。

(18)　山下有美『正倉院文書と写経所の研究』（吉川弘文館、一九九九年）、前掲註(3)山本論文等を参照。

(19)　前掲註(3)上川論文を参照。

(20)　『大日本古文書』一二─五四九～五六三。

(21)　前掲註(3)大平報告書を参照。

(22)　玄昉将来経典の状況は、皇后宮職管下の写経所が玄昉から借請した経典を書き留めた目録である「写経請本帳」（『大日本古文書』七─一～八二、三─一四七～一四九）に記された経典の状況を意味する。前掲註(3)山本論文を参照。

(23)　玄昉将来経典と同名のものもあるが、注記がされていなくとも、おそらく玄昉将来経典に何らかの問題があったと考える。それでなくては、新たにテキストを求める必要はないだろう。

(24) 愛宕邦康「円珍請来の菩提流志訳『不空羂索経』一巻について」(『待兼山論叢』三二、一九九八年)は、玄昉請来典籍類の多くは写すに堪えないものであったと指摘している。

(25) 前掲註(3)大平報告書では、『開元釈教録』を作成した智昇の所属した西崇福寺の一切経セットを規範として経典の収集活動を行ったと推測されているが、玄昉が師事したのは濮陽大師智周であり、河南道濮州濮陽県報城寺で学んだと思われる玄昉と長安の西崇福寺との接点は現状では見出しがたい。川崎晃「僧正玄昉の教学について」(『古代学論究　古代日本の漢字文化と仏教』慶応義塾大学出版会、二〇一二年、初出二〇〇六年)を参照。

(26) 「五月一日経」の書写において、底本となった玄昉将来経典が途中で貸し出しが止まったことについては、前掲註(15)皆川論文等を参照。

(27) 前掲註(2)拙論を参照。

(28) 天平勝宝度の遣唐使の仏典将来については、前掲註(3)藤野論文、前掲註(3)大平論文を参照。なお、東野治之「唐の文人蕭穎士の招請」(『遣唐使と正倉院』岩波書店、一九九二年、初出一九八二年)は、天平勝宝度の遣唐使は文人蕭穎士の招請をも図ったとする。

(29) 『大日本古文書』一五—四二～四六。

(30) 山本幸男「天平宝字二年の『金剛般若経』書写—入唐廻使と唐風政策の様相—」(『奈良朝仏教史攷』法蔵館、二〇一五年、初出二〇〇一年)、松本信道「膳大丘による金剛蔵菩薩撰『金剛般若経注』将来の背景」(『駒沢史学』七七、二〇一二年)等を参照。

(31) 詳しい考証は他日に譲るが、例えば宮崎健司「『開元釈教録』入蔵録等・正倉院文書等所載仏典対照表(稿)」(『日本古代の写経と社会』塙書房、二〇〇六年、初出二〇〇一年)で「未写経目録」掲載経典の天平勝宝六年以降の存在状況をある程度確認することができる。

(32) 『扶桑略記』寛平二年(八九〇)十二月二十六日条が引用する『宇多天皇御記』には、天台座主円珍が日本の一切経の巻数が『開元釈教録』の著録する巻数に比して半数くらいであることを語ったことが記されている。前掲註(3)上川論文も参照されたい。

(33) 天平勝宝度の遣唐使は、天平勝宝四年(七五二)閏三月に進発したと思われるので(『続日本紀』天平勝宝四年閏三月丙辰条)、宝亀度の遣唐使の旅程を参考にするならば、恐らく同年の九月か十月には唐都長安に到着していたと推測される。『唐大和上東征伝』によれば、天平勝宝五年（唐・天宝十二年）十月には既に長安を去っていることから、長安滞在期間は概ね一年程であったと思われる。

(34) 前掲註(2)拙論を参照。
(35) 井上進『中国出版文化史　書物世界と知の風景』（名古屋大学出版会、二〇〇二年）を参照。
(36) 『遺教経』については、佐藤信「日唐交流史の一齣」（『奈良古代史論集』一、奈良古代史談話会、一九八五年）、河内春人「石山寺遺教経奥書をめぐって」（『続日本紀研究』三六二、二〇〇六年）等を参照。『肇論疏』については、東野治之「遣唐使の諸問題」（『遣唐使と正倉院』岩波書店、一九九二年、初出一九九〇年）を参照。
(37) 滋野井恬「唐貞観中の遺教経施行について」（『印度学仏教学研究』二六―一、一九七七年）を参照。
(38) 『遍照発揮性霊集』巻五「与越州節度使求内外経書啓」、『唐決集』「維蠲書状」・「台州刺史公憑」等。東野治之『遣唐使』（岩波書店、二〇〇七年）第一章も参照されたい。
(39) 前掲註(2)拙論を参照。
(40) 拙論「唐代の出入国管理制度と対外方針」（『唐王朝と古代日本』吉川弘文館、二〇〇八年、初出一九九五年）を参照。
(41) 宋代の事例だが、新訳経典の外国への流出を禁じていたので、官大寺の所蔵経典の版本（印刷本）を入手するためには皇帝の許可（聖旨）が必要であった（『参天台五臺参記』熙寧六年〈一〇七三〉三月二十三日条）。また、村井章介「天台聖教の還流―『参天台五臺参記』を中心に―」（『日本中世の異文化接触』東京大学出版会、二〇一三年、初出二〇〇一年）も参照されたい。
(42) 「五月一日経」の底本としての玄昉将来経典の貸し出し状況を見ていると、何らかの秩序・順序に基づいたような規則性は窺われず、また、先述したように、書写事業の途中で底本とすべき経典が尽きたことが判明するなど、整然とした目録に基づいたような徴証は確認できない。なお、前掲註(3)山本論文は、玄昉将来経典の貸し出し状況を詳細に検討され、「順序立って借り出されていない」ことを指摘されているが、将来目録の存在を想定されている。
(43) 『続高僧伝』巻二四、護法下、正伝五、唐新羅国大僧統釈慈蔵伝。
(44) 『遍照発揮性霊集』巻五「与越州節度使求内外経書啓」。
(45) 前掲註(3)藤野論文、皆川完一「道慈と『日本書紀』」（『正倉院文書と古代中世史料の研究』吉川弘文館、二〇一二年、初出二〇〇二年）、勝浦令子「『金光明最勝王経』の舶載時期」（続日本紀研究会編『続日本紀の諸相』塙書房、二〇〇四年）等を参照。

(46) 漢籍と唐朝の外交との関連については、前掲註(2)拙論を参照。
(47) 前掲註(4)掲載の諸論文等、近年の仏教と国際秩序を論じた諸研究も参照されたい。

〔補記〕 本章における唐朝の仏典の国外流出制限説については、坂上康俊「入唐僧と刺史の印信―維蠲書状の真意―」(『唐法典と日本律令制』吉川弘文館、二〇二三年、初出二〇二一年)の批判がある。刺史の印信の理解については坂上説により深まった部分もあるが、異なる解釈も成り立ち得ると考える。また、坂上説は、仏典の輸出制限が無かったことを証明したとまでは言えないと考える。仏典も含め、書籍の管理に関しては、拙論「秘書の制と書籍の施行」(木本好信編『古代史論聚』岩田書院、二〇二〇年)を参照。

第四章　「東アジア世界」における日本律令制

はじめに

近代以前、東アジア地域には中国を中心とした国際秩序があり、「東アジア世界」という諸国・諸民族が構造的連関をもつ歴史的世界が存在したとされる。そこでは、（一）漢字文化、（二）儒教、（三）律令制、（四）仏教という共通した文化現象が認められるため、「東アジア世界」を漢字に媒介された中国文化圏（「東アジア文化圏」）と理解することも可能とされる。(1)「東アジア世界」に含まれる範囲は論者によっても異なるが、概ね中国、朝鮮、渤海、ベトナム、そして日本と考えられている。(2)

本章では、日本における律令制の成立・展開を「東アジア世界」との関わりの中で考えてみたいと思うが、そこで問題となるのが西嶋定生氏の「冊封体制」論である。そもそも上記の「東アジア世界」という概念を最初に提唱されたのが西嶋氏であり、同氏はそこで共通する文化現象は中国王朝の皇帝と周辺諸国の君長との冊封関係（君臣関係）という国際的な政治関係の形成によって伝播するとされているからである。(3)すなわち、律令制は、「冊封体制」によって中国から周辺諸国に伝播したということになる。しかし、日本が律令制を形成した時期（正確にはこの時期は「日本国」ではなく「倭国」という国名であったが、煩瑣となるので本章では一貫して「日本」とする）は、中国唐王朝との間には冊封関係はなく、日本の律令制と冊封体制との関連は定かでない[4]。それ故、本章では、日本において、如何にして律令制が受容・形成されたかを具体的に明らかにすることによって、「東アジア世界」論や「冊封体制」論の妥当性、そして律令法・律令制の歴史的意義についても考えることにしたい。

一　日本の律令法典編纂史

日本における律令制形成の問題を考えるにあたって、律令法典編纂の歴史に簡単に触れておきたい[5]。なお、ここでいう律令法典とは、現在の刑法にあたる律、国制を規定する行政法規等から成る令、律令規定の補足修正を行う単行法令を集成した格、令の施行細則集である式を指す。

平安時代前半に書かれた弘仁格式序には、それまでに編纂された法典として以下のものが挙げられている。

推古十二年（六〇四）（推古天皇）憲法十七条制定
天智　七年（六六八）（天智天皇）近江令制定
大宝　元年（七〇一）（文武天皇）大宝律令制定（律は翌年施行）
養老　二年（七一八）（元正天皇）養老律令編纂（七五七年施行）
弘仁十一年（八二〇）（嵯峨天皇）弘仁格式ほぼ完成（八三〇年施行、八四〇年改訂施行）

弘仁格式序の書かれた九世紀前半においては、憲法十七条は律令法典の先蹤と考えられていたようだが、実際の内容は官吏に対する道徳的訓戒や服務規律をまとめたものであることから[6]、ここでは除外しておきたい。また、次の近江令だが、その内実は不分明で、その存在を疑問視する有力な意見も存在している[7]。しかし、法典編纂の動きがあったことは認めてよいものと思う。

弘仁格式序には挙げられていないが、正史である『日本書紀』には天武十年（六八一）に律令編纂が命じられ、持統三年（六八九）に飛鳥浄御原令が諸司に配布されたことが明記されていることから、本格的な律令法典の編纂は天武天皇の時代（六七二～六八六）に始められ、その妻持統天皇（六八七～六九六）に受け継がれたと考えてよいだろう。なお、浄御原律の存否については研究者間で意見が分かれているが、編纂は行われたにしても完成した律法典は存在しなかったと思われる(8)。

その後、天武・持統の孫にあたる文武天皇の時代（六九七～七〇七）に、初めて律と令の揃った大宝律令が編纂・施行された。元正天皇の時代（七一五～七二三）の養老二年（七一八）には養老律令の編纂が開始され(9)、孝謙天皇の時代（七四九～七五八）の天平宝字元年（七五七）に施行された。養老律令の編纂では大宝律令を大いに改訂し、附属法典である格式の完備をも目指したと思われ、編纂開始から施行まで約四十年を要したが、結局、格式の完成には至らず、律令のみの施行に終わった(10)。

格式編纂は桓武天皇の時代（七八一～八〇五）に再開され、嵯峨天皇の時代（八〇九～八二三）の弘仁十一年（八二〇）に弘仁格式として一応完成することになった。「一応完成」としたのは、完全な完成ではなく、この後も修正が行われ、施行が天長七年（八三〇）まで遅れ、さらに改訂を加え承和七年（八四〇）に再施行されたからである。それにしても、ここに漸く日本も母法である唐の律令法典同様に律・令・格・式が全て揃うことになったのである。なお、弘仁格式序には見えないが、この後、天長十年（八三三）に養老令の公定注釈書である『令義解』が編纂され（施行は承和元年〈八三四〉）、格式も貞観格式（格は貞観十一年〈八六九〉施行、式は同十三年〈八七一〉施行）、延喜格式（格は延喜七年〈九〇七〉施行、式は康保四年〈九六七〉施行）と編纂されている。

従来、律と令が揃った大宝律令の編纂・施行を以て律令制の完成とする見方が強かったが、本来、律令制においては律・令・格・式という四種類の法典が必要であったのであり、法典完備という点を重視するならば、日本の律令制の完成期は格式が備えられた平安時代前半に求めなければならないだろう(11)。

以上に概述したように、日本における律令法典編纂は、令、律令、格式と長い期間をかけて順次段階的に行われた。唐朝で律令制が行われた時期にはほぼ皇帝の代替わりごとに律令格式が揃って編纂されたことと比べると、大きく異なっている。法典編纂の経験が無く、立法技術が未熟であり、社会の発展段階や慣習の異なる外国の法体系を一度に取り入れることが困難であったため、長い年月をかけて必要度の高い順に段階的に法典を編纂せざるを得なかったと考えられる。しかし、そうした日本側の事情だけではなく、「東アジア世界」における日本と中国、朝鮮諸国との外交関係による影響も少なからずあるように思われる。「東アジア世界」において冊封関係のない日本が律令法典を編纂した理由は何かという問題と併せて、次節以下で考察することにしたい。

二　日本律令制の形成

律令制の形成がいつ頃から始まったかについては、前節で触れたように憲法十七条が制定された推古朝に求める見解もあるが、実際に中央集権的な国制改革が行われた大化元年（六四五）の大化改新を起点とすべきであろう(12)。しかし、法典整備という点からすると近江令が編纂されたという天智朝、浄御原令が編纂された天武・持統朝を律令制の形成が本格化した時期として注目したい。この時期に、律令法典はどのようにして編纂されたのであろうか。

一般に、日本の律令制は隋唐の律令制を手本に形成されたとされ、律令法典編纂にあたっては比較的年度の近い唐律令が藍本にされたと推測されることが多い。例えば、瀧川政次郎氏は、近江令の藍本を唐の貞観律令（唐・貞観十一年〈六三七〉施行）、浄御原令（瀧川氏は「天武律令」と称す）の藍本には唐の永徽律令（唐・永徽二年〈六五一〉施行）を推定されている。(13) しかし、天智朝から天武朝にかけて見られる中央官制など諸制度を見ると、唐制の影響は殆ど見られず、唐代以前もしくは朝鮮諸国の制度的影響が確認される。

この時期の中央官制としては、太政官・六官制がある。太政官は唐の尚書省などに範を求めたとされるが、尚書省は他の王朝にも存在するので、実際どの時期のものを参考にしたかは慎重に考えるべきであろう。それに対し、六官制は百済の内官六佐平制の影響を強く受けたことが指摘されている。(14) 六官のうち兵政官は兵官佐平に、法官は内法佐平に対応するとされ、六官ではないが天智朝で中臣鎌足が任じられたという内臣は内臣佐平から来たものという。(15) また、天武天皇の葬儀に際して見られる六官の法官、理官、（大蔵）、兵政官、刑官、民官という序列は、隋朝の尚書省六部の序列に関係することが指摘されている。(16) 民官は中国の民部尚書に対応するものだが、民部尚書の官名は隋初の開皇三年（五八三）から始まるもので、唐朝では貞観二十三年（六四九）に戸部尚書に改められているので、少なくとも隋初から永徽律令以前の官制が手本にされたことが明らかである。六官の序列と合わせて考えるならば、隋の官制を参考にした可能性が高いと思われる。

同時期の官制として納言制が行われていたこともよく知られているが、従来は隋・唐初の門下省長官の納言に倣ったものと考えられている。しかし、日本では大納言・小（少）納言という大小の区別があることを考慮するならば、同じく納言に大小の区別のあった北周の官制の影響を想定すべきものと思う。(17)

天武朝には律令制的な仏教統制機関である僧綱制度が制定されているが、そのうちの僧正・僧都は中国南朝の、律師は北朝の影響を受けたものと考えられる。(18) また、八色の姓や外位制をはじめとして天武・持統朝の諸政策と同時期の新羅の文武王・神文王代（六六一～六九二）の諸政策とは類縁関係があることから、新羅の制度的影響が指摘されている。[19]

このように見てくると、天智朝、そして天武・持統朝においては、唐の律令制ないし律令法典に直接学んだか極めて疑わしく思われてくる。このことは、浄御原令制下の諸制度を通じても確認できる。

持統八年（六九四）に完成・遷都した藤原京は浄御原令に基づいて建設されたと考えられるが、その造営プランは唐朝の長安城でも洛陽城でもなく、『周礼』考工記の記載に基づいたとする説が有力である。[20] 新羅の王京、または中国南北朝の都城の影響を考える論者もいるが、いずれにしろ唐朝の影響を受けていないことは確かであろう。[21]

大宝令以前、すなわち浄御原令制下までは、木簡などの年紀記載の様式が、朝鮮諸国ないし中国南北朝期のものと一致するとされ、唐律令の規定とは全く異なっている。[22] 浄御原令に基づいたか大宝令に基づいたかで意見の分かれる西海道戸籍だが、西魏の計帳様文書に近似しているという指摘がある。[23] 大宝令に基づいて作成されたとしても、戸籍の様式は浄御原令制下のものを継承したと考えるべきであろう。そうなると浄御原令の造籍関係の諸規定も、北朝の影響が想定される。[24]

大宝令・養老令の規定の中には、唐代以前の制度的影響を受けたと思われるものが存在するが、そうした規定も浄御原令に遡る可能性が高いと思われる。例えば、大宝戸令三歳以下条に規定された年令区分（丁中制）は、唐戸令の対応規定と異なっており、早くから晋朝の戸調式との類似性が指摘され、朝鮮を媒介とした南朝の影響が想定されている。[25] また、大宝令・養老令共に奴婢等賤人への口分田班給が規定されているが、[補註1] 隋唐令では奴婢への給田規定はなく、北朝にはあったことが注意される。[26] それから、大宝令においては、唐令の宮衛令にあたる篇目は無く、宮衛令に含まれるべき規定が軍防令に収載されていたと考えられる。[27] これは、隋開皇令において軍防令と宮衛令が一篇にまとめられて宮衛軍防令となっていたことに類似していることも付け加えておきたい。

浄御原令の全貌を窺うにはあまりにも関連史料が乏しく、推測の部分が大きくならざるを得ないが、後の大宝令・養老令に比べて中国南北朝及び隋朝、そして朝鮮諸国の制度的影響が強いことは確かであろう。それどころか、唐朝の律令制の明確な影響を指摘することは困難のように思われる。この点からすると、浄御原令編纂時に唐永徽律令が藍本とされたという瀧川説は認めがたい。常識的に考えて、唐朝の律令が既に舶載されていたならば、それを敢えて編纂に利用しないということは考えにくく、浄御原令に唐律令の影響が殆ど確認できないということは、少くとも編纂開始時にはまだ将来されていなかったと考えるべきだろう(28)。ただし、部分的に唐制の知識が遣唐使や留学生、または朝鮮諸国を通じてもたらされ、浄御原令に取り入れられた可能性まで否定するつもりはない。あくまでも、唐朝の律令法典の体系的摂取は考えがたいということである(29)。

大宝律令の藍本が永徽律令であったことは間違いないと思われるので(30)、永徽律令は浄御原令の編纂後か、もしくは既に全面的な修正が不可能となった、編纂がかなり進んだ後にもたらされたと考えられる。天武・持統朝には、新羅を経由して帰国した遣唐留学生・遣唐留学僧がおり、また新羅使や遣新羅使の往還もあり、遣唐使が派遣されていなくとも、律令法典の舶載は可能であった。永徽律令の到来が浄御原令の不備・欠陥を明らかにすることになり、それが大宝律令の編纂に向かわせる契機・理由となったものと考える。

編纂時の制度的状況やその推測される規定から考えると、浄御原令には時代や国の異なる様々な制度が混在しており、何か単一の律令法典に基づいて編纂されたようには見えない。また、既に指摘されていることだが、朝鮮諸国を媒介とした制度的影響が少なくなく、この時期までは日本が直接中国の国制に学ぶことにはかなり困難があったと思われる。日本に中国の国制の知識をもたらした百済・新羅は、南北朝期から隋・唐朝に至るまで絶えること無く中国との通交を続けており、五世紀後半から百年以上通交が絶えていた日本に比べ中国の国制を学ぶ機会が多かったことは間違いないだろう。しかし、朝鮮諸国では律令制の体系的な摂取はなされず、諸制度を部分的にしかも自国の状況に合わせて改変を加えながら取り入れていた(31)。そのような長期間かけて部分的に変容されながら取り入れられた律令制を日本は学んだため、浄御原令は上記のような複雑な性格・内容を持つに至ったと考えられる。ただし、朝鮮諸国の律令制が南北朝期の影響が強いのに対し、日本の七世紀後半の官制や浄御原令の篇目等には隋制の影響も見られることから、隋令の影響も考慮する必要があるかもしれない。『日本国見在書目録』に隋朝の大業令三十巻が著録されていることを重視するならば、浄御原令の篇目構成等に隋令を参照した可能性が想定される。なお、隋令の全面的採用に至らなかったのは、それまでに朝鮮諸国からもたらされた諸制度が既に実施され、それなりに支配制度として実質化していたことがあるだろう。また、隋令に対する日本側の研究が十分進んでいなかったことなどが考えられる。

浄御原律が法典として完成しなかった理由としては、二つの可能性が考えられる。一つは手本とすべき中国律法典が完備していなかった可能性である。『日本国見在書目録』刑法家には「大律六巻」と見えるが、これは隋大業律を指すと考えられる。しかし、大業律の完本は十一巻であることから、欠巻があったと考えられる。すなわち、浄御原令は隋大業令の完本を手本に編纂は可能であったが、浄御原律編纂においては日本にもたらされた隋大業律に欠巻があったため、完成に至らなかったのではないだろうか。二つめの可能性としては、天武十年（六八一）から浄御原律令の編纂が開始されたが、編纂がある程度進んだと思われるその三年後に遣唐留学生の土師甥と白猪骨が帰朝し、唐永徽律令を持ち帰った影響が想定される。甥と骨は大宝律令編纂に大きく与ったことが知られ、彼らが大宝律令の藍本である永徽律令を将来した蓋然性が高いと考えられる。大業律と永徽律には相違点が多く、その調整に手間取ることにより、浄御原律を完成させることができなかったのではないだろうか。この二つの可能性と併せて、難解な律法典を理解し、整然とした体系性を崩さずに、日本の実態に合わせて修正するという律編纂自体の困難さも考慮すべきであろう。大宝律令が律・令ともに備えた法典として完成し得たのは、上記に指摘した問題点を乗り越えることができたからであろう。(補註2)

三　律令法典編纂の歴史的背景

なぜ朝鮮諸国では律令法典編纂が行われず、律令制の体系的な摂取が行われなかったかという問題は、なぜ日本は律令法典を編纂したのかという問題と対になっている。この問題の解答としては、既に冊封関係の有無に違いを求める意見が吉田孝氏から出されている。律令法は異民族支配を前提とする帝国法であったため、冊封を受けた新羅等は独自に律令法典を作ることが許されておらず、冊封を受けていなかった日本は唐・新羅との対抗関係から律令法典を編纂したとする。(32)

確かに、律令法典を編纂した実例としては、時代は異なるが、中国西北のタングート族による西夏、ベトナムの陳・黎・阮朝、中国東北部より起こった女真族の金朝等があり、中国に対し独立的・対抗的な立場にあった国々のみが法典を編纂しており、(33)吉田氏の説明は蓋然性が高いようにも思われる。しかし、この吉田氏の説明だけではまだ不十分な点があるように思われる。すなわち、唐代における百済・新羅の国制を見るならば、独自の律令法典の編纂が認められなかっただけでなく、唐朝と同じ国制を取ることに対しても規制があったのではないかと思われるのである。

先に見たように日本が律令制を形成した七世紀後半にあっても、百済・新羅においては南北朝期の影響や独自性の強い国制となっており、唐制の影響があまり見られない。新羅が唐制の導入に関心が無かったわけではなく、例えば、貞観二十二年（六四八）には金春秋（後の太宗）が入唐して中華（唐朝）の礼服に改めることを願い出て、認められている。また、永徽五年（六五四）には律令を詳酌して理方府格を修定しているが、その律令とは唐律令と推定されているように、新羅も唐制を取り入れようとしていた。それにもかかわらず、唐制の導入は部分的に止まったのである。この理由については、北村秀人氏の説明が的を射ているように思う。北村氏は、年号、国王の廟号や官司・官職名等で新羅が自己と同じ名称を用いることを僭越とみなし、唐朝が改変を要求したと思われることを具体的に例示し、唐朝との冊封関係が新羅における体系的な律令制導入を阻害する大きな条件の一つであったことを指摘されている。(34)

北村氏の説によれば、冊封を受けた国は宗主国の国制を勝手に模倣することは許されず、先に挙げた唐の礼服への改制のように申請して許可を得る必要があったと思われる。それも申請すれば必ず許可されるわけではなく、却下されることの方が多かったのではないだろうか。隋代の大業三年（六〇七）に突厥の啓民可汗が同じように服制を華夏（隋朝）のものに改めたいと願い出た際には、煬帝は改制を認めなかった。冊封を受け、国王が臣下となった国に対しては、原則的に宗主国と同じ国制を導入することを阻む規制があったと考えられる。(35)とりわけ、隋唐朝のような強大な王朝の時期にはそうした規制や介入が強まったであろう。反対に、南北朝期は比較的規制は弱く、朝鮮諸国も中国的な国制を導入しやすかったということが考えられるだろう。

以上に述べたように、日本が律令法典を編纂し、体系的な律令制の摂取が可能であったのは、唐朝の冊封を受けていなかったことが大きかったと思われる。しかし、それだけでは、七世紀後半という特定の時期に律令法典編纂が行われた理由は判然としないだろう。律令法典編纂の理由として、この時期の国内矛盾の増大など国内事情に要因を求める立場もあるだろう。そうした視点を否定するつもりはないが、本章ではあくまでも「東アジア世界」という視点から、当時の国際関係を重視して考えたい。

律令法典編纂の動きが見られるのは天智朝からであり、この時期の国制改革が天智二年（六六三）の白村江の敗戦による国際危機に対処するためのものであったことは間違いないだろう。唐・新羅連合軍の日本侵攻の脅威が天智朝の律令制的な改革を推し進める原動力となったものと推察するが、唐朝と新羅が仲違いして争うようになった天武朝になっても、唐朝との国交が回復されておらず、対外的な危機感は全く薄れることはなかったと思われる。[36]

天武十三年（六八四）に政治支配の要諦は軍事にあることを宣言したように、天武天皇は各種軍事制度の整備に力を入れた。勿論、国内支配の強化ということもあるだろうが、対外的な軍事力の強化に大きな力点があったものと思う。そのことは、天武天皇死後、その政策を引き継いだ持統天皇が徴兵制度を確立し、対外戦争（重点は国防にあったと考えるが）が可能な軍事制度を創設したことに示されている。[37]持統三年（六八九）に最初の律令制的な戸籍（庚寅年籍）が造られるが、この時に律令制支配の基本単位である「戸」が編成された。この「戸」は兵士徴発のためのものであり、日本の編戸制は軍団組織と密着して構想されたことが指摘されている。[38]編戸制と一緒に行われた班田制と併せて、一種の軍国体制という捉え方もされている。[39]ちなみに、班田制とは中国の均田制の一つの要素である屯田制にならって作られた土地制度である。

そもそも、日本が手本とした中国の南北朝・隋唐期の律令制の特徴的な制度として、徴兵制・編戸制・均田制・租（庸）調制等があるが、こうした諸制度が徴兵制度を中心に密接に関連していたことが明らかにされている。[40]そういう意味では、この時期に限定するならば中国の律令制も本来的に軍国体制であったと言えるであろう。日本がそうした軍国体制として律令制を受容したことを見失ってはならないと思う。すなわち、天武・持統朝における律令法典の編纂、律令制の体系的摂取とは、主に唐朝との軍事的な緊張関係による軍国体制形成のためになされたものであった。

安史の乱以後、唐朝は律令制を放棄し、周辺諸国に対する軍事的な圧力は大いに減じられることになったと思われる。また、八世紀以降日本との間で度々軍事的な緊張が高まった新羅との関係も、八世紀後半以降次第に疎遠となっていった。こうした国際的緊張緩和と、もとより民衆負担が大きかったこともあり、延暦十一年（七九二）、桓武天皇は辺要の地を除き、軍団兵士制すなわち徴兵制度を廃止した。これ以降、編戸制・班田制・租庸調制といった諸制度が次第に衰退してゆくことになるが、それは社会変動のためだけでなく、何よりも軍国体制の放棄によって徴兵制度に深く結びついていた諸制度を維持する必要性が失われたことも大きいのであろう。しかし、軍国体制＝徴兵制度という大きな重しが取れることで、日本社会の実態にあった支配体制を構築してゆくことが可能になったと考えることもできるだろう。この時期に始まる格式編纂は、そうした新たな国制を形作るためのものであったともいえよう。

おわりに

「東アジア世界」において律令制が共通する文化的な要素の一つであったことは事実であったと思われるが、しかし、冊封関係が必ずしも周辺諸国の律令制形成にプラスに働いたわけではなかった(41)。むしろ、冊封関係は周辺諸国の体系的な律令制の摂取を阻害するものであり、部分的な受容に押しとどめる働きをした。律令制の形成ということでは、むしろ日本のように冊封関係を持たない方が有利であり、中国の規制を受けることなく、全面的な受容も可能であった。ただし、規制が及びにくかったということであって、中国が律令法典の編纂等を公認したというわけではない。

律令制の部分的摂取であれば、朝鮮諸国との交流によっても可能であったが、体系的な律令制の導入にあたっては、藍本とすべき律令法典の入手と法典編纂の能力を持った人材の確保が必要であり、それらは中国王朝との直接的な通交なくしては困難であったろう。しかし、中国王朝との関係は政治的なものであり、必要なものが無条件に与えられるわけではなく、律令法典も簡単・即座に入手できたわけではなかったと思われる。そうした法典編纂を可能とする条件も、中国王朝との関係性によって大きく左右されたものと考える。

日本が手本とした南北朝から隋唐期の律令制には軍国体制ともいうべき性格があり、軍事的な緊張関係が高まるなどの国際的に大きな契機があって、初めて律令制の形成が促されるという一面があった。日本のように律令法典編纂には至らなかったが、新羅においても律令制形成が大いに進んだ文武王・神文王の時代は、対外的な緊張関係が高まった時代であったことは注意されてよいだろう。(42)

「東アジア世界」における律令制の伝播は、東アジア諸国にとって中国の律令制が先進的な国制として参照可能な唯一なものであったということと、(43)律令制という軍国体制が生み出す軍事的緊張が周辺諸国に同じような軍国体制形成を促すことによってなされたのではないだろうか。

註

（1）「東アジア世界」については、西嶋定生（李成市編）『古代東アジア世界と日本』（岩波書店、二〇〇〇年）、同上『西嶋定生東アジア史論集』第二巻（岩波書店、二〇〇二年）、堀敏一『中国と古代東アジア世界　中華的世界と諸民族』（岩波書店、一九九三年）、同上『律令制と東アジア世界―私の中国史学（二）―』（汲古書院、一九九四年）、同上『東アジア世界の形成』（汲古書院、二〇〇六年）等を参照。
（2）「東アジア世界」の範囲に関する西嶋氏及び堀氏の見解については、堀敏一「序　東アジア世界とは何か」（前掲註(1)堀著書『東アジア世界の形成』所収）を参照。なお、「東アジア世界」の範囲に対する批判については、山内晋次「日本古代史研究からみた東アジア世界論―西嶋定生氏の東アジア世界論を中心に―」（『新しい歴史学のために』二三〇・二三一、一九九八年）、廣瀬憲雄「古代東アジア地域対外関係の研究動向―『冊封体制』論・『東アジア世界』論と『東夷の小帝国』論を中心に―」（『歴史の理論と教育』一二九・一三〇、二〇〇八年）等を参照。

（3）「冊封体制」とは、中国王朝の皇帝と周辺諸国の君長との冊封関係（君臣関係）を基軸とする外交体制及び国際秩序を意味する。詳しくは、前掲註（1）西嶋著書を参照。

（4）西嶋氏は「律令」を法典と捉えていたため、冊封関係にあった新羅・百済などで律令法の編纂がなく、冊封関係になかった日本において律令法が編纂されたことの説明に窮した（「序説　七世紀の東アジアと日本」『東アジア世界における日本古代史講座6』、学生社、一九八二年）が、堀氏は西嶋氏の「律令」を律令制（＝律令に規定された諸制度）と捉え直し、必ずしも法典編纂と結びつけない形で立論されている（前掲註（1）堀著書）。本章でも堀氏に従って律令（法）ではなく、律令制を「東アジア世界」の共通要素として考える。それにしても、律令制と「冊封体制」との関係は未だ解明されていないと思う。なお、西嶋氏の「律令」伝播についての考え方に対しては、李成市『東アジア文化圏の形成』（山川出版社、二〇〇〇年）の批判もある。また、石上英一「比較律令制論」（『律令国家と社会構造』名著刊行会、一九九六年）における関連問題の整理は有益である。

（5）律令法・律令制に関する研究史的整理を行ったものに、大津透「律令制研究の成果と展望」（『法制史研究』四八、一九九八年）、同「律令法と固有法的秩序」（水林彪ほか編『新体系日本史2　法社会史』山川出版社、二〇〇一年）がある。

（6）家永三郎「憲法十七条」（『日本思想大系　聖徳太子集』岩波書店、一九七五年）を参照。

（7）青木和夫「浄御原令と古代官僚制」（『日本律令国家論攷』岩波書店、一九九二年、初出一九五四年）を参照。

（8）浄御原律の編纂に関する研究史については、長谷山彰「日本律成立の諸段階」（『日本古代の法と裁判』創文社、二〇〇四年）を参照。

（9）七一八年に養老律令が完成したという説もあるが、ここでは拙論「養老律令試論」（笹山晴生先生還暦記念会編『日本律令制論集』上巻、吉川弘文館、一九九三年）によって、七一八年は編纂開始の年とする。

（10）前掲註（9）拙論を参照。

（11）大津透「格式の成立と摂関期の法」（前掲註（5）水林ほか編書所収）を参照。

（12）吉田孝「律令国家の初段階」（『律令国家と古代の社会』岩波書店、一九八三年）、吉川真司「律令体制の形成」（『律令体制史研究』岩波書店、二〇二二年、初出二〇〇四年）等を参照。

(13) 瀧川政次郎「本邦律令の沿革」(『律令の研究』刀江書院、一九三一年)を参照。
(14) 内藤乾吉「近江令の法官・理官について」(『中国法制史考証』有斐閣、一九六三年、初出一九五七年)、鬼頭清明「日本律令官制の成立と百済の官制」(彌永貞三先生還暦記念会編『日本古代の社会と経済』上巻、吉川弘文館、一九七八年)を参照。
(15) 前掲註(14)内藤論文を参照。
(16) 前掲註(15)に同じ。
(17) 東野治之「大宝令前の官職をめぐる二、三の問題」(『長屋王家木簡の研究』塙書房、一九九六年、初出一九八四年)を参照。
(18) 井上光貞「日本における仏教統制機関の確立過程」(『日本古代国家の研究』岩波書店、一九六五年)を参照。
(19) 李成市「新羅文武・神文王代の集権政策と骨品制」(『日本史研究』五〇〇、二〇〇四年)。鈴木靖民「日本律令制の成立・展開と対外関係」(『古代対外関係史の研究』吉川弘文館、一九八五年)・同上「日本律令の成立と新羅」(大津透編『日唐律令比較研究の新段階』山川出版社、二〇〇八年)も参照。
(20) 小澤毅『日本古代宮都構造の研究』(青木書店、二〇〇三年)、中村太一「藤原京と『周礼』王城プラン」(『日本歴史』五八二、一九九六年)を参照。
(21) 前掲註(19)李論文、林部均『古代宮都形成過程の研究』(青木書店、二〇〇一年)を参照。
(22) 岸俊男「木簡と大宝令」(『日本古代文物の研究』塙書房、一九八八年、初出一九八〇年)を参照。
(23) 曾我部静雄「西涼及び両魏の戸籍と我が古代戸籍との関係」(『律令を中心とした日中関係史の研究』吉川弘文館、一九六八年、初出一九五七年)を参照。
(24) 吉田孝「編戸制・班田制の構造的特質」(前掲註(12)吉田著書所収)は、日本の編戸制の特質が北魏の三長制に類似を指摘している。
(25) 虎尾俊哉「ミヤケの土地制度に関する一試論」(『日本古代土地法史論』吉川弘文館、一九八一年、初出一九七四年)、吉田孝「戸令補注」(『日本思想大系　律令』岩波書店、一九七六年)を参照。
(26) 北朝の奴婢給田については、佐川英治「北魏均田制の目的と展開」(『史学雑誌』一一〇―一、二〇〇一年)を参照。
(27) 前掲註(9)拙論を参照。
(28) 浄御原令が編纂された天武・持統朝においては、唐朝との敵対関係が続いていたので、唐朝に対抗すべく独自性を打ち出すために唐令の規定をことさらに書き換えたという見方もあるかもしれないが、字句修正にとどまらず、支配の根幹に関わるところまで全面的に改正するということは考えがたいように思われる。
(29) 大隅清陽「大宝律令の歴史的位相」(前掲註(19)大津編書所収)を参照。
(30) 坂上康俊「『令集解』に引用された唐の令について」(『唐法典と日本律令制』吉川弘文館、二〇二三年、初出一九八六年)、同「日本に舶載された唐令の年次比定について」(『史淵』一四六、二〇〇九年)を参照。
(31) 堀敏一「律令制伝播の特質」(『律令制と東アジア世界』汲古書院、一九九四年)を参照。
(32) 吉田孝「「律令国家」と「公地公民」」(前掲註(12)吉田著書所収)を参照。
(33) 片倉穣『ベトナム前近代法の基礎的研究』(風間書房、一九八七年)、島田正郎『西夏法典初探』(創文社、二〇〇三年)等を参照。
(34) 北村秀人「朝鮮における「律令制」の変質」(『東アジア世界における日本古代史講座七　東アジアの変貌と日本律令国家』学生社、一九八二年)を参照。
(35) 新羅が唐の礼服導入を許可されたのは、忠実な藩国への恩典として認められたものと理解できるだろう。
(36) 前掲註(12)吉川論文を参照。
(37) 律令軍制の形成過程については、下向井龍彦「日本律令軍制の形成過程」(『史学雑誌』一〇〇―六、一九九一年)を参照。
(38) 浦田(義江)明子「編戸制の意義」(『史学雑誌』八一―二、一九七二年)、吉田孝「編戸制・班田制の構造的特質」(前掲註(12)吉田著書所収)を参照。
(39) 吉田孝「編戸制・班田制の構造的特質」(前掲註(12)吉田著書所収)、下向井龍彦「日本律令軍制の基本構造」(『史学研究』一七五、一九八七年)を参照。
(40) 佐川英治「北魏の編戸制と徴兵制度」(『東洋学報』八一―一、一九九九年)を参照。なお、この時期に特有の制度としては、これ以外に良賤制と呼ばれる身分制度もあるが、これが徴兵制度とどのように関連するのかしないのかは、今後の課題としたい。
(41) 西嶋定生氏の冊封関係による律令制伝播説に疑問を呈したものには、前掲註(4)李著書もある。
(42) 前掲註(19)李論文を参照。
(43) 吉田孝「「律令国家」と「公地公民」」(前掲註(12)吉田著書所収)を参照。

（補註1）　初出の際は「賤民」としていたが、本書に収めるに際し、「賤人」と改めた。「賤民」ではなく「賤人」と表記すべきことの理由については、拙著『日唐賤人制度の比較研究』（同成社、二〇一九年）序章を参照されたい。

（補註2）　初出時には、浄御原律令編纂時には隋律は未将来と考えていたが、その後研究を進める中で、隋大業律がもたらされていたと考えるに至った。そのため、この部分については大幅に書き換えることとなった。関連する拙論として、以下のものがある。「中日書目比較考─『隋書』経籍志の書籍情報を巡って─」（『東洋史研究』七六─一、二〇一七年）、「中国の法・制度の受容」（古瀬奈津子編『古代文学と隣接諸学5　律令国家の理想と現実』竹林舎、二〇一八年）、「律令制における法と学術」（大津透編『日本古代律令制と中国文明』山川出版社、二〇二〇年）。なお、隋律が浄御原律編纂に利用されたことについては、上野利三「飛鳥浄御原律の存否について」（『皇學館論叢』五一─六、二〇一八年）も参照されたい。

第三部　人物の交流

第一章　来日した唐人たち

はじめに

遣唐使は多くのヒト・モノ・情報を運び、日本（八世紀以前は倭国だが、煩雑になるので、時期を区別せず、一貫して日本と表記する）と唐の交流を支えたが、遣唐使によって来日した唐人はどのくらいの人数で、その人たちはどのような人々だったのであろうか。また、彼らは日本に来てからどのような活躍をしたのか。日本から派遣された人々（遣唐使、遣唐留学生、遣唐留学僧等）については多くの研究が存在しているが、来日唐人の全体像や実態についてはあまり明らかにされていない。(1) 古代日本における唐文化の影響を考える上で、来日唐人の関わりは重要であり、無視できない問題である。(2) 史料的な制約はあるが、遣唐使により来日した唐人たちが日唐文化交流史上果たした役割について、できるだけ具体的に明らかにしたいと思う。

日本の遣唐使が最初に派遣されたのは舒明二年（六三〇）であり、最後の遣唐使帰国は承和六年（八三九）であったから、基本的にこの間に来日した唐人を対象にするべきであるが、ここでは承和の遣唐使の一つ前の延暦度の遣唐使帰国時（大同元年〈八〇六〉）までを扱うことにする。その理由は、弘仁年間（八一〇～八二四）の頃から、唐の商人らが民間貿易船で来日するようになり、弘仁以後の来日唐人と遣唐使との関連が必ずしも明確ではなくなるからである。また、鑑真ら唐僧の日本仏教への影響の大きさは言うまでもないが、多くの専門家が詳細に論じていることから、ここではあまり詳しくは触れないことにする(3)。この点、あらかじめご了解頂きたい。

一　来日唐人の全体像

(1)　唐人の来日状況

遣唐使と共に日本を訪れた唐人は、大きく、二つに分けることができる。一つは、唐使であり、何らかの任務を帯びて日本に派遣された唐の官人である。もう一つは、唐使以外の人々である。この人たちは、僧侶と俗人(一般中国人)と混血児(唐人と日本人との間に生まれた混血児)に分けることができる(4)。なお、この他に、遣唐使とは直接関係しないが、七世紀後半に百済から送られてきた唐人捕虜も存在した。これら日本に渡ってきた唐人の状況を表にまとめたのが、表18である。この表には、当該期に来日ないし日本に存在したことが知られる唐人を出来る限り網羅した。また、僧侶・俗人の中には、いつ来日したか不明なケースもあるが、弘仁年間より前の唐人の僧侶・俗人は、唐人捕虜及びその子孫を除けば、全て遣唐使によって来日した人々である。以下、この表を参照しながら来日唐人の全体像を見ていくことにしたい。

まず、唐使であるが、この表によれば、全部で八回の来日があったことが分かる(宝亀九年〈七七八〉と同十年の唐使は同一のもので、十年の唐使は遅れて到着したもの)。しかし、このうち百済鎮将が派遣した私使や単なる送使を除いた、唐皇帝が派遣した正式な外交使節に限ると、舒明四年(六三二)の高表仁、天智四年(六六五)の劉徳高、宝亀

表 18　来日唐人の全体像（630～806）

1. 唐使
632　高表仁→帰国
664　郭務悰（百済鎮将劉仁願の使）→帰去
665　劉徳高〔254 人〕→帰国
　　郭務悰→帰去
667　司馬法聡（百済鎮将劉仁願の使）→帰去
671　李守真（同上）→帰去
671　郭務悰〔600 人〕→帰去
761　沈惟岳（→従五位下・清海宿禰）とその一行〔9 人水手＋30 人別将ら〕（紀喬容→？，陸張什→？，張道光→外従五位下・嵩山忌寸，徐公卿→正六位上・栄山忌寸，孟恵芝→正六位上・嵩山忌寸，盧如津→正六位上・清川忌寸，晏子欽→正六位上・栄山忌寸，吾税児→正六位上・長国忌寸，沈庭勗→正六位上・清海忌寸）
778　孫興進・秦怤期（＊大使趙英宝〔25 人〕は海没）→帰国
779　高鶴林〔5 人？〕→帰国

2. 唐使以外の者（遣唐使による来日者）
(1) 僧侶
？　道栄〈720〉
734　善意
736　道璿
　　＊婆羅門僧菩提僊那，林邑僧仏徹も来日
？　崇道〈754〉
754　鑑真とその一行（法進，曇静，思託，義静，懐謙，霊曜，仁韓，智威，法顆，恵雲，法載，法成，法智，恵達，智首，潘仙童，道欽，恵良，泰信，恵常，恵喜）
　　＊胡国人安如宝，崑崙人軍法力，瞻波人善聴も来日
(2) 俗人
？　王元仲〈722〉→仙薬飛丹製造，従五位下
？　陳懐玉〈734〉→千代連
735（736 カ）　袁晋卿→唐楽を奏す，漢音の伝授，従五位下，音博士，日向守，玄蕃頭，安房守，大学頭，清（浄）村宿祢
　　金礼信→漢字の音を伝える
736　皇甫東朝→唐楽を奏す，従五位上，雅楽員外助兼花苑正，越中介
　　皇甫昇女→唐楽を奏す，従五位上
　　李元環→唐楽を奏す，正五位下，織部正，出雲員外介，李忌寸（清宗宿祢の祖）
　　＊波斯人李密翳も来日
760　袁常照（来日は 761 か？　沈惟岳の一行か？）→袁晋卿の娘を妻とする
？　石角麻呂〈761〉→写経所出仕→〈761〉従八位上，年六十二，左京人
？　李少娘〈765〉→従五位下
？　王維倩〈787〉→栄山忌寸
？　朱政〈787〉→栄山忌寸
？　馬清朝〈788〉→新長忌寸
？　王希逸〈791〉→江田忌寸，正六位上
？　李自然〈792〉（＊大春日浄足の妻，浄足の帰国に随って来日）→従五位下

? 清川忌寸是麻呂〈798〉→従五位下，大炊権大属
? 清根忌寸松山〈798〉→正六位上，鼓吹権大令史
? 栄山忌寸諸依〈798〉→正六位上，官奴令史
? 栄山忌寸千嶋〈798〉→正六位上，造兵権大令史
? 李法琬〈799〉→正六位上，大学権大属

(3) 混血児

718 秦朝元（父は遣唐留学僧弁正）→外従五位上，遣唐判官，図書頭，主計頭，医術，漢語教育
734 羽栗翼（父は阿倍仲麻呂の傔人羽栗吉麻呂）→正五位下，遣唐録事，同准判官，大外記，勅旨大丞，内薬正兼侍医，丹波介，左京亮，内蔵助，唐暦伝来，鉱物鑑定依頼，朴消製造
　羽栗翔（同上）→正六位上，遣唐録事，留唐不帰
778 藤原喜娘（父は遣唐大使藤原清河）

3. 捕虜

661 続守言（来日は660, 663という異説も）〔106人〕→音博士
? 薩（薛カ）弘恪→勤大壱，音博士，律令撰定
675 唐人30人

（凡例）

1. 第1次遣唐使派遣から第18次遣唐使（延暦度）帰国までの期間を対象とする.
2. 唐人の名前の前に来日年次を記し，年次未詳の場合は？とした.
3. 来日年次が不明な時は，史料上初見の年代を名前の後の〈　〉内に記した.
4. 官位は，日本で与えられたもののみ，史料上確認できる最高位のみ記した.
5. 来日唐人の総勢何人かが記されている場合は，〔　〕に人数を記した.
6. 点線囲みは，761年に沈惟岳とともに来日した唐人である可能性のあるもの.

九年（七七八）の趙宝英の時の三回に止まる。[5][補註1]後にも触れるが、この唐使の来日回数は朝鮮諸国などに比べて極めて少ない。

正式な外交使節としての唐使がどれくらいの人数規模であったかは、残念ながらあまりはっきりしない。舒明四年の高表仁の時の人数は全く分からないが、その二十四年前の隋使裴世清の際は十三人であったことから、[6]これに近い人数であったかもしれない。なお、天智四年の劉徳高の時は、総勢二百五十四人であったとされるが、途中で百済鎮将の配下が多く加わったためと思われる。[補註2]宝亀九年の時は、不幸にも大使趙宝英は日本へ向かう途中で海没したが、唐使の水死者は二十五人であったという。無事に日本にたどり着いた孫興進ら唐使が何人であったかは不明であるが、総勢でも百人を超えることはなかったのではないだろうか。日本が派遣した遣唐使と比較すると小規模であったと思われる。これに比べ百済鎮将の派遣した唐使は、二百五十四人、六百人とかなり大人数であるが、[7]到着地

の大宰府（筑紫・筑紫都督府）からそのまま帰還していることから、文化交流上の影響は殆ど無かったと考えてよいだろう。したがって、これ以降の検討からは除外することにしたい。それから、天平宝字五年（七六一）の沈惟岳一行は、遣唐使高元度を送るために来日したが、諸般の事情で帰国せず、日本に帰化し、官人にとり立てられている。(8)

次に、唐使以外の来日状況だが、史料上名前が知られるのは、僧侶が二十一人、俗人（一般中国人）が二十人（十人）、混血児が四人である。このうち、俗人だが、表中の点線で囲んだ十人については、天平宝字五年に来日した沈惟岳の一行三十九人に含まれる可能性がある。その場合、二十人から唐使の可能性のある十人を除くと、俗人は十人に止まることになる。僧侶・俗人・混血児の殆どの者は、日本に定住し、帰化した。彼らの多くは僧侶や官人として登用され、律令国家の運営や古代文化の発展に寄与したことが知られる。(9)

（2）来日唐人の総数

唐使の総人数は、上述したように、あまり明確な数字を挙げることはできないが、三回の正使と一回の送使を合わせても二百人には満たなかったのではないかと思われる。少なく見積もった場合、百人前後というところだろうか。

一方、遣唐使船で来日した僧侶や俗人、混血児の総人数は約百七十年間（六三〇〜八〇六）で五十人前後ではなかったかと思われる。名前の知られるだけで四十五人（唐使の可能性がある十人を除くと三十五人）いるが、これを大きく上回るようなことはなかったと考える。なお、下野国府跡から「陳廷荘」という唐人と覚しき人名の記された木簡が発見されている（唐人捕虜の子孫の可能性もあるだろう）。(10)このような出土文字史料により新たな唐人の存在が今後明らかになる可能性もあるが、しかし、それもせいぜい数名であろう。確かに、一般的には歴史上知られる人物より史籍に名を残さない人の方が圧倒的に多いが、遣唐使により来日した唐人に限って言えば、名を残さなかった者を大きく見積もることはできないものと思う。詳しくは次節で述べるが、当時の外交関係にその理由がある。

遣唐使というと活発な国際交流が思い浮かべられ、多くの異国人が日本に渡って来たかのようなイメージがあるが、現実には来日した唐人はそれほど多くはなかった。唐人以外の外国人では、ペルシャ人やインド人、ベトナム人等もいたが、ほんの数人に過ぎなかった。例外的に新羅人はやや多かったが、彼らは遣唐使とは無関係であった。遣唐使によりたくさんの外国人が日本を訪れたということはなく、唐との人的交流が極めて乏しかったのがこの時代の大きな特徴であった。(11)

(3) 来日唐人の特徴・傾向

唐使の問題は第三節に回すこととして、ここでは唐使以外の来日唐人について、その特徴や傾向をまとめておきたい。

まず第一に言えることは、来日唐人は無名な者が殆どで、一流の文化人・知識人は少なかったということである。唯一例外は鑑真であって、彼の存在を一般化して考えることはできない。(12) 鑑真以外に唐で名を成した人物がいないということは、注意しておく必要があるだろう。

次に指摘できるのは、来日した唐人の殆どが僧侶・官人として、国家によって登用されているということである。(13) これは、彼らには日本人に無い学識・能力・技術があり、日本の古代国家にとって有用な人材であったということを意味するであろう。

そしてもう一つ挙げたいのは、天平度(七三四~七三六年帰国)と勝宝度(七五四年帰国)の遣唐使に、人材が集中しているということである。このことは、政府が計画的な人材募集を行った可能性を示している。満遍なく恒常的に唐人が来日していたわけではなく、政策的に唐人が招聘されていた蓋然性が高いと思われる。
これらの特徴・傾向がどのような意味をもつのか。当時の国際関係と日本の文化状況から考えてみることにしよう。

二　遣唐使時代の外交体制と来日唐人

(1)　冊封体制

古代の東アジアでは、中国中心の国際秩序が形成されていたが、中国王朝と諸外国の関係を規定したものとして「冊封体制」と呼ばれる外交体制が存在した。[14]「冊封体制」では、中国皇帝が君主、諸国王が臣下という関係が設定され、諸国の王は国王に任じられること（中国皇帝から国王に任命されることを「冊封」という）によりその国の支配権を公認・保証された。臣下となった諸国の王は、職約（被冊封国の義務）として、基本的には毎年、中国皇帝に朝貢しなければならなかったし、出軍命令など皇帝から下命があれば、それに服さなければならなかった。また国王が亡くなれば、その都度中国皇帝に報告し、新王の任命（冊封）をしてもらう必要があった。朝鮮諸国はいずれも唐朝の冊封を受けていたので、外交使節が頻繁に行き来し、唐使の来訪も日本よりはるかに多かった。

日本も三世紀の邪馬台国の時代や五世紀の倭の五王の時代には、中国から冊封を受けていたが、その後、一貫して冊封を受けることは無かった。唐代に入っても、冊封を受けず、不臣の朝貢国という立場をとった。それ故、職約も無い日本は唐代二百九十年間の内に遣唐使を十五回しか派遣しなかった。[15]冊封を受けた朝鮮諸国が毎年のように遣唐使を派遣した頻度とは比べるべくもない。日本への唐使の来訪が三回と少なかったのも、この冊封関係が無かったためである。

(2) 朝貢体制

では、冊封と朝貢とはどこがどう違うのか。冊封の意味は先に述べた通りだが、朝貢自体には必ずしも君臣関係が設定されるわけではなく、文物の贈答を通じて中国皇帝と諸国の王の間の政治的な上下関係を確認し合うというものである。諸国の王が貢ぎ物を持った朝貢使を中国皇帝の下に送ったからといって、その行為自体により諸国王が皇帝の臣下になるわけではなかった。しかし、中国皇帝にとって、朝貢国の存在は大切であった。

中国皇帝は、血統により支配者としての正当性が保証される日本の天皇と異なり、儒教により裏づけられた徳の有無こそが正当性の根源とされた。皇帝は色々な方法で自らが有徳な人物であることを国内人民に示す必要があったわけだが、その有力な方法として、朝貢国をたくさん招集するということがあった。すなわち、有徳の人物には、遠方からもたくさんの人々が徳を慕って集まってくるという考え方があって、朝貢国が多数来訪すれば、その皇帝はそれだけ徳の優れた人物であるということを宣伝することができたのである。支配者としての正当性を示すために、中国皇帝はより多くの朝貢国を招き寄せる必要があった。そのためにとられた外交体制が朝貢体制である(16)。

朝貢体制では、国家によるヒト・モノ・情報の移動が厳しく管理・制限された。具体的に述べると、皇帝・国王が派遣した公的な外交使節(=公使)以外の出入国を禁止し、ヒト・モノ・情報の国家を越えた民間交流を一切認めなかったのである。

また、唐朝は周辺諸外国に比べ文明・文化が格段に進んでおり、多くの先進的な文物を所有していた。こうした先進文物は、周辺諸国にとっては喉から手が出るほど熱望する対象であった。中国は自国のみが持ちえた先進文物を輸出禁止にし、朝貢してきた国にだけ回賜品（貢ぎ物に対する返礼品）として賜与する仕組みを作った。先進文物が欲しければ、中国に朝貢せざるをえない仕組みを作ったということである。要するに、先進文物を餌に、周辺諸国の朝貢国化を図ったのである。なお、朝貢体制は中国皇帝にとってだけ都合が良かったのではなく、周辺諸国の国王にとっても、外交権や先進文物・情報を独占することができ、権力・権威を高める上で好都合であったことに注意しておきたい。

（3）来日唐人の性格

右に述べた朝貢体制の仕組みは、八世紀後半までは厳格に維持されたが、安史の乱（七五五〜七六三年）による唐朝の衰退と唐国内経済の発展により、次第に形骸化していった。国家の力が弱まれば、私的な海外出国を取り締まる規制も弱まり、先進文物の輸出禁止措置も守られなくなる。また、国内経済の発展は、生産力の拡大をもたらし、国内商業の活発化に止まらず、海外との貿易を求める動きにもつながっていったからである。日本にも弘仁年間（八一〇〜八二四）以降、唐商人が訪れるようになったのは、そうした唐朝の状況変化が背景にあった(17)。

しかし、ここで問題としている六三〇〜八〇六年の期間は、基本的に朝貢体制が機能していたと考えてよく、皇帝の命を受けた公使か、さもなくば特別に勅許を得るのでなければ唐人が合法的に来日することは出来なかった。朝貢体制の下では、彼ら唐人の自由意志で来日することは不可能であった。鑑真が渡日にあたって、出国の許可を得ることができなかったため、彼ら一行は密出国という方法で日本に渡らなければならなくなったことを想起してほしい。五度の渡航失敗という苦難を味わうことになったのも、ひとえに密出国という違法性に原因があったのである(18)。

そのような当時の外交体制を念頭に置いた時、唐使以外の唐人たちは、鑑真等と同様に密出国で来日したものが多かったものと考えられる。恐らく、日本政府から委任された遣唐使のメンバーが日本への招請を行った結果、唐人らは遣唐使船に密かに乗り込み、来日したケースが多かったと想像される。少なくとも、唐人側から日本行きを持ちかけ、遣唐使が密出国という犯罪に手を貸したということではないだろう。中には日本の遣唐使が唐皇帝に正式に申請し、勅許を得て来日したケースもあるかもしれないが、いずれにしろ、あくまでも、当時の日本政府にとって必要性の高い人材として、遣唐使側から働きかける形で唐人来日が果たされたものと考えられる。この点、僧侶の場合、史料から明確に裏付けることができる。

(4) 遣唐使による唐人の招請

興福寺の僧侶であった栄叡・普照が、戒律を伝える師僧を探し求めるために唐へ派遣され、二人が招請した結果、道璿や鑑真が来日したことはよく知られている[19]。唐人ではないが、大仏開眼供養で開眼師を勤めた菩提僊那なども遣唐使の要請を受けて来日している。僧侶が日本側の招請で来日したことは史料的に明らかだが、俗人の場合はどうだろうか。

唐の史書には、蕭穎士という名高い文人が日本からの招請を受けたことが記されている。招いたのは日本ではなく、新羅だとする説もあるが、日本にしろ新羅にしろ、周辺諸国が唐の優れた人材を招請しようとしていたことは事実であろう[20]。僧侶のみならず、俗人の知識人・文化人の招請も行われたとみてよい。

蕭穎士は結局唐を離れることはなかったが、一流の文人であれば、国家が優秀な人材の国外流出を許すはずはなく、また、彼自身、唐での名声を捨て、敢えて国禁を犯してまで外国の要請に応える必然性がなかったということであろう。逆にいえば、唐では十分な評価を受けることができず、市塵に埋もれていた人々にとっては、たとえ異国の地であろうと自らの才能を発揮できるチャンスを生かそうとしたということが考えられる。日本を訪れた唐の俗人がいずれも無名の人々であった理由は、そこにあると思われる。国禁を犯して国を離れた以上、二度と故郷に戻ることはできず、彼らが異国に骨を埋める覚悟で渡って来たことは想像に難くない。また、たとえ勅許を得た場合であっても、約二十年に一度しか遣唐使が派遣されていない当時の状況において、簡単に帰国できないことは承知の上であったろう。(21) 彼らは日本に渡るにあたって相当の覚悟と決意をもっており、そうした精神的な強さが日本での活躍に結びついたものと考えられる。

(5)　天平度の来日唐人

もう一度、表18を見て頂きたい。先に述べたように、来日唐人が集中的に見られるのは、天平度（七三四～七三六年帰国）と勝宝度（七五四年帰国）の遣唐使である。勝宝度は鑑真一行によって来日唐人は占められているが、天平度の場合、道璿・菩提僊那・仏徹（仏哲とも）などの僧侶のほか、袁晋卿・金礼信・皇甫東朝・皇甫昇女・李元環といった俗人もまとまって見られる。彼らは、どのような理由・目的で日本に招かれたのであろうか。

注目されるのは、この天平度の来日唐人らは唐楽の演奏に深く関わっていることである。日本に到着して間もない天平七年（七三五）五月には、平城宮北の松林苑において遣唐使と共に唐楽を奏している。(22) また、これより三十年も後のことだが、天平神護二年（七六六）十月には、袁晋卿・皇甫東朝・皇甫昇女らが法華寺で行われた舎利会において唐楽を奏している。(23) さらに、翌年三月には皇甫東朝が雅楽員外助に任じられている。(24) 史料は限られているが、天平度の来日唐人は唐楽との関連が実に密接である。皇甫東朝らこの時の唐人たちは唐楽の技能が認められて、日本に招請された蓋然性が高いと思われる。なお、袁晋卿は大学音博士・玄蕃頭・安房守・大学頭などを、皇甫東朝は花苑司

正・越中介などを歴任しており、唐楽以外にも才能を有していたと思われる。(25)

天平度の来日者には唐人ではないが、林邑僧仏徹もいた。彼は林邑楽を伝え、大安寺で教習にあたったという。また、天平度の遣唐使と推測される粟田道麿は、唐から「破陣曲」という音曲を伝えたとされる。これに加えて、天平度の遣唐使に伴われて帰国した留学生吉備真備は、『楽書要録』という音楽書や銅律管・鉄如方響写律管声といった音楽関係の器具を持ち帰っている。この天平度の遣唐使においては、音楽関係の人材や文物が集中的にもたらされていることから、恐らく音楽文化の体系的な導入が政策的に図られたものと考えられる。(26)

(6) その他の唐人

天平度・勝宝度の時以外にも、唐人の来日があったことは、表18中の王元仲・陳懐玉・李少娘などの存在から推量されるが、彼らもまたその才学・技能によって招請されたと見てよいだろう。王元仲の場合は、仙薬製造の知識・技能により招かれたのではないだろうか。ただし、天平度・勝宝度を除くと、あまりまとまって唐人を招請した形跡はみられず、散発的な傾向は否めない。なお、史料上、唐人と表記されていても、石角麻呂のように日本風の名前をもっている場合は、唐人の二世、三世の可能性があるだろう。(27)

遣唐使は、遣唐使関係者（日本人）と結婚した唐人の女性やその間に生まれた混血児らも連れ帰っている。(28)彼らは本来知識や技能を期待されて日本に連れてこられたというよりも、遣唐使関係者の家族として日本への渡航を許された人々であった。しかし、その殆どが官人として登用され、活躍していることから、それほど高いレベルではないにしても、唐で身につけた知識・技能が、当時の日本では大きく役立ちうる状況があったと思われる。唐では二流、三流であっても、日本では十分通用しうる文化的格差が存在していたと見てよいだろう。無名の唐人であろうと、遣唐使が招請した背景にはこのようなこともあると思われる。

三　日本と朝鮮諸国における唐使

（1）朝鮮諸国における唐使

日本を訪れた唐使は僅か三回（送使を加えても四回）であり、朝鮮諸国に比べその派遣頻度はかなり低かったことを先に述べたが、ここではそうした唐使の違いが文化交流史上どのような影響をもたらしたかについて考えてみたい。

表19は、唐使高表仁が日本に派遣された前後に朝鮮諸国に派遣された唐使を整理したものである。この表に見られる唐使の官職・官品だけでも、かなりバラツキがあり、その時々の任務により唐使の選抜方針は様々であったことが推測される。しかし、もう少し対象期間を広げて検討してみると、唐朝の使節選任の基準として、文人・学者や技能者として名高い人物を充てる傾向があったことを確認できる。

開元二十五年（七三七）、唐は新羅に対し、左賛善大夫邢璹を大使、率府兵曹楊季鷹を副使として派遣した。邢璹は当代一流の儒学者であったが、彼が選任されたのは、新羅よりも儒教が盛んであることを知らしめるためであったという。[29]また、楊季鷹は碁の名手であり、彼を抜擢した目的もやはり囲碁のレベルの高さを示すことにあった。[30]このように、唐使派遣には、唐の文化的な威信を誇示することにも重要な目的があったのである。

右に述べたような視点から、もう一度、表19の唐使を見直してみると、六二四年の沈叔安、六二六年の朱子奢、六四三年の蔣儼などが目にとまる。沈叔安には『沈叔安集』二十巻、朱子奢には『朱子奢集』五巻、蔣儼には『蔣儼集』五巻という個人文集が存在しており、当時においては一目置かれる文人・学者であったと思われる。(31) なお、朱子奢は、唐代の有名な儒学のテキストである『礼記正義』の編纂にも関わっていた。(32) 残りの唐使にしても残存史料の関係で具体的な著作・事績が伝わらないだけで、他にも一流の文化人・知識人が選任されていた可能性はあると思われる。八世紀後半の事例だが、「秘書少監史館修撰馬君墓誌」によれば、主客員外郎であった馬盧符は、博覧多芸で囲碁に優れていたため新羅に派遣されたという。(33) 彼の場合、幸運にも墓碑が発見されたことにより、新羅への遣使とその理由が知られるのである。

朝鮮諸国には、唐使として一流の文化人・知識人が数多く派遣されていたと思われる。ただ単に派遣頻度が高いだけでなく、このような一流の人々と直接的な文化交流を行いえたことは朝鮮諸国における文化水準の向上、唐文化の普及を促したものと考えられる。

表19　唐初に朝鮮諸国に派遣された唐使

派遣年次	派遣先	使者名	官職	官品
621（武徳４）	新羅	庾文素	通直散騎侍郎	従五品上
624（武徳７）	高句麗	沈叔安	前刑部尚書	正三品
626（武徳９）	高句麗・新羅	朱子奢	国子助教 仮員外散騎侍郎	従六品上 従五品下
631（貞観５）	高句麗	長孫師	広州都督府司馬	正五品下
641（貞観15）	高句麗	陳大徳	職方郎中	従五品上
641（貞観15）	百済	鄭文表	祠部郎中	従五品上
643（貞観17）	高句麗	相里玄奨	司農丞	従六品上
643（貞観17）	高句麗	蔣儼	右屯衛兵曹参軍	正八品下
643（貞観17）	高句麗	鄧素	太常丞	従五品上

（2）日本における唐使

日本に派遣された唐使はわずかに三回、朝鮮諸国に比べ派遣回数は圧倒的に少ないわけだが、使節の選任の基準に違いはあったのであろうか。

舒明四年（六三二）に派遣されてきた高表仁については、先学の優れた研究があり、その人物像が明らかにされている。(34) 高表仁は、隋の功臣高熲の三男で隋・唐初の堂々たる貴族官僚であった。しかし、彼の失言のため父が失脚し、彼自身も不遇な前半生を送ったという経歴から推し量るに、気位が高く些か思慮に欠ける人物であったように思われる。実際、日本でも王子（王とする史料もある）と礼を争って、朝命を宣べないまま帰国するという失態を犯している[35]。文化人としての事績も全く確認できない。

宝亀九年（七七八）に日本に向かう途中、海中に没した趙宝英は、遣唐使の長安滞在中に応接にあたった宦官（掖庭令）であった。随行した唐使に孫興進・秦忿期・高鶴林（高鶴林のみ七七九年来日）らがいたが、高鶴林は鑑真の死を悼む詩を残している[36]。高鶴林に詩を作る文才があったことは知られるが、唐での令名は聞こえない。関連史料が乏しいこともあるが、この回の唐使にも、高名な文化人は含まれていなかったように思われる。

日本には一流の文化人・知識人が派遣されなかったと思われるが、それは冊封を受けない辺遠の国という関係性の薄さが原因として考えられる。しかし、それだけではなく、一流の人物を派遣する必要のない文化水準の低い国という認識が唐側にあったからではないだろうか。「新羅は号して君子の国と為す。頗る書記を知り、中華に類すること有り。以て学術を卿かにし、善く講論をともにす。故に使を選びて此に充てよ[37]」とその文化水準が唐に接近しており、特に一流の人物の選任が必要と考えられた新羅とは大きく認識が異なっていたと思われるのである。

結果として、日本は朝鮮諸国のように一流の文化人・知識人を自国に迎えて、直接的な文化交流をすることはできなかった。このことは、日本の唐文化摂取において大きな制約となったものと考えられる。

（3）日本における唐文化の摂取

日本を訪れた唐使が少ないだけでなく、実は日本から唐に派遣された遣唐使さえも、朝鮮諸国に比べれば決定的に少なかった。[38]新羅の場合、控えめに見ても日本の十数倍以上の回数で遣唐使を派遣していた。当然、留学生の数も新羅の方が圧倒的に多かった。要するに、日本はあらゆる面で人による直接的な文化交流が極めて少なかったということである。しかし、日本が唐文化に対し関心が低かったというわけではなく、むしろ積極的に唐文化を模倣・摂取しようとしていた。日本と唐の人的交流が少なかったのは、やはり、外交関係の特殊性と地理的な条件が大きかったものと思う。

日本は唐文化摂取において大きなハンディキャップを背負っていたわけだが、しかし、それを補う努力・工夫も行っていた。九世紀後半に作成された、当時日本に現存する漢籍の総目録である『日本国見在書目録』（藤原佐世撰）には、新羅に派遣された唐使の朱子奢や邢璹の著作が掲載されている。例えば、邢璹の著作として『周易略例』『春秋十二公証議』『秘要日計立成図』などが記載されているが、後の二冊は唐の目録類にも見られないもので、稀少な書籍と考えられる。これ以外にも、唐代の一流の学者・文人の著作が将来されていたことが知られる。そのうちの陸善経の著作などは唐でも早く失われたにもかかわらず、日本に多く舶載されていた。[39]唐代はまだ写本の時代であり、書籍の入手には様々な困難があり、何でも自由に書籍を持ち帰ることができたわけではないが、[40]そうした障碍を乗り越えながら必死に唐文化を学ぼうとしていたのである。

日本においては、直接的な人的交流の少なさを、書籍の学習で補おうとしていた。書籍を通して異文化を学ぶという文化摂取のあり方は、これ以降も長く続いたと思われる。

おわりに

遣唐使時代に日本を訪れた唐人は、朝鮮諸国に比べ極めて少なく、また一流の文化人も殆どいなかった。しかし、無名な人々であったからこそ、彼らの来日があったのであり、また、日本に骨を埋める覚悟をもっていたからこそ、最大限の努力をし、日本の文化発展に寄与することができたものと考えられる。たとえ一流の知識・技能を持っていなかったとしても、彼らが唐で身につけた先進的な知識・技能は当時の日本にとっては掛け替えのないものだったのである。

しかし、如何せん、絶対的な人的交流の不足は厳然としており、書籍を通して唐文化を摂取することが基本的なあり方にならざるをえなかった。そうした状況にあって、書籍によっては十分摂取できない文化もあったと思われる。例えば、仏教の戒律や唐の音楽などは、直接人から人へ伝授しなければ摂取できないものであったろう。天平度や勝宝度の遣唐使が、唐の楽師的な技能を持った人々や伝戒師僧をまとめて招請したのは、そうした書籍では学びえない部分を補うためのものであったと理解できるのではないだろうか。

註

（1）唐人のみならず古代日本に来日した外国人の全体像を概観したものに、関晃『帰化人』（講談社、二〇〇九年、初版一九五六年）、森公章「古代日本における在日外国人観小考」（『古代日本の対外認識と通交』吉川弘文館、一九九八年、初出一九九五年）、東野治之「インド・中国・朝鮮等より日本に渡来した人々　概観」（東大寺教学部編『新版シルクロード往来人物辞典』昭和堂、二〇

〇二年）、河野保博「来日僧・唐人」（鈴木靖民監修・高久健二ほか編『古代日本対外交流史事典』八木書店出版部、二〇二一年）等がある。

（2）従来、奈良時代以前の帰化人（渡来人）の文化的な役割については種々取り上げられてきているが、来日唐人の文化的な役割の全体像については未だ不十分であると思われる。

（3）鑑真については、東野治之『鑑真』（岩波書店、二〇〇九年）等を参照。

（4）混血児の活躍を論じたものに、王勇『講談社選書メチエ125　唐から見た遣唐使　混血児たちの大唐帝国』（講談社、一九九八年）がある。

（5）来日した唐使、高表仁については、池田温「裴世清と高表仁—隋唐と倭の交渉の一面—」（『東アジアの文化交流史』吉川弘文館、二〇〇二年、初出一九七一年）を参照。劉徳高については、本書第三部第二章「唐使劉徳高について」を参照。趙宝英については、栄原永遠男「宝亀の唐使と遣唐使」（『東アジア世界史研究センター年報』二、二〇〇九年）を参照。

（6）『日本書紀』推古十六年（六〇八）四月条。

（7）『日本書紀』天智四年（六六五）九月壬辰条、同書天智十年十一月癸卯条。なお、天智四年の人数には皇帝派遣の唐使一行の人数も含まれている。また、同十年の人数に加え送使一千四百人が派遣されていた。

（8）沈惟岳については、水野柳太郎「新羅進攻計画と藤原清河」（同編『日本古代の史料と制度』岩田書院、二〇〇四年）を参照。

（9）前掲註（1）森論文等を参照。

（10）田熊清彦「（一九八三年出土の木簡）栃木・下野国府跡」（『木簡研究』六、一九八四年）等を参照。

（11）人的交流の乏しさという特徴については、東野治之『遣唐使船　東アジアのなかで』（朝日新聞社、一九九九年）が早くから指摘している。

（12）鑑真については多くの著作・研究が存在するが、比較的近年の代表的なものに、前掲註（3）東野書がある。

（13）前掲註（1）森論文を参照。

（14）冊封体制については、西嶋定生（李成市編）『古代東アジア世界と日本』（岩波書店、二〇〇〇年）を参照。

（15）被冊封国としての職約は無かったが、「二十年一貢」の約を結んだとされる。東野治之「遣唐使の朝貢年期」（『遣唐使と正倉院』岩波書店、一九九二年、初出一九九〇年）を参照。

(16) 朝貢体制の具体的な内容については、拙著『唐王朝と古代日本』（吉川弘文館、二〇〇八年）及び本書第一部第一章「隋唐朝の朝貢体制の構造と展開」を参照。
(17) 拙論「唐代の朝貢と貿易」（前掲註(16)拙著所収）を参照。
(18) 拙論「律令国家の対外方針と「渡海制」」（前掲註(16)拙著所収）を参照。
(19) 堀裕「菩提僊那―インドと唐の文化の伝来―」（新古代史の会編『人物で学ぶ日本古代史2　奈良時代編』（吉川弘文館、二〇二二年）等を参照。
(20) 東野治之「唐の文人蕭穎士の招請」（『遣唐使と正倉院』岩波書店、一九九二年、初出一九八二年）、池田温「蕭穎士招聘は新羅か日本か」（『東アジアの文化交流史』吉川弘文館、二〇〇二年、初出一九八八年）等を参照。
(21) 前掲註(15)東野論文を参照。
(22) 『続日本紀』天平七年（七三五）五月庚申条。
(23) 『続日本紀』天平神護二年（七六六）十月癸卯条。
(24) 『続日本紀』神護景雲元年（七六七）三月己巳条。
(25) 袁晋卿については、森公章「袁晋卿の生涯―奈良時代、在日外国人の一例として―」（『古代日本の対外認識と通交』吉川弘文館、一九九八年、初出一九九六年）等を参照。皇甫東朝については、矢野健一「遣唐使と来日「唐人」―皇甫東朝を中心として―」（『東アジア世界史研究センター年報』六、二〇一二年）、葛継勇「唐人皇甫東朝の来日および在日の活動―『皇甫東朝』墨書土器破片発見によせて―」（『続日本紀研究』四一一、二〇一四年）等を参照。
(26) 南谷美保「『続日本紀』に見る唐楽演奏の記録と礼楽思想の受容について―吉備真備が唐楽伝来に関与した可能性についての一考察―」（『四天王寺国際仏教大学紀要』四三、二〇〇六年）は、吉備真備の唐楽伝来への関与を指摘している。
(27) 「石」は中国人風の姓であるが、「角麻呂」は日本人風の名前である。『大日本古文書』四―八六、同一五―一三一を参照。
(28) 前掲註(4)王書等を参照。
(29) 『旧唐書』巻百九十九上東夷伝新羅国条。
(30) 楊季鷹についても、前掲註(29)史料を参照。囲碁が国際的な威信に関わっていたことは、「大中入唐日本王子」の例からも知られる。池田温「大中入唐日本王子説」（『東アジアの文化交流史』吉川弘文館、二〇〇二年、初出一九七八年）を参照。

(31) 著作については、『旧唐書』経籍志、『新唐書』芸文志、『日本国見在書目録』等により確認できる。
(32) 『礼記正義』序に、「中散大夫守国子司業臣朱子奢」と編纂メンバーの一人として名を連ねている。
(33) 馬盧符には『新羅紀行』の著作があり、新羅に派遣されたことがあったと思われ、その墓誌には「博覧多芸にして、弈碁は第三品に居す」と見える(「秘書少監史館修撰馬君墓誌」〈『全唐文新編』十一〉)。
(34) 前掲註(5)池田論文を参照。
(35) 『旧唐書』東夷伝倭国条では「王子」と礼を争ったするが、『通典』辺防一倭条、『新唐書』東夷伝日本条等は「王」と争ったとする。争礼の内容については、本書第二部第一章「推古朝の迎賓儀礼の再検討」を参照。
(36) 蔵中進「鑑真渡海前後―唐使人高鶴林「嗟而述懐」詩の周辺―」(『神戸外大論叢』三五―六、一九八五年)を参照。
(37) 『旧唐書』東夷伝新羅条。
(38) 濱田耕策「新羅の遣唐使―上代末期と中代の派遣回数―」(『史淵』一四五、二〇〇八年)、酒寄雅志「渤海の遣唐使」(『東アジア世界史研究センター年報』四、二〇一〇年)等を参照。
(39) 本書第三部第三章「陸善経の著作とその日本伝来」を参照。
(40) 拙論「遣唐使による漢籍将来」(『唐王朝と古代日本』吉川弘文館、二〇〇八年)を参照。
(補註1) 初出時には劉徳高を百済鎮将の派遣使者と考え、皇帝の派遣した唐使に含めていなかったが、考察を深めた結果、本章では唐使として数え上げることとした。そのため、唐使の来日数も二回から三回に改めた。以下の記述においても同様に修正したが、一々注記していない。

(補註2) 本書に収めるにあたり、初出時には無い劉徳高の記述を書き加えた。本記述は、『日本書紀』天智四年(六六五)九月壬辰条による。

第二章　劉徳高に関する基礎的考察

はじめに

劉徳高は、天智四年（唐・麟徳二、六六五）に来倭した唐朝の使人である。唐朝が日本（倭国）に派遣した公的な外交使節は僅か三回であり、よほどのことがなければ派遣されなかったと考えるならば、その三回の唐使にはそれぞれ重要な役割が担わされていたものと推察される(1)。それ故、来日（来倭）唐使の役割や性格などを明らかにすることは、日唐関係史研究においてはまずもって取り組むべき価値のある課題と言えよう。しかし、初次の高表仁についてはそれなりの研究蓄積があるのに比べ、第二次の唐使劉徳高については、これまで専論もなく、十分に検討されてきたとは言い難い状況がある(2)。

劉徳高が来倭した天智四年は、白村江の戦いから間もない時期であり、緊迫した東アジア情勢を分析する上で見逃すことのできないキーパーソンであることは間違いない。また、近年、墓誌が発見され、注目を集めている禰軍を引き連れて来倭していることから、禰軍の外交上の役割を考えるためにも無視できない人物である(3)。この小論では、そのような劉徳高の研究上の意義をふまえ、基礎的な検討を行うことにしたい。

表20　劉徳高関連年表

西暦	唐年号	和年号	月	出　来　事
663	龍朔1	天智2	8	白村江の戦い
664	麟徳1	天智3	2	百済旧領で熊嶺会盟を行う
			5	郭務悰・禰軍ら，来倭す
			7	唐高宗，3年正月に泰山封禅を行うことを詔す
			9	倭国，郭務悰らを饗す
			12	倭国，郭務悰らを筑紫から帰国させる
				中臣鎌足，沙門智祥を派遣し，郭務悰に物を賜う
			是歳	対馬・壱岐・筑紫などに防人・熢を置き，筑紫に水城を造る
665	麟徳2	天智4	8	百済旧領で就利山会盟を行い，倭人の使人も参加す
			9	唐使劉徳高・禰軍・郭務悰ら，来倭す
				中臣鎌足の長子定恵帰国す
			10	菟道にて大閲す
			11	倭国，劉徳高らを饗す
				大友皇子と劉徳高，面会するか
			12	劉徳高ら帰国す
				守大石ら，劉徳高らと共に唐に赴く
666	乾封1	天智5	1	唐高宗，泰山封禅を挙行し，倭国使人も参加す
667	乾封2	天智6	3	近江大津宮に遷都する
			11	坂合部石積ら，百済鎮将の送使に送られて帰国す
				大和の高安城，讃岐の屋島城，対馬の金田城を築く
668	総章1	天智7	1	中大兄皇子，即位する
			9	唐，高句麗を滅ぼす
669	総章2	天智8	是歳	遣唐使を派遣し，高句麗平定を賀す
671	咸亨2	天智10	1	百済鎮将劉仁願，李守真を遣わし，上表す
			7	唐人李守真，帰国す
			11	唐国使人郭務悰ら2000人，来倭す
			12	天智天皇崩御す
672	咸亨3	天武1	3	郭務悰，書函・信物を進む
			5	郭務悰に武器や物を与える
				郭務悰，帰国する
			6	壬申の乱

一　劉徳高の帯官・出自

最初に、劉徳高が如何なる人物なのか、について確認しておきたい。

劉徳高が来倭した際の官位は、「朝散大夫沂州司馬上柱国」であった。朝散大夫は、従五品下の文散官である。沂州司馬は、沂州（河南道）が中州であることから、正六品下の地方官（職事官）である。沂州が泰山の比較的近くであることに注目し、乾封元年（六六六）に挙行される泰山封禅に参加するよう倭国に命じ、倭国使を泰山まで帯同するために、沂州司馬であった劉徳高が派遣されたという説が存在する(4)。劉徳高の任務が如何なるものであったかについては、後ほど検討することにしたいが、ここでは仮にその説を認めた上で論じる。泰山封禅に倭国使を参加させるために、目的地の近隣という官職の地域性が考慮された可能性もあるが、泰山付近の地方官は他にも多数いたわけであり、またより近くの地方官もいたわけであるから、沂州の地方官であることが主たる理由で選ばれたわけではないだろう。上柱国は最上等の勳官で、正二品相当とされる。勳官は軍功に応じて与えられるものであることから、来倭以前に大きな軍功を挙げた人物であったことが分かり、軍事的な緊張が続いていた倭国へ遣わすに適任と判断された一つの要素であったと思われる。

倭国（日本）に派遣された唐使のうち、初次の高表仁は新州刺史（従四品下）、第三次の趙宝英は掖庭令（従七品下）であり、官人としてのランクからいって、劉徳高はその中間くらいに位置する。また、唐代前期に朝鮮諸国に派遣された唐使と比べても特に高いわけでも低いわけでもなく、身分・地位の面からは、取り立てて大きな特徴は無いと思われる(5)。

劉徳高については、天智四年の倭国遣使以外に関連史料は無く、その前後の官歴を辿ることはできない。また、正史に伝が立てられていないことから、彼の出自を直接知る術も無い。ただし、彼の名前に着目することで、出自を推測することが可能である。唐代前期の劉姓の者には、「徳」を名前に持つ者が散見する。有名なところでは、永徽三年（六五二）に没した刑部尚書の劉徳威、[6] その弟の梁州刺史の徳敏、同じく弟の滁州刺史の徳智らがいる。[7] その他、貞観十九年（六四五）に亡くなった劉徳、[8] 垂拱四年（六八八）に亡くなった劉徳、[9] 久視元年（七〇〇）に亡くなった劉徳、[10] 総章二年（六六九）に亡くなった劉徳師、[11] 咸亨元年（六七〇）に亡くなった劉徳閏なども知られる。[12] 彼らは全て徐州彭城の人とされ、同族であったことが確認できる。「徳」字は彭城劉氏の通字（同世代で字を共有する名前の習俗）であったと考えられ、劉徳高も「徳」字を持つことから彭城劉氏の出であったと考えて間違いはないだろう。ちなみに、同時期の百済鎮将に劉仁軌・劉仁願という劉姓の将軍が存在するが、同じ劉姓でも尉氏劉氏の系統であり、出自上のつながりは無い。[13] 百済鎮将の縁故により、倭国出使が命じられたわけではないと思われる。あくまでも中央政府の人選により、派遣されることとなったと考えてよいだろう。

劉徳高の帯官・出自に関して知られることは以上と思われるが、唐に帰国した後の動きが全く伝わっていないのは、その後に目立った活躍も昇進もなく終わったためと推量される。あるいは、帰国後間もなく没した可能性もあるだろう。

二　関連史料から見た劉徳高の動向

劉徳高の関連史料は数少ないが、その主要なものは『日本書紀』のものである。[14]

〔日本書紀〕天智四年（六六五）九月壬辰条

唐国遣朝散大夫沂州司馬上柱国劉徳高等。等謂右戎衛郎将上柱国百済禰軍・朝散大夫柱国郭務悰。凡二百五十四人。七月二十八日、至于対馬。九月二十日、至于筑紫。二十二日、進表函焉。

唐国、朝散大夫沂州司馬上柱国劉徳高等を遣す。等といふは、右戎衛郎将上柱国百済禰軍・朝散大夫柱国郭務悰を謂ふ。凡て二百五十四人。七月二十八日に、対馬に至る。九月二十日に、筑紫に至る。二十二日に、表函を進る。

〔日本書紀〕天智四年十月己酉条

大閲于菟道。

大きに菟道に閲す。

〔日本書紀〕天智四年十一月辛巳条

饗賜劉徳高等。

劉徳高等に饗賜ふ。

〔日本書紀〕天智四年十二月辛亥条

賜物於劉徳高等。

物を劉徳高等に賜ふ。

〔日本書紀〕天智四年十二月是月条

劉徳高等罷帰。

劉徳高等罷り帰りぬ。

〔日本書紀〕天智四年是歳条

遣小錦守君大石等於大唐、云々。等謂小山坂合部連石積・大乙吉士岐彌・吉士針間。蓋送唐使人乎。

小錦守君大石等を大唐に遣すと、云々。等といふは、小山坂合部連石積・大乙吉士岐彌・吉士針間を謂ふ。蓋し唐の使人を送るか。

〔日本書紀〕白雉五年（六五四）二月条

（前略）伊吉博得言、（中略）定恵、以己丑年、付劉徳高等船帰。（後略）

（前略）伊吉博得が言はく、（中略）定恵、己丑の年を以て、劉徳高等が船に付きて帰る。（後略）

これによれば、劉徳高は、禰軍・郭務悰らと共に総勢二百五十四人で、天智四年七月下旬に対馬に到着し、その後九月下旬に筑紫に至り、その地で表函を提出したという。そして、十一月に倭国側から饗応を受け、十二月に物を贈られ、帰国したという。『日本書紀』には饗応の場所が記されていないが、『懐風藻』大友皇子伝に、劉徳高と大友皇子が面会したことが記されていることから、恐らく飛鳥京において饗応されたものと思われる。そう考えるならば、十月の「大きに菟道に閲す」という記事も、劉徳高の入京に備え、武威・威儀を示すための閲兵が行われたものと推測することも可能である。(15)

対馬到着から入京、そして帰国までのスケジュールに注目すると、表函受領までの動きが緩慢であったのに比して、その受領後の倭国朝廷の対応が極めて迅速であったことが分かる。九月二十二日に「表函」＝外交文書（高宗の勅書か）が筑紫で提出された後、その文書は飛鳥京にもたらされ、恐らく天智天皇・大友皇子・有力豪族等で入京を認めるか否かなど対応が合議・検討されたと思われる。その結果、遅くとも菟道で大閲が行われた十月十一日（己酉）までに劉徳高らの入京を決定し、饗応の行われた十一月十三日（辛巳）以前に劉徳高らを飛鳥京に迎え入れていたことになる。また、饗応から帰国までも一ヶ月程であった。飛駅制が整備されていた奈良時代においても、大宰府（筑紫）と平城京との間は飛駅で四、五日かかっていた。(16)また、外国使の入京にあたっては、通例、大宰府（筑紫）から難波まで海路であったが、『延喜式』の規定ではこの間の旅程は三十日となっていた。(17)交通制度の整備がまだ不十分であったと思われる天智朝においては、極めてタイトなスケジュールであったと思われる。このことは、前年に郭務悰・禰軍が来倭した際には、筑紫到着から帰国までに七ヶ月程かかったことに比べても、その対応の早さが際立っている。倭国朝廷にスピーディーな対応を迫る何らかの要因があったことは間違い無いだろう。

なお、『日本書紀』白雉五年二月条所引の伊吉博徳の供述によれば、劉徳高は僧定恵（貞慧）を伴っていたことが知られるが、このことは『藤氏家伝』貞慧伝にも見える。

また、天智四年是歳条には、守大石らが唐に派遣されたことが記されているが、その注文に「蓋し唐の使人を送るか」とあることから、守大石らと劉徳高らが一緒に唐に向かった可能性がある。これについては、守大石を百済役で俘囚となっていたと考え、倭国からの派遣ではなく、幽囚の地である熊津都督府から派遣されたと考える論者もいる(18)が、『日本書紀』の記事を素直に読むならば、やはり倭国から派遣したものと解釈せざるを得ない。守大石らは、遣唐使と考えてよいだろう(19)。

三　劉徳高派遣の経緯・目的

劉徳高が何故派遣されたのか、またその目的はどのようなものであったのかを考えてみたい。

まず、何故派遣されたのかだが、この問題を解く鍵は、前年に百済鎮将劉仁願から倭国に派遣された禰軍・郭務悰ら一行にある。この使節の目的は何であったかについては後述する。彼らは百済鎮将の牒書と献物をもたらしたが、天子の使（公使）ではなく、天子の書（国書）を持参していないということで、入京を認められず、牒書・献物の受け取りも拒否された(20)。すなわち、百済鎮将から託された使命を達することができなかったということである。翌年、再び禰軍・郭務悰らが倭国に派遣されたのは、前年に果たすことができなかった使命を達成するためと考えるのが自然であろう。ただし、前年、倭国に拒否された理由を解決しなければ、同じ失敗を繰り返すことは明らかであるのだから、十分対策した上で再来倭したであろう。倭国側の拒否の理由は、天子の使（公使）ではないこと、天子の書（国書）を持参していないことだったわけであるから、当然、天子から勅命を受けた使人と共に来倭すること、さらに天子の書（国書）を持参することが絶対条件であった。劉徳高は正にその条件を満たす存在であり、倭国側の要求する天子（高宗）の使人として派遣されることになったと考えてよいだろう。[21]劉徳高がもたらした「表函」は、倭国側に受け取られたことから、天子の書（高宗の勅書か）であったのであろう。

劉徳高の派遣が、前年の禰軍・郭務悰らの派遣と関連していることは、定恵を伴って来倭したことからも窺える。前年の十月、筑紫に止められていた郭務悰に対し、中臣鎌足が沙門智祥を派遣し、物を贈ったことが『日本書紀』に記されている。[22]長安で高僧神泰の下で修学していた定恵が、急遽、高宗に命じられて帰国することになったのは、定恵の父鎌足が郭務悰に働きかけた結果と考えて大過無いであろう。[23]鎌足が郭務悰に定恵の帰国を頼み込んだとまでは断言できないが、少なくとも定恵が倭国の実力者鎌足の子どもであるという情報が、唐側に伝わったことは間違い無いだろう。[24]高宗が定恵の帰国を命じたのは、定恵を倭国に帰すことが、使命達成に有利になるという計算が働いたからだと思われる。[25]ともかくも、劉徳高が定恵を伴ったことは、前年の禰軍・郭務悰らの外交交渉とのつながりを示すものと言えよう。

それでは、劉徳高を派遣した唐朝の目的は何であったのだろうか。このことは上に述べたように、前年に禰軍・郭務悰らが果たすことができなかった使命を果たすことにあった。すなわち、禰軍・郭務悰らと同じ目的が存在したと考えられる。[26]禰軍・郭務悰らの初回来倭の目的については、唐が百済占領政策について日本の諒承を得るための和平交渉であったという説が大方の支持を得ている。(27)しかし、劉徳高らの派遣目的については、乾封元年（六六六）正月に行われた唐・高宗の泰山封禅の儀に倭国使を参列させるためであったという意見が有力と思われる。(28)天智三年と天智四年の遣使目的を連続的なものとして理解するためには、両説のどちらかに統一するか、全く新たな説を出すか、ということも考えられるが、両説を併存させることも可能ではないかと考える。

天智三・四両年の遣使目的を連続的に捉えるということは、既に鈴木靖民氏が論じられており、両年共に百済占領政策完遂のための和親を目的とするものであったとされる。(29)鈴木氏は泰山封禅参列を要請するという目的については消極的な立場を取られているが、葛継勇氏の近年の研究により、天智四年の劉徳高らの遣使の目的として十分成り立つものと思われる。(30)泰山封禅参列要請があったという説に対して鈴木氏が消極的な見方をされているのは、時間的な問題に理由がある。劉徳高らが帰国に際して帯同した守大石ら遣唐使は、十二月十四日以降に倭国を出発したわけであるから、翌年正月に開かれた泰山封禅に間に合わないということが大きな理由になっているのである。しかし、葛氏が明らかにされたように、泰山封禅の関連儀式は二月中旬まで続いており、劉仁願が二月中旬に泰山に登った証拠もあることから、劉仁願・劉徳高らが倭国の遣唐使を連れて泰山封禅の関連儀式に参加した蓋然性は高いと思われる。そもそも正月の泰山封禅の儀に間に合わなかったのは、劉徳高らが対馬に二ヶ月近く足止めされたことに原因があるのであり、それが無ければ十分正月までに泰山に赴くことが可能であったであろう。劉徳高らの遣使目的に、泰山封禅へ倭国使の参列を要請することがあったと見てよいだろう。以上、要するに、天智三年と四年の倭国への遣使には、百済問題解決のための和平交渉という連続・共通する目的があり、それに加えて四年の劉徳高らの遣使には泰山封禅参列要請も存在したということになるだろう。

四　劉徳高の外交成果

倭国の遣唐使を帯同した劉徳高らが乾封元年正月の泰山に間に合わなかった理由は、対馬での足止めにあったからということを上で述べたが、なぜ足止めされたかは明確な理由は分からない。しかし、唐側との交渉に消極的ないし警戒する姿勢が倭国側に存在したことが垣間見える。倭国側の対応が一転して速くなるのは、筑紫で唐使が表函を提出したからである。前年の唐使とは異なり、天子の使（公使）であり、天子の書（国書）を持参していることが判明したということが大きいのかもしれないが、国書の内容にもよるものと考える。泰山封禅の儀に間に合うよう、倭国側に迅速な対応を求めるような厳しい文面であったことも考えられる。また、定恵が表函提出にあたり、唐側の意図を代弁し、倭国側に緊急な対応を働きかけた可能性もあるだろう。いずれにしろ、この後の倭国の対応が極めて速かったことは上述した通りである。

劉徳高らと倭国政府の外交交渉は、飛鳥京で行われたと思われ、先にも触れたように、『懐風藻』大友皇子伝には劉徳高と大友皇子が面会したことが記されている。皇子を見た劉徳高が、「此の皇子の風骨は世間の人に似ず、実に此の国の分に非ず」と評したとされるが、大友皇子を褒め称えたエピソードからは、両国の交渉が成功裏に終わったことを窺わせる。実際、守大石らが遣唐使として派遣されることになったのも、交渉がまとまったことによるだろう。乾封元年正月の泰山封禅の儀には遅れたが、倭国の遣唐使を関連儀式に参加させ、その後、都に導き、和平交渉の席に着かせたとすると、劉徳高の外交成果は極めて大きいものであったと言えよう(31)。これにより、両国の緊張関係が一挙に緩むまでは至らなかったが、外交交渉の窓口が開かれることになったことは、両国にとって意義深いものであったと思われる。[32] 天智八年（六六九）の遣唐使派遣も、天智十年（六七一）の唐使郭務悰との交渉も、そうした外交路線の上に位置づけるべきものと考える。[33]

おわりに

六六〇年代の東アジアの国際情勢は、目まぐるしく転回・曲折し、昨日の盛者が今日に滅び、長年の友が俄に怨敵に変わる状況であった。それ故、外交の重みがとりわけ増した時代であった。劉徳高は、白村江の戦い以来、敵対関係が続いていた倭国との外交を再開し、和平の道をつけるために派遣された。彼はその使命を達成し、倭国と唐朝の外交交渉が再開されることになり、天智朝は少しずつ唐朝に歩み寄る姿勢を取り始めていた。しかし、こうした外交路線の転換は、倭国政府内部の亀裂を生み出していった可能性もあるのではないだろうか。天智天皇の後継者であった大友皇子を倒した大海人皇子（天武天皇）は、唐朝との関係を断ち切り、新羅との関係を重視する外交政策をとったが、大海人は唐朝との関係を深めつつあった天智・大友の外交路線に反発していたのではないだろうか。

劉徳高は、外交交渉の対手となり、親しく語り合った大友皇子が非業の死を遂げたことを、また、彼が達成した日唐交渉の成果が数年の内に潰え去ったことを、果たして知ることがあったであろうか。

註

（1）唐使の派遣が少なかったことについては、本書第三部第一章「来日した唐人たち」でも述べている。

（2）高表仁に関する代表的な研究は、池田温「裴世清と高表仁」（『東アジアの文化交流史』吉川弘文館、二〇〇二年、初出一九七一年）である。

(3) 禰軍墓誌の存在を最初に紹介したのは、王連龍「百済人『祢軍墓誌』考論」（『社会科学戦線』二〇一一年七期）である。それ以来、内外で多くの研究が発表されている。

(4) 日本古典文学大系『日本書紀』（岩波書店、一九六五年）補注27―七を参照。

(5) 前掲註(2)池田論文を参照。

(6)『旧唐書』巻七十七・劉徳威伝、『新唐書』巻一百六・劉徳威伝。

(7)『新唐書』巻十一上・宰相世系・劉氏条、『元和姓纂』巻五・劉姓条等を参照。

(8)『唐代墓誌彙編』貞観一一四「大唐洛州伊闕県故令劉君墓誌銘幷序」。なお、墓誌の検索には、氣賀澤保規編『新版唐代墓誌所在総合目録（増訂版）』（汲古書院、二〇〇九年）を利用した（以下同じ）。

(9)『唐代墓誌彙編続集』垂拱〇二三「大唐彭城故劉府君墓誌」。

(10)『全唐文補遺』八巻三五三頁「大唐故処士劉府君（徳）墓誌銘幷序」。

(11)『唐代墓誌彙編』咸亨〇〇四「唐故処士劉君墓誌銘幷序」。

(12)『唐代墓誌彙編』咸亨〇〇二「唐故劉公墓誌銘幷序」。

(13) 註(7)に同じ。

(14)『日本書紀』の訓読は、前掲註(4)『日本書紀』による。

(15) 前掲註(4)『日本書紀』天智四年十月己酉条頭注六を参照。

(16) 青木和夫「駅制雑考」（『日本律令国家論攷』岩波書店、一九九二年、初出一九七二年）を参照。

(17)『延喜式』巻二十四・主計上・大宰府条。

(18) 山尾幸久「遣唐使」（『東アジア世界における日本古代史講座』第六巻、学生社、一九八二年）。

(19) 守大石らを遣唐使ではなく、劉徳高らの送使に過ぎないとする説もあるが、大石の冠位の高さや、一行の帰国までに二年近く日数を要していたことを考えれば、単なる送使とは考えられず、遣唐使と考えるべきである。本書第一部第二章「遣唐使の役割と変質」等を参照。

(20)『善隣国宝記』巻上・天智三年条所引『海外国記』。

(21)　鈴木靖民「百済救援の役後の日唐交渉」(『日本の古代国家形成と東アジア』吉川弘文館、二〇一一年、初出一九七二年）も筆者とほぼ同様の考察をされている。
(22)　『日本書紀』天智三年（六六四）十月乙亥朔条。
(23)　『藤氏家伝』貞慧伝には、「而るに、忽ちに天勅を承りて、節を荷ひ駕を命す。また、廓武宗・劉徳高らに詔して、旦夕に撫養し、倭朝に送り奉る」と記されている。訓読は、沖森卓也・佐藤信・矢嶋泉『藤氏家伝　鎌足・貞慧・武智麻呂伝　注釈と研究』（吉川弘文館、一九九九年）による。
(24)　遠藤慶太「入唐僧貞慧と藤原鎌足」（篠川賢・増尾伸一郎編『藤氏家伝を読む』吉川弘文館、二〇一一年）は、「唐側は貞恵が日本の外交担当者の子であることを悉知していたと思われる」（五五頁）と述べている。
(25)　定恵を外交交渉を有利に進める材料として利用するどころか、定恵に唐側の意図を代弁させようという目論見もあったのではないかと推測する。遣唐留学生（僧）が帰国に際して、唐側の立場で外交献策することは、推古三十一年（六二三）に帰国した薬師恵日等の例がある。前掲註(19)拙論を参照。定恵に関しては、直木孝次郎「定恵の渡唐」（『古代日本と朝鮮・中国』講談社、一九八八年、初出一九八〇年）は、「定恵がどのような外交策を献言しようとしたかは不明だが、母国の復興をのぞむ百済人にとって好ましいものであったと思われない」（一七〇頁）と述べられていることに注目したい。
(26)　結論は少し異なるが、前掲註(21)鈴木論文も同様な考え方をしている。鈴木氏は、天智三年と天智四年の遣使の目的を同一のものとし、「百済領の確保を任務の第一とする劉仁願ら現地の当事者自らによる対日和平交渉であることに変わりなかったのである」（一七〇頁）と述べる。
(27)　池内宏「百済滅亡後の動乱及び唐・羅・日三国の関係」（『満鮮史研究』上世第二刷、吉川弘文館、一九六〇年、初出一九三三年）、前掲註(21)鈴木論文、葛継勇「祢軍の倭国出使と高宗の泰山封禅」（『日本歴史』七九〇、二〇一四年）等を参照。
(28)　註(4)『日本書紀』補注、前掲註(27)葛論文等を参照。
(29)　註(26)に同じ。
(30)　前掲註(27)葛論文を参照。
(31)　守大石等遣唐使が唐の都まで赴いたという明証はなく、派遣から帰国まで二年ほどかかっていることからの推測による。唐側の史料に守大石等の来朝記事が見えないのは、泰山封禅の儀に参列した倭国使の記事に含められたものと理解する。なお、大使の守大石の帰国記事は無く、おそらくは、唐において客死したと思われる。

(32) 唐で和平交渉を行ってきたと思われる遣唐使が帰国した天智六年(六六七)十一月にあっても、倭国では高安城・屋島城・金田城等を築き、防衛体制を固めており、緊張関係が続いていたことが分かる。また、『三国史記』巻七・新羅本紀・文武王十一年(六六九)七月二十六日条には、唐が倭国征討を計画していたことが記されている。

(33) 『日本書紀』天智八年是歳条にも郭務悰の来倭記事が見えるが、これは同十年十一月癸卯条の重出と考えられる。坂本太郎「天智紀の史料批判」(『日本古代史の基礎的研究』東京大学出版会、一九六四年、初出一九五五年)を参照。

第三章　陸善経の著作とその日本伝来

はじめに

『日本国見在書目録《にほんこくげんざいしょもくろく》』には遣唐使がもたらした唐代の書籍が数多く著録されているが、その中で一際存在感を示しているのが陸善経《りくぜんけい》の一連の著作である。[1] 個人の撰著としては最多の八種の書籍が著録されている。[2] また、『日本国見在書目録』に著録されていないが、日本に舶載された彼の著作として『文選注』、『史記注（史記決疑）』があり、日本では大きな影響力を有していたことが知られている。[3] さらに彼が編纂に加わった国家的な編纂物には『開元礼』『唐六典』『御刊定礼記月令』（『日本国見在書目録』は、『御刪定礼記月令』と記す）があるが、それらも全て将来されている。[4]

陸善経は両唐書に立伝されておらず、その著作に関する記録が中国側に殆ど残っていないこともあって、彼の著作が数多く日本にもたらされた理由・背景が未解明のままとなっている。本章では、陸善経の経歴、著作の内容・成立時期などの検討により、上記の問題の解明を目指すことにしたい。

一　陸善経の経歴

（1）出自・家族

陸善経は多くの著作を残し、盛唐の国家的な学術書編纂にも度々関わっていながら、正史に立伝されてないため、早くからその経歴に関する研究が行われてきた（5）。それら先行研究の成果によりながら、陸善経の経歴を確認することにしたい。

陸善経は、呉郡呉県の陸氏の出で、晋の太常陸始の後、唐蘇州刺史陸孜《りくし》の兄敬の玄孫にあたる（6）。父母については、不詳である。その名は、一般に善経として知られるが、諱は該で、善経は字という説もある（7）。男子に左補闕・史館修撰となった鼎《てい》（8）、代宗朝の監察御史・殿中侍御史となった珽《てい》（9）、女子に贈尚書工部侍郎張諴《ちょうかん》の妻となった者（諱不詳、追封嘉興県太君、呉郡太夫人）がいたことが知られる（10）。

善経の生没年を記す史料は残存していない。しかし、女子の死亡年が貞元二年（七八六）、春秋六十六であることから（11）、その誕生は開元八年（七二〇）となり、父である善経の生年は七〇〇年前後と見込まれる。後述のように、善経の事績を確認できるのは天宝五載（七四六）までであることから、天宝年間（七四二～七五五）の後半には亡くなっていたものと推察される。

善経の足跡を辿れるのは、集賢院入院後からである。集賢院は開元十三年（七二五）に設けられた国家的学術研究機関であり、多数の一流学者と唐代最大級の蔵書を有し、多くの国家的な編纂事業にあたったことで有名である。[12]善経の入院年次は、蕭嵩《しょうすう》が集賢院学士知院事、張九齢が集賢院学士副知院事となった開元十九年と思われる。[13]蕭嵩は集賢院を統べる先の地位に就くと、すぐさま『文選』の改注と国史編纂に着手し、その要員として陸善経の入院を奏請している。[14]なお、この二つの事業は完成を見ず、中止されているが、どちらも中止時期は定かでは無い。

（2）　事績・官歴

開元二十年九月には、集賢院の編纂になる『開元礼』が完成したが、善経も修撰に加わっていたことが知られる。[15]前年に入院後、三つの編纂事業に同時に関わっていたことになり、その能力が高く評価されていたものと思われる。

開元二十二年五月、張九齢が集賢院学士知院事となると、陸善経は『唐六典』の編纂に加えられた。[16]同書は開元二十六年に完成するが、それまではその編纂に従事していたのであろう。

開元二十四〜二十七年に『御刊定礼記月令』が完成したと推定されるが、[17]善経はその編纂にも関わった。李林甫の「進御刊定礼記月令表」に集賢直学士・河南府倉曹参軍の肩書きで善経の名が見える。[18]

『唐六典』完成の翌年、開元二十七年には、太常寺の禘祫《ていこう》という祭祀に関する議論に集賢学士として詳細な検討（詳覈《しょうかく》）を加えたことが記録されており、[19]礼学の権威と認められていたことが知られる。

天宝三載（七四四）正月、陸善経は、官を辞し帰郷する賀知章に餞送の詩「送賀秘監帰会稽」を贈っている。[20]天宝五載八月には、饒州刺史《じょうしゅうしし》李良に代わり「薦蒙求表」を作っている。[21]時に善経は、教育行政を司る国子監の次官である国子司業であった。

この他の事績としては、年次不詳ながら、湖南に遊び、「寓汨羅芭蕉寺」という詩を作ったことが伝えられている。[22]
善経の官歴については、上記の事績でも触れているが、改めて整理すると、以下のようになろう。
開元十九年集賢院入院により集賢直学士（六品以下）となったか[23]
開元二十四～二十七年集賢直学士・河南府倉曹参軍事（正七品下）
開元二十七年集賢（院）学士（五品以上）
天宝五載国子司業（従四品下）、集賢（院）学士も兼ねたか
「（陸）斑、国子司業善経之子也[24]」「夫人陸氏、即国子司業・集賢殿学士善経之女[25]」と子女の父の帯官として挙げられていることから、国子司業が善経の極官と見てよいであろう。上述のように、七〇〇年前後の生まれとすると、天宝五載の時は四十代半ばから五十代初め頃と思われ、この後の事績・官歴ともに途絶えているということは、その後の人生はそれ程長くはなかったと思われる。

二　陸善経の学問と著作

（1）学問の内容と評価

陸善経の修めた学問の内容については、その著作の名称から窺うことができるだろう。著作名は、『日本国見在書目録』に著録された八書（『周易注』、『古文尚書注』、『周詩注』、『三礼注』、『春秋三伝注』、『論語注』、『孟子注』、『列子注』。その内『孟子注』は、一部現存）、日本伝来の注釈書の引用によって知られる二書（『文選注』、『史記注（史記決疑）』）、

輯佚《しゅういつ》書一書（『新字林』）、伝存書一書（『古今同姓名録（続）』）によって知られる。(26) その著作を大まかに分類すると、以下のようになる。なお、著作の後に集賢院で関わった編纂事業についても「＊」を付して注記しておく。

①経学（儒学）

『周易注』、『古文尚書注』、『周詩注』、『三礼注』、『春秋三伝注』、『論語注』、『孟子注』＊、『開元礼』編纂、『御刊定礼記月令』編纂

②史学

『史記注（史記決疑）』、『古今同姓名録（続）』＊、国史編纂、『唐六典』編纂

③文学

『文選注』＊、『文選』改注

④道家

『列子注』

⑤小学

『新字林』

右の著作はあくまでも現在その名前が知られるものに限られるが、経学・史学を中心に幅広い学識を有していたと思われる。その子斑の人物評に「少くして父業を伝へ、頗る経史に通ず」とあるように、善経の経史の学問は高く評価されていたことが知られる。(27) 上述の事績でも触れたように、礼書や国史・職官書の国家的編纂事業に抜擢されたのも、その実力が認められていたからに他ならない。善経は正史に立伝されてはいないが、開元年間後期から天宝年間前半における代表的な学者の一人であったと考えてよいだろう。

（2） 著作の成立時期

善経はその実力が買われて集賢院の国家的編纂事業に抜擢されたと考えられるが、その評価はやはり著作によるものであったのではないだろうか。そのように考えてよいならば、経学・史学に関する著作の多くは集賢院入院以前に成立したものであり、開元十年代（七二三〜七三二）、善経二十代の作が少なくないと推測される。

集賢院入院後の著作と考えられるのは、『文選注』である。注文に「江夏（郡）」、「南安（康の誤りか）（郡）」という天宝元年（七四二）から乾元元年（七五八）の間の郡名が見えることから、天宝年間（七四二〜七五五）に執筆・完成したのではないかと考えられる。(28) 事績・官歴から推察したように、善経は天宝年間中に死去したと思われることから、『文選注』はその晩年の作であったと見做し得るであろう。

善経の著作個々の成立年代は不明確であるが、著作の期間は大まかに言って開元十年代から天宝年間に収まるものと考えられる。

（3） 著作湮滅の原因

善経は開元年間後期から天宝年間前半における代表的な学者の一人であったと考えられるが、彼の著作は中国では殆ど伝存せず、また書籍目録にもその形跡がほぼ残っていないのは何故なのだろうか。『旧唐書』経籍志に著録されていないのは、経籍志の元になった『古今書録』四十巻は『群書四部録』二百巻を省略したものであり、その『群書四部録』の完成が開元九年（七二一）であることによる。(29) 先に述べたように、善経の著作は開元十年代以降と考えられることから、『群書四部録』編纂時にはまだ善経の著作は存在しておらず、著録されていないのは当然である。

それでは、『新唐書』芸文志以降の書目には、『孟子注』以外が見えない理由は何であろうか。その答えとしては、『新字林』や『古今同姓名録（続）』のように一部伝存したものもあるが、善経の主要な著作の大半が原本・写本共に『新唐書』芸文志の元になる書目作成以前に喪われてしまったと考える他無いだろう。[30]写本時代の常として書物の流布には多大な時間がかかり、書物完成後間もない時期に「書厄」のような大規模な書物被害が生じると、原本・写本合わせても少部数しか無いため、書物が完全に世間から消失してしまうことが間々あった。[31]存生中に高い評価を受けた善経の著作の多くが伝わらなかったのは、著作完成からそれ程年数を経ないうちに「書厄」が発生したためと考えざるを得ないのではないだろうか。その想定に合致するように、実際に「書厄」が存在した。それは、天宝十四載（七五五）に発生した安史の乱である。

安史の乱は唐朝を滅亡の淵まで追い込んだ大規模な内乱で、人的にも物的にも大いなる損害を生んだことが知られる。書籍についても「禄山の乱に、両都覆没し、乾元の旧籍、亡散し殆ど尽きぬ」「安禄山の乱に、尺簡も蔵せず」[32]とその甚大な被害が記録されている。開元十年代から天宝年間に成立した善経の著作の多くは、流布する間も無く戦禍に巻き込まれ、歴史の闇へ消え去ったものと考えられる。また、著作と共に善経に関する情報・記録も散逸し、新旧両唐書に伝を立てることが出来なかったのではないだろうか。

三　日本伝来の背景

（1）　日本伝来の時期と経路

唐土では喪われた善経の著作が日本に多くもたらされたのは、当然、喪われる前に日本へ運び出されたからと考えられる。すなわち、安史の乱以前に日本に舶載されたと考えてよいだろう。当時、新羅を経由した漢籍の流入もあったが、成立後間もない時期に同一人物の著作が多くもたらされていることを考えるならば、やはり遣唐使による直接的な将来であった蓋然性が高いものと思われる。

『文選注』完成が天宝年間と考えられることから、天宝年間かつ安史の乱以前の遣唐使ということになると、天平勝宝度の遣唐使が正に該当する。天平勝宝度の遣唐使は天平勝宝四年（七五二）、すなわち唐の天宝十一載に派遣され、翌年日本に帰国した。この遣唐使は、唐僧鑑真を日本に連れ帰ったことや、阿倍仲麻呂と大使藤原清河の帰国に失敗したことなど多くのエピソードに満ちている。そのような天平勝宝度の遣唐使で注目されるのは、副使に吉備真備が加わっていたことである。彼は二度の入唐を通じて多くの漢籍を持ち帰ったことで知られており[(33)]、この度の渡唐においては『開元礼』や『後漢書』などを持ち帰ったことが指摘されている[(34)]。善経の著作を日本にもたらしたのも、真備と考えてよいものと思う。

なお、付言しておくならば、天平勝宝度の遣唐使が持ち帰ったことを前提とするならば、『文選注』は天宝十一載以前に完成していたことになる。

（2）陸善経と吉備真備

唐国内においてもまだあまり流布していなかったと思われる陸善経の著作をまとめて将来できた背景には、著者である陸善経と将来者と目される吉備真備の個人的なつながりが想定される。写本時代においては、本を入手するためには持ち主から借りて、写さなければならなかった。また、完成間も無い書籍については、何処の誰が持っているのかという情報自体入手が難しく、たとえ持ち主が判明しても貴重な書籍を誰にでも貸してくれるというものでもなかった(35)。そのような当時の状況を踏まえるならば、善経と真備が親しい関係にあり、善経がその著作の貸与ないし贈与といった便宜を図ってくれたのではないか、という事情が想像される。これは大胆な推測と思われるかもしれないが、その推測を補強する史料をいくつか示したい。

真備が長年にわたる留学期間を通じて、できるだけ価値ある書籍の入手に努めていたことは、『日本国見在書目録』に著録された『東観漢記』の注記に示されている。

右、『隋書』経籍志所載数也。而件『漢記』、吉備大臣所将来也。其目録注云、「此書凡二本、一本百二十七巻、与集賢院見在書合。一本百四十一巻、与見書不合。又得零落四巻。又与両本目録不合。真備在唐国、多処営求、竟不得其具本。故且随写得如件」。今本朝見在百四十二巻。

右、『隋書』経籍志に載せるところの数なり。而して件の『漢記』は、吉備大臣の将来するところなり。其の目録注に云はく、「此の書は凡そ二本にして、一本は百二十七巻にて、集賢院見在書と合ふ。一本は百四十一巻にて、見書と合はず。又零落の四巻を得る。又両本の目録と合はず。真備、唐国に在りて、多く営み求むるところ、竟に其の具本を得ず。故に且く写し得るに随ふこと件の如し」と。今本朝に見在するは、百四十二巻なり。

この注記で注意したいのは、真備が蒐書するにあたって、集賢院の蔵書目録を手がかりにしていたということである。集賢院の蔵書は唐代最高・最大級の書籍群であり、関係者以外は閲覧できない秘書であった。その蔵書目録も本来は集賢院の内部資料のはずであり、それを真備が入手し得たのは集賢院内に親密な関係者が存在したと考えなければならない。真備が集賢院内に人脈を築いた端緒として、次の『旧唐書』巻一百九十九上・日本国伝の記事（『唐会要』巻百・日本国条にもほぼ同様な記事あり）に着目したい。

開元初、又遣使来朝。因請儒士授経、詔四門助教趙玄默就鴻臚寺教之。乃遣玄默闊幅布、以為束修之礼。題云、「白亀元年調布」。人亦疑其偽。（後略）

開元の初め、又使を遣して来朝す。儒士に授経を請ふに因りて、四門助教趙玄默に詔して鴻臚寺に就きて之に教へしむ。乃ち玄默に闊幅布を遣して、以て束修の礼と為す。題に云はく、「白亀元年の調布」と。人亦た其の偽りを疑ふ。

開元の初めとは具体的には開元五年（七一七）であり、ここに記された日本国が遣わした使とは霊亀度（養老度とも）の遣唐使のことである。日本の遣唐使の要請により、四門助教の趙玄默《ちょうげんもく》が鴻臚寺で経学（儒学）を講義したことが記されているが、この時講義を受けた中に吉備真備がいたことは間違いない。束脩の礼を納めることで、真備は玄默との間に師弟関係を結んだと思われる。この玄默もこの時期を代表する学者の一人であり、開元十三年（七二五）に四門博士を以て集賢直学士となっている。(36)善経入院の六年前にあたり、玄默は集賢院における善経の先輩であった。玄默を介して、真備は善経の知遇を得たと想定することにはそれ程の無理はないのではないか。

真備は諸学に通じていたとされるが、その学問の中心には経史があったと思われる。(37)真備は東宮学士として、皇太子阿倍内親王（孝謙・称徳天皇）に『礼記』や『漢書』を講じたことが知られている。(38)経史に通じていた真備であれば、善経の学問やその著作の重要性にいち早く気づいたものと思われる。なお、真備は持統九年（六九五）の生まれで、善経ともそれ程歳の差はなく、同じく経史を中心に幅広く学識を有していたことから、二人は親密に交わっていた可能性も考えられる。実際どれほど親密であったかは不明だが、真備の要請に応える形で、善経がその著作を貸与ないし贈与したと考えるものである。

集賢院の編纂した『開元礼』を真備が将来できたのも、あるいは善経の協力によったのではないかとも思われるが、推測を述べるに留めておきたい(39)。推測の是非はともかくも、真備が蒐書活動するにあたって、集賢院の蔵書目録を活用したように、集賢院内の人脈が大いに役立てられたことは認められるだろう。

おわりに

推測に推測を重ねた拙い論を展開してきたが、唐で早くに喪われた陸善経の著作が、日本に多くもたらされたことの背景や理由について、一案を提示できたのではないかと思う。拙論が唐文化の将来に活躍した吉備真備の唐での活動を考える際の踏み台となれば、幸いである。

しかし、残された問題も少なくなく、例えば善経の八種の著作は『日本国見在書目録』に著録されているが、『文選注』『史記注（史記決疑）』が著録されていないのは何故なのかなど、まだまだ詰めなければならない点があることを自覚している。また、真備による日本の文選学への貢献については従来から指摘されているが、善経の『文選注』舶載との関連などについても考える必要があるだろう(40)。

最後に、「東アジア文化圏」における文化の伝播の具体相を解明する上で、国家間の関係のみならず、人と人とのつながりに着目する重要性を指摘し、この蕪雑な稿を閉じることにしたい。

註

（1）『日本国見在書目録』に著録された遣唐使将来の漢籍については、拙論「遣唐使による漢籍将来」（『唐王朝と古代日本』吉川弘文館、二〇〇八年）を参照。なお、同論文の註(39)において、本章の主旨を述べている。

（2）『日本国見在書目録』には、易家に「周易八巻（陸善経注）」、尚書家に「古文尚書十巻（陸善経注）」、詩家に「周詩十巻（陸善経注）」、礼家に「三礼卅巻（陸善経注）」、春秋家に「春秋三伝卅（陸善経注）」、論語家に「論語六巻（陸善経注）」、儒家に「孟子七（陸善経注）」、道家に「列子八（陸善経注）」と見える。本章では、その書名をそれぞれ『周易注』、『古文尚書注』、『周詩注』、『三礼注』、『春秋三伝注』、『論語注』、『孟子注』、『列子注』と表記する。

（3）陸善経の『文選注』に関する研究には、藤井守「文選集注に見える陸善経注について」（『広島大学文学部紀要』三七、一九七七年）、森野繁夫「陸善経「文選注」について」（『中国中世文学研究』二一、一九九一年）、富永一登「陸善経注」（『文選李善注の研究』研文出版、一九九九年、初出一九九七年）、清常民「『文選』及び『玉台新詠』の伝来時期について」（『新しい漢字漢文教育』二六、一九九八年）、佐藤利行「『文選集注本』離騒経一首所引陸善経注について（一）（二）（三）」（『広島大学文学部紀要』五八・五九・六〇、一九九八年・一九九九年・二〇〇〇年）、佐竹保子「総集『文選』のなかに見える別集の痕跡［1］―奇妙な自称と「奏弾劉整」、および陸善経注本『文選』の価値について」（『東北大学中国語文学論集』九、二〇〇四年）等がある。また、東野治之「『文選集注』所引の『文選鈔』」（『史料学遍歴』雄山閣、二〇一七年、初出一九八六年）にも言及がある。『史記注』については、水沢利忠「鄒誕生・劉伯荘・陸善経の史記注佚文」（『史記会注考証校補』八、史記会注考証校補刊行会、一九六一年）を参照。なお、虞万里「唐陸善経行歴索隠」（『中華文史論叢』二〇〇〇年六四期）は、『史記注』ではなく『史記決疑』という書名を用いている。善経の『文選注』を引用する『文選集注』のテキストとしては周勛初纂輯『海外珍蔵善本叢書　唐鈔本文選集注彙存』（上海古籍出版社、二〇〇〇年）、善経の『史記注』逸文の参観には張玉春『《史記》古注疏證上・下』（斉魯書社、二〇一六年）が便利である。

（4）『日本国見在書目録』には、礼家に「御刪定礼記月令一巻冷然録云　一巻第一巻」、「唐開元令（礼）百五十巻」、職官家に「大唐六典（李林甫注）」と見える。

（5）新美寛「陸善経の事績に就いて」（『支那学』九―一、一九三七年）、前掲註(3)森野論文、前掲註(3)富永論文、前掲註(3)虞論文等を参照。陶敏輯校『景龍文館記　集賢注記』（中華書局、二〇一五年）においても、善経の集賢院関係の経歴に関する考証が見られる。

（6）陶敏遺著・李徳輝整理『元和姓纂新校証』（遼海出版社、二〇一五年）巻十。

(7) 黄奭撰『黄氏逸書考』(『玉函山房佚書続編・玉函山房佚書補編』上海古籍出版社、一九九五年)、前掲註(5)新美論文、前掲註(3)虞論文等を参照。
(8) 常袞「授陸鼎史館知修撰制」(『全唐文』巻四百十二常袞)。なお、『元和姓纂』巻十では左補闕ではなく、右補闕とする。
(9) 『旧唐書』巻百十八元載伝(李少良伝)、『新唐書』巻百四五元載伝(李少良伝)、『冊府元亀』巻百五二帝王部明罰一・大歴六年(七七一)条、『新唐書』巻六代宗紀・大暦六年(七七一)五月戊申条、『新唐書』巻二百二十東夷伝新羅条等。
(10) 白居易「唐贈尚書工部侍郎呉郡張公神道碑銘幷序」(『白氏文集』巻四一碑碣)。
(11) 前掲註(10)の史料参照。
(12) 池田温「盛唐之集賢院」(『北海道大学文学部紀要』一九―二、一九七一年)、中純子「中唐の集賢院―中唐詩人にとっての宮中蔵書―」(『東方学』九六、一九九八年)等を参照。
(13) 『職官分紀』巻十五所引『集賢注記』。
(14) 『玉海』巻四十六・五十四所引『集賢注記』。
(15) 『新唐書』藝文志二、『新唐書』礼楽志一。
(16) 『新唐書』芸文志二、『大唐新語』著述など。
(17) 『御刊定礼記月令』完成年代の考証は、前掲註(3)虞論文による。なお、前掲註(3)森野論文・前掲註(5)陶書は「天宝元年～四載(七四二～七四五)」とする。森野・陶両氏の年代比定では、天宝初年に河南府倉曹参軍事(正七品下)であった善経が、いきなり天宝五載(七四六)までに国子司業(従四品下)に昇進したことになり、不合理である。
(18) 『全唐文』巻三四五、『新唐書』芸文志一。
(19) 『旧唐書』礼儀志六、『唐会要』巻十六。
(20) 『会稽掇英総集』巻二、『独異志』巻上、『全唐詩』巻三明皇帝・「送賀知章帰四明幷序」等を参照。
(21) 早川光三郎著『新釈漢文大系58　蒙求』(明治書院、一九九八年、初版一九七三年)。
(22) 『平江県志』(『岳州府四県志』所収、清同治十年〈一八七一〉修、光緒十八年〈一八九二〉重刊)巻五十四芸文志・志・唐に陸善経の漢詩所収。なお、本史料は、東洋文庫所蔵本を閲覧。
(23) 『唐会要』巻六四集賢院、開元一三年(七二五)四月五日条所掲の詔には、「院内五品已上為学士、六品已下為直学士」とある。

(24)『旧唐書』巻百十八元載伝（李少良伝）。
(25)前掲註(10)に同じ。
(26)『孟子注』は、清・馬国翰編『玉函山房輯佚書』（清光緒一〇年〈一八八四〉刊、湖南思賢書局、光緒一八年〈一八九二〉印）所収。『新字林』は、「陸善経新字林一巻」として『黄氏逸書考』（前掲註(7)）所収。『古今同姓名録（続）』は、清・李調元輯『函海』（乾隆中刊、嘉慶中重校、道光五年〈一八二五〉補修印本）第一函、『欽定四庫全書』（清乾隆中敕輯、台湾商務印書館、一九八二～八六年）第八八七冊・子部第一九三、王雲五主編『叢書集成簡編』（台湾商務印書館、一九六五年）に収められている。
(27)前掲註(24)に同じ。
(28)前掲註(5)新美論文を参照。
(29)『旧唐書』巻四六経籍志上を参照。
(30)『新唐書』芸文志が利用した書目が何であり、いつ頃の成立か、は全く不明である。しかし、『白氏長慶集』など九世紀以降の書籍も著録されていることから、早くとも九世紀半ば以降成立の書目によったと考えてよいだろう。
(31)拙論「中日書目比較考」（『東洋史研究』七六―一、二〇一七年）を参照。
(32)『旧唐書』巻四十六経籍志上、『新唐書』巻五十七芸文志一を参照。
(33)太田晶二郎「吉備真備の漢籍将来」（『太田晶二郎著作集 一』、吉川弘文館、一九九一年、初出一九五九年）等を参照。
(34)『大唐開元礼』の日本伝来については彌永貞三「古代の釈奠について」（『日本古代の政治と史料』高科書店、一九八八年、初出一九七二年）、『後漢書』の舶載については、前掲註(1)拙論を参照。なお、池田昌広「范曄『後漢書』の伝来と『日本書紀』」（『日本漢文学研究』三、二〇〇八年）は、吉備真備の『後漢書』将来を天平七年（七三五）の帰朝時とする。
(35)前掲註(31)拙論を参照。
(36)『唐会要』巻六四集賢院所収（開元）十三年（七二五）四月五日条。
(37)宮田俊彦『人物叢書 吉備真備』（吉川弘文館、一九八八年、初版一九六一年）等を参照。
(38)『続日本紀』宝亀六年（七七五）十月壬戌条。
(39)将来時期を確定できていないが、『唐六典』や『御刊定礼記月令』もその編纂に関わった陸善経の協力の下にもたらされた可能性があるものと考える。

(40)　大平聡「留学生・僧による典籍・仏書の日本将来―吉備真備・玄昉・審詳―」(『専修大学東アジア世界史研究センター年報』二、二〇〇九年)等を参照。

第四章　異言語接触・通訳・翻訳

はじめに

いつの時代も、人々の活動・交流の地域が広がることにより、異なる言語を使用する者との遭遇・接触が生まれ、言葉が異なる者同士がどのように意思疎通を図るかが問題となってきた。本章では、古代日本人（倭人も含む）が体験した異言語接触と異言語コミュニケーションの実態について述べる。(1) なお、ここで述べる古代日本人とは、ヤマト政権ないし八世紀初めの律令国家発足時にその領域（ほぼ南東北〜九州北半の地域）に属していた人々とその子孫であって、それ以降に日本に属することになった蝦夷、隼人、南島人などは含まない。

言語は意思伝達の手段であることから、意思伝達が困難な言語は基本的に異言語と考えてよいと思われる。ただし、そのように考えた場合、異言語と方言の違いは不明確である。本質的に異なる言語であっても、国家を同じくする場合は方言とされることがあるからである。また、逆に普通は方言と見なされるような地域的な偏差と理解しうる言葉が、国家を異にすることで異言語のように区別されることもあるからである。日本の古代においても、蝦夷、隼人、南島人などの話した言葉を方言とするのか、異言語とするのか、大きな問題であるが、本章では外国語と同様に意思伝達が困難な言葉であったことから、異言語として扱うことにしたい。(2)

一　異言語接触と意思疎通

（1）　異言語の範囲

古代の日本人が異言語と認識した言葉に、どのようなものがあったであろうか。外国語としては、漢語（中国語）、百済語、高句麗語、新羅語、渤海語をすぐに挙げることができると思われるが、この他、古代日本にはインド（天竺）人、ペルシャ（波斯）人、ベトナム（林邑）人、ソグド（胡国）人、崑崙人、膽波人、吐火羅（都貨邏・堕羅）人、舎衛人、靺鞨人、粛慎人、鉄利人[補註1]、耽羅人などそれぞれの人数は少ないが、かなり多くの種類の外国人が来日・漂着しており、それだけ多くの数の異言語と接触したことになるだろう[3]。なお、任那（加耶・加羅）や耽羅などの人々の言葉が百済語や新羅語と区別して認識していたかは定かではない。また、渤海語と高句麗語、粛慎語、靺鞨語との関係もよく分からない[4]。

海外のみならず、日本列島上にも、北方の蝦夷語、九州南部の隼人語、南島人の奄美語など、訳語（通訳）が必要な異言語が存在した。しかし、これらの言葉を使用した人々が日本に同化するにしたがって、次第に日本語（倭語）に取り込まれていったことと思われる。九世紀前半に成立したとされる『東大寺諷誦文』には、毛人方言・飛騨方言・東国方言が記されているが、蝦夷語に該当すると思われる毛人方言の他、飛騨や東国の言葉も東大寺僧侶など中央の人々には特殊な言葉と捉えられていたことが分かる。しかし、訳語の存在が確認できない飛騨や東国の言葉は全く意思疎通ができない異言語とは認識されていなかったと思われる。また、平安時代初めには、蝦夷語も方言の一種

と見なされるようになっていたことが知られる。(5)

(2) 異言語間の意思疎通

異言語を使用する人々と意思疎通を図るためには、主に三つの方法が存在する。一つは音声言語(口頭言語)による意思疎通である。双方ないし片方が相手の言語で会話できるように学習・習得して、当事者同士が直接口頭で意思疎通を行うか、異言語の会話ができる通訳(古代においては訳語ないし通事と称された)に音声言語の翻訳をしてもらい、意思疎通を介助してもらうというものもある。二つめの方法は、文字言語(書記言語)による意思疎通である。双方ないし片方が、相手の言語の文字・文章を学習・習得するか、異言語の文字・文章を読解・表記できる人物に文字言語を翻訳してもらう方法である。古代東アジア地域の外交においては、早くから国家君主の意思を記した国書など外交文書が取り交わされており、外交文書の翻訳が行われていた。(6)

そして三つめの方法は、非言語による意思疎通である。(7) 身振りや手振り、顔の表情など身体動作によって意思表示をし、相手がその意味を推察・理解しようとするものである。外交儀礼における儀式的所作や贈答行為なども、国家間の意思疎通の一手段と言える。また、絵や記号など文字以外の視覚情報を利用した意思疎通が行われる場合もあったであろう。音声による意思表示であっても、意味不明な大声・奇声で相手を恫喝したり、心地よい音楽を奏で歓迎の意を示したりする場合などは、非言語による意思疎通に含めてよいだろう。暴力や戦闘行為などは、相手を拒否・排除する意思表明と考えることもできるだろう。

実際の異言語間の意思疎通においては、音声言語を文字言語に翻訳したり、文字言語を音声言語に翻訳することもあり、より複雑な状況が存在した。また、音声言語と文字言語を併用する意思疎通も一般的であったと思われる。例えば、会話だけでは意思疎通が難しい時には、筆談を交えたりしたことが知られる(8)。音声言語・文字言語の併用だけでは不十分な場合は、非言語の意思疎通も併せ行い、あらゆる方法を駆使して互いの意思を確認しあったと考えられる。

(3)　異言語との遭遇

意図的・意識的に異言語を使用する人々と接触・交流しようとする場合には、あらかじめ通訳を用意するなど意思疎通の方法を準備したと思われるが、予期せぬ形で異言語を使用する人々に遭遇した場合、どのようなことが起こったか、またどのような対応がとられたか、いくつか実例を記してみたい。

欽明五年（五四四）十二月、粛慎人が船で佐渡に到来し、暫く逗留していたが、現地の人々は鬼魅と見なして、敢えて近づかなかったという(9)。その後、粛慎人の略奪を受けたが、粛慎人の大半が水にあたって亡くなったという。恐らく、風体が異なり、言語も通じないことから、その存在を怪しみ、警戒し、接触しないようにしたが、意思疎通の困難からか生活物資を得るための略奪が行われたものと思われる。結局、粛慎人は毒水で亡くなるなどして、佐渡から居なくなったわけだが、最後まで積極的な関わりは避けられたことが分かる(補註2)。

斉明六年（六六〇）三月、北陸から日本海沿岸を北上遠征していた阿倍比羅夫らは、大河の河口付近で粛慎の人々と遭遇した。使者を派遣したが、意思疎通が上手く取れず、比羅夫は海岸に綵帛・兵・鉄等を陳列し、平和的交渉の姿勢を示した。しかし、粛慎側の受け入れるところとならず、交渉は決裂し、戦闘に至ったという(10)。比羅夫の行った物品の提示は、贈答行為なのか交易行為なのか、判然としないが、言語による意思疎通が困難な場合は、このような物品のやりとりによる意思疎通が行われたことが知られる。なお、言語を介さない交易を沈黙交易と呼んでいる(11)。

延暦十八年（七九九）七月、参河国に小船に乗った異国人が一人漂着した。言語が通ぜず、何国人か不明であったが、大唐人らが見て、皆、崑崙人であると言ったという。しかし、その後、件の異国人が日本語（原文では「中国語」）を一生懸命学習し、自分は天竺人であると述べたという。(12)時間をかけて言語学習をすることで、漸く意思疎通が可能になったわけである。しかし、当初は天竺人を崑崙人と見なすなど誤解が生じており、未知の異言語との遭遇における意思疎通の難しさを示している。

貞観五年（八六三）十一月、丹後国竹野郡松原村に異国人五十四人が来着した。到来の理由を問うたが、会話が通ぜず、文書でも理解が得られなかった。一行の長が、新羅東方の別島の細羅国人であるとだけ筆談で答え、それ以外には述べるところは無かったという。(13)また、貞観十五年五月、薩摩国甑島郡に異国船二艘・六十人が漂着した。会話が通じなかったが、異国船の頭首が筆談で、渤海国人であり、国王の命により唐に派遣され、海浪荒険により漂着したことを述べたという。(14)この二つのケースは、会話は成立しなかったが、筆談によりある程度意思疎通できたという事例である。なお、筆談は漢文で行われたと思われ、漢語（中国語）が東アジア地域の共通言語として機能していたことを示している。しかし、外交使節であった渤海国人の頭首が具体的に事情を書き伝えることができたのに対し、細羅国人の長が自国の位置と国籍しか表現できなかったように、識字能力のレベルは身分差・個人差が大きい。誰でも彼でも自由に完璧に漢文を操れたわけではなく、むしろ筆談による意思疎通が可能なケースは極めて限定的であったと思われる。

未知の異言語と遭遇した場合、会話も筆談も通ぜず、危険回避のために接触を避けるか、(補註3)言語以外の意思疎通を図るか、時間をかけて相手の言語を学ぶという対応が一般的であったのではないだろうか。

二　通訳による異言語交流

(1) 通訳氏族

現代の外交交渉の場には通訳が同席し、交渉相手国と自国の音声言語の翻訳を行っているが、古代の外交の場にも通訳が必要であったことは言うまでもない。日本では、いつ頃から通訳を専門的に行う者が存在したのか判然としないが、古くは曰佐《おさ》氏という氏族が通訳の任にあたっていたことが知られる。(15) 曰佐は訳語・訳・通事とも表記し、通訳を意味する古語である。

『新撰姓氏録』によれば、曰佐氏は紀朝臣と同族で、欽明天皇の時代に帰化し、訳氏と名付けられ、その子孫は近江国野洲郡・山城国相楽郡・大和国添上郡に存在したという。紀朝臣と同族とされるが、『日本書紀』雄略七年是歳条に見える訳語卯安那が百済から来ているように、実際には百済系の渡来氏族（帰化系氏族）と考えられ、百済語や漢語の通訳に任じられていたと思われる。

曰佐氏が実際に通訳として活躍した記事は見えず、恐らく六世紀末以前にその役割は失われたのではないかと思われる。遣隋使の通事には鞍作福利が任じられ、その後の遣外使節の訳語・通事にも曰佐氏以外の帰化系氏族が登用されており、特定の氏族から通訳を任じるのではなく、同じ帰化系氏族から選ぶにしても能力主義で選抜されるようになったのではないかと考えられる。また、言語は時代によって発音や語彙などが変化することから、曰佐氏の伝承した言葉自体が時代遅れになったということもあるだろう。

（2） 通訳の教育

特定の氏族に通訳の役割を任せず、外国語能力の高い人材を通訳に任ずるように古代国家の方針は次第に変化していったと思われる。継続的かつ安定的に有能な人材を確保するためには、適切な外国語教育が必要である。

八世紀以降、中国唐朝との外交関係が安定化したこと、そしてその唐の先進文化を学ぶ必要があったこと、さらに東アジア地域の共通言語として漢語が広く通用したこともあって、日本では漢語教育に力が入れられた。(16) 天平二年（七三〇）には、漢語に堪能な官人五人に弟子を二人ずつつけて漢語を学習させている。(17) 延暦十一年（七九二）には大学生に漢音の読習を義務づけ、(18) さらに弘仁八年（八一七）には大学に漢語を専門に学ぶ学生定員を設けた。(19) しかし、国内での外国語教育には限界があり、どれほどの教育効果があったかは疑問もある。遣唐使が伴った訳語の通訳では十分意思疎通ができず、筆談で補ったという記録も存在している。(20) また、日本人の通訳では力量不十分と考えられたのか、承和度の遣唐使派遣の際には、漢語の会話力の優れた新羅人が訳語に採用されていた。(21) また、九世紀以降、外交の窓口であった大宰府では唐人が通訳として採用されていたことも知られる。(22)

実践的な語学力を身につけるということでは、遣唐留学生・留学僧として、長期間現地で漢語を学ぶことに優るものはなかった。そのことは、次第に通訳には渡唐経験のある者が選ばれるようになっていたことから裏付けられる。(23)

漢語以外の外国語教育としては、新羅語の通訳の育成が行われたことが注目される。天平宝字五年（七六一）に美濃・武蔵二国の少年各二十人に新羅語の学習が命じられているが、(24) この当時進められていた新羅征討計画の一環とされる。なお、新羅に対し日本語の学習を強要していたことも知られ、新羅を朝貢国として扱おうとした日本側の意図が大きく関わっていた。(25)

（3）通訳の種類

『延喜式』巻三十・大蔵省・入諸蕃使条には、唐・渤海・新羅に派遣された外交使節の人員が列挙されており、いずれの使節にも訳語などの通訳が存在したことが確認できる。入唐使には、訳語のほかに「新羅・奄美等訳語」が見られることから、何も地域名がつかない「訳語」は漢語の通訳と考えてよいだろう。入新羅使の通訳の名称のみ通事（大通事・少通事）とされているのは、後述の新羅使にのみ通事が見られることと併せて、注意される。[26]

『延喜式』巻三十・大蔵省・賜蕃客例条には、来日した外国使節の人員が列挙されているが、唐使には通訳が存在せず、渤海使には訳語、新羅使には大通事・小通事・大唐通事・渤海通事・百済通事・船頭通事などの通訳が記されている。新羅使にはこのほかに、学語生という日本語を学ぶ学生も随伴されていた。訳語が漢語の通訳と考えられることから、通事は特定の言語の通訳の可能性が想定される。大唐通事が漢語、渤海通事が渤海語、百済通事は百済語、そして何も地域名がついてない通事は日本語・新羅語の通訳と考えてよいのではないだろうか。通事が訳語と全く同じ意味で使用されている場合もあるが、『延喜式』では上記のような使い分けがあった可能性を指摘しておきたい。なお、船頭通事はどのような通訳か不明である。

このような通訳のあり方からみて、唐・渤海・日本の三国間では漢語が共通言語として通用していたと思われるが、新羅と日本との間では八世紀以前からの外交のあり方が継承され、日本語の使用を新羅側に強要する関係が続いていたのではないかと思われる。[27]新羅使の随員に大唐通事が存在することから、日羅間で漢語でのやりとりも存在したであろうが、副次的・補助的な位置づけであったと考えられる。そのように考えた場合、新羅使に随伴した渤海通事（実際には高句麗語の通事か）・百済通事も、新羅が半島を統一する以前に存在した高句麗・百済と日本（倭）との外交関係を擬制的に継承させたものであった可能性がある。[28]
列島内においても、八世紀当初には蝦夷語・隼人語・奄美語などの通訳が存在したが、日本の領域が拡大するにつれ、異民族（化外民）視された蝦夷・隼人・南島人が内民化され、訳語の必要性は無くなっていった。

三　異言語の翻訳

（1）日本語（倭語）から異言語への翻訳

中国との国交が始まると、中国語（漢語）の国書（外交文書）を作成・持参する必要性が生じた。すなわち、日本語（倭語）を中国語（漢語）に翻訳する必要性が生じたということである。[29]日本（倭）にはもともと文字が無かったことから、王の述べた倭語の音声言語を漢語の文字言語に翻訳するということになる。実際、どの時期から倭（日本）国側が国書を持って行ったかは定かではないが、二四〇年（魏・正始元）に邪馬台国の女王卑弥呼が魏の皇帝に上表したことが知られる。[30]しかし、この国書（上表文）がどこで何者により作成されたかについては定かではなく、倭国内で作成された確証はない。[補註4]

倭国内で国書が作成されるようになったのは、五世紀の倭の五王の時代からとする見解が有力である。『宋書』倭国伝には、讃・珍・武ら倭王が上表文を提出したことを記しており、昇明二年（四七八）に順帝に呈上された武の上表文はほぼ全文が掲載されている。武の上表文は中国の古典に典拠をもつ用語がちりばめられた格調の高い駢儷文で書かれており、中国的な教養を備えた渡来系の人物（帰化人）が執筆したものと考えてよいだろう。[31]五世紀以降、ヤマト政権では人制、そして部民制などの支配体制を整備するにあたり、文筆能力のある帰化系氏族を東西史部に組織し、行政文書や支配に関わる記録を作成させるようになっており、外交文書も史部の筆に成るものであったと考えられる。[32]なお、外交文書は国書という国家君主間でやり取りされるものだけでなく、日本の太政官牒・渤海の中台省牒・新羅の執事省牒のように国家を超えた官庁間で取り交わされたものもある。[33]

外交文書は長らく史部などの帰化系の人々により作成されたと考えられるが、七世紀後半になると在来の倭（日本）人の中にも漢文執筆能力の優れた人物が現れるようになり、史部に依存する体制から次第に脱却していったと思われる。また、律令制が形成されることにより、外交文書の作成も内記・外記などの中央官僚によって担われるようになっていった。[34]なお、外交文書は官僚のみならず、僧侶なども作成することがあり、空海が遣唐大使藤原葛野麻呂の代筆で作成した「為大使与福州観察使書」（『性霊集』巻五）は有名である。平安時代以降は、文章博士など当代きっての名文家が筆を揮うこともあった。

九世紀以降、かな文字の発達により、日本語の文字表記も次第に広まっていたが、外交文書の原稿を和文で書いてから、漢語に翻訳した形跡は無く、最初から漢文で書いたようである。国内の行政文書・記録も全て漢文で書かれていた律令制以後の時代においては、外交文書の作成にあたっても翻訳という意識は無かったものと思われる。[35]

（2）　異言語から日本語への翻訳

異言語で書かれた外交文書を日本語に改める翻訳は、やはり中国との国交開始の頃から行われたものと考えられる。中国皇帝から渡された漢文の国書を翻訳しなければならなかったからである。ただし、当初は倭語で文字表記することはできなかったので、あくまでも漢語の文字言語を倭語の音声言語に翻訳するものであった。

三国魏の景初三年（二三九）、明帝から倭の女王卑弥呼に詔書が下された（『三国志』魏書・東夷伝）が、この内容を倭語に翻訳して読み聞かせた人物はどのような人物なのか不明である。しかし、詔書と共に、倭の使者難升米・牛利を送り届けた帯方郡の使者が関わっていた蓋然性が高いと思われる。倭国の使者の窓口になっていた帯方郡には、ある程度倭語を解する人物がいたものと思われる。帯方郡の使者本人が読み上げないまでも、詔書の意味内容の説明補助をした可能性はあるだろう。

倭の五王の時代には、中国南朝と倭国の間で国書のやり取りがあったことを先述したが、国書の作成同様に、中国からの国書を翻訳する役割も史部ら帰化人が担ったであろう。(36) 埼玉県稲荷山古墳出土の鉄剣や熊本県江田船山古墳出土の大刀にワカタケル大王（雄略天皇・倭王武）の名前を記した銘文が刻まれていたことは有名であるが、こうした文字表記は史部ら帰化人の手に成るものと考えられる。しかし、まだ文字の読み書きできる倭人は殆ど存在せず、この段階においても、国書の翻訳は音声言語への翻訳であったと思われる。

倭の五王の時代であった五世紀には、高句麗や百済でも外交文書を作成するようになり、六世紀以降には朝鮮諸国からも国書がもたらされるようになったと考えられる。敏達元年（五七〇）に高句麗から送られた「烏羽の表」はその象徴的なエピソードである。居並ぶ東西史部の面々が誰一人として読み解けなかった烏羽に記された国書を、王辰爾のみが鮮やかに読み解いたという『日本書紀』の記述は、辰爾の子孫である船史氏の家記によるものと考えられる。(37) 家記には氏祖の顕彰という性格もあり、その記述の全てを事実とすることはできないが、東西史部の伝習した漢語の知識が次第に時代遅れとなり、新時代の知識に十分対応できなくなっていった状況を反映しているのではないかとされる。

七世紀以降、遣隋使・遣唐使が派遣され、留学生が最新の漢学を身につけ帰国し、また漢籍も多くもたらされるようになると、史部の活躍の場はいよいよ失われていった。七世紀後半以降、律令制の進展に伴い、識字能力をもった官僚集団が形成され、外交文書の解読も外交に関わった官僚（官人）たちによって行われるようになった。(38) この段階になって、漢文の倭文（日本語文）への翻訳が少しずつ始まっていったと思われる。

漢文を日本語（倭語）の文字表記へ翻訳することは、漢文の訓読という形で始まった。(39) 訓読は漢文を日本語の語順に従って読み下す行為で、それを表記したものが訓読文（書き下し文）である。奈良時代の宣命には、漢文訓読文の一部が引用されたものも存在している。平安時代初めには、訓点を漢文に直接記入するようになったとされる。(40) 訓点は漢文を日本語として訓む助けとして付された注記・符号類のことで、具体的には句読点や返り点、ヲコト点などを指す。平安時代中期になると、『源氏物語』や『枕草子』などのかな文字の作品中に『白氏文集』、『史記』、『文選』などの書き下し文の引用が確認され、漢文の翻訳がかなり広く行われていたことが知られる。日本人はこの後近代に至るまで漢文訓読という方法で漢語という異言語を翻訳し、中国の情報や文化を比較的容易に入手することが可能となったのである。

おわりに

異言語間の意思疎通のあり方は、国家間の政治的な関係や文化状況に依存する部分が大きかったことが知られる。東アジア地域で漢語が共通言語となりえたのは、中国の圧倒的な国力と文化レベルの高さによるものと考えられる。日本人（倭人）が様々な国・地域の人々と言語の違いを超えて、どのような意思疎通を行ったかを考えることは、日本と相手国・地域との外交関係や相互の文化状況を具体的に明らかにする有効な視点となりうる。対外交流史を研究する上で、異言語間コミュニケーションはどの時代、どの地域であっても最重要の問題である。

註

（1）日本古代の異言語交流に関わる先行研究として、主に以下の論考を参照した。石井正敏「遣唐使と語学」（『石井正敏著作集2 遣唐使から巡礼僧へ』勉誠出版、二〇一八年、初出二〇〇三年）、拙論「遣唐使と通訳」（『唐王朝と古代日本』吉川弘文館、二〇〇八年、初出二〇〇五年）、酒寄雅志「渤海通事の研究」（『渤海と古代の日本』校倉書房、二〇〇一年、初出一九八八年）、東野治之「平安時代の語学教育」（『新潮45』一二―七、一九九三年）、遠山美都男「日本古代国家における民族と言語」（『学習院大学文学部研究年報』三八、一九九一年）、同上「日本古代の訳語と通事」（『歴史評論』五四七、一九九七年）、保坂秀子「古代日本における言語接触」（『社会言語科学』三―一、二〇〇〇年）、馬一虹「古代東アジアのなかの通事と訳語」（『アジア遊学』三、一九九九年）、水口幹記「奈良時代の言語政策」（『古代日本と中国文化 受容と選択』塙書房、二〇一四年、初出二〇〇六年）、森公章「大唐通事張友信をめぐって」（『古代日本の対外認識と通交』吉川弘文館、一九九八年）、湯沢質幸『［増補改訂］古代日本人と外国語』（勉誠出版、二〇一〇年、初版二〇〇一年）。

（2）樋口知志「古代蝦夷の言語」（『日本歴史』八七三、二〇二一年）等を参照。

（3）古代に来日した外国人の概観については、東野治之「インド・中国・朝鮮等より日本に渡来した人々」（東大寺教学部編『新版 シルクロード往来人物辞典』昭和堂、二〇〇二年）、鈴木靖民監修（高久健二・田中史生・浜田久美子編）『古代日本対外交流史事典』（八木書店、二〇二一年）等を参照。

（4）古代朝鮮の言語と文字文化については、藤本幸夫「古代朝鮮の言語と文字文化」（岸俊男編『日本の古代 第14巻 ことばと文字』中央公論社、一九八八年）等を参照。

（5）前掲註（2）樋口論文を参照。

（6）西嶋定生『日本歴史の国際環境』（東京大学出版会、一九八五年）は、中国王朝と周辺国家との間に行われた文書外交成立の背景と歴史的意義について論じている。

（7）非言語のコミュニケーションについては、川田順造『無文字社会の歴史』（岩波書店、二〇〇一年、初版一九七六年）等を参照。

(8) 東野治之「書と筆談」(『書の古代史』岩波書店、一九九四年)等を参照。
(9) 『日本書紀』欽明五年十二月条。
(10) 『日本書紀』斉明六年(六六〇)三月条。なお、原文では「阿倍臣」とあって、「比羅夫」の名は記されていない。
(11) 沈黙交易については、西村眞次『日本古代経済　交換篇・第一冊　総論・沈黙貿易』(東京堂、一九三四年)、栗本慎一郎「沈黙交易」(『経済人類学』講談社、二〇一三年、初版一九七九年)、相田洋「鬼市と邪視」(『異人と市』研文出版、一九九七年、初出一九八八年)等を参照。
(12) 『類聚国史』巻百九十九殊俗部・崑崙。
(13) 『日本三代実録』貞観五年(八六三)十一月十七日条。
(14) 『日本三代実録』貞観十五年(八七三)五月二十七日条。
(15) 前掲註(1)遠山「日本古代国家における民族と言語」等を参照。
(16) 前掲註(1)石井論文・拙論・水口論文等を参照。
(17) 『続日本紀』天平二年(七三〇)三月辛亥条。
(18) 『日本紀略』延暦十一年(七九二)閏十一月辛丑条。
(19) 『日本紀略』弘仁八年(八一七)四月丙午条。
(20) 『類聚国史』巻六十六、人部・薨卒四位には、上毛野穎人の伝記が収載されており、穎人が延暦度の遣唐録事であった際に、通訳で意思疎通が不十分な場合、筆談をしたことが記されている。
(21) 『入唐求法巡礼行記』巻一・開成四年(八三九)三月十七日条、巻二・開成四年四月二十九日条、巻二・開成四年六月二十九日条等を参照。
(22) 前掲註(1)森論文等を参照。
(23) 前掲註(1)森論文等を参照。
(24) 『続日本紀』天平宝字五年(七六一)正月乙未条。
(25) 前掲註(1)遠山「日本古代国家における民族と言語」等を参照。
(26) 訳語と通事との関係性については、前掲註(1)遠山「日本古代の訳語と通事」及び馬論文等を参照。

(27) 前掲註(1)遠山「日本古代国家における民族と言語」等を参照。
(28) 渤海通事については、前掲註(1)酒寄論文等を参照。
(29) 河内春人「東アジアにおける文書外交の成立」(『歴史評論』六八〇、二〇〇六年)等を参照。
(30) 『三国志』魏書・東夷伝に、「正始元年、(中略)倭王、使に因って上表し、詔恩を答謝す」と見える。なお、「倭王、使に因って上表し」の史料解釈において、「倭王は、帯方郡の使者に託して、魏の皇帝に上表文を送り」と解する説のほか、「倭王が倭国の使者を派遣して上表文を提出し」と解する説などがある。佐伯有清『魏志倭人伝を読む下　卑弥呼と倭国内乱』(吉川弘文館、二〇〇〇年)、小林敏男『邪馬台国再考』(筑摩書房、二〇一二年)等を参照。
(31) 河内春人「倭王武の上表文と文字表記」(『日本古代君主号の研究―倭国王・天子・天皇―』八木書店古書出版部、二〇一五年、初出二〇〇三年)、田中史生「武の上表文　もうひとつの東アジア」(平川南ほか編『文字と古代日本2　文字による交流』吉川弘文館、二〇〇五年)等を参照。
(32) 史部については、加藤謙吉『大和政権とフミヒト制』(吉川弘文館、二〇〇二年)等を参照。帰化人(渡来人)と文字文化との関わりについては、関晃『帰化人』(講談社、二〇〇九年、初版一九五六年)、和田萃「渡来人と日本文化」(『岩波講座　日本通史三』岩波書店、一九九四年)丸山裕美子「帰化人と古代国家・文化の形成」(『岩波講座日本歴史二　古代2』岩波書店、二〇一四年)等も参照。
(33) 鈴木靖民ほか編『訳註日本古代の外交文書』(八木書店古書出版部、二〇一四年)は、日本古代の外交文書を集成し、史料校訂・訳註を施したものであり、外交史料の通覧・理解に便利である。
(34) 内記・外記の外交との関わりについては、中野高行『日本古代の外交制度史』(岩田書院、二〇〇八年)等を参照。
(35) 律令制の継受により、漢字・漢文が普及したことについては、丸山裕美子「律令法の継受と文明化」(大津透編『律令制入門』名著刊行会、二〇一一年)等を参照。
(36) 前掲註(32)加藤書等を参照。
(37) 大橋信弥「王辰爾の渡来」(平川南ほか編『文字と古代日本2　文字による交流』吉川弘文館、二〇〇五年)等を参照。
(38) 薗田香融「古代の知識人」(『岩波講座　日本通史五』岩波書店、一九九五年)及び前掲註(34)中野書等を参照。
(39) 小林芳規「漢文訓読文」(『国史大辞典』三、吉川弘文館、一九八三年)等を参照。

(40)　吉田金彦ほか編『訓点語辞典』(東京堂出版、二〇〇一年)等を参照。
(補註1)　初出時には「鉄利人」は挙げていなかったが、本書収載にあたって補った。

(補註2)　欽明五年の粛慎人のケースは、本書収載にあたって補った。

(補註3)　(補註2)の補足に対応して、「危険回避のために接触を避けるか」の説明を補った。

(補註4)　初出時の文章に不正確な表現があったので、改めた。なお、卑弥呼の上表文の作成者について、金子修一「倭人と漢字」(『古代東アジア世界史論考』八木書店古書出版部、二〇一九年、初出一九九九年)は、倭国内の渡来人と考えているようである。その可能性も十分あると思うが、帯方郡で作成された可能性もあるだろう。

終章　本書の成果と課題

一　国際秩序について

本書では、隋唐期、特に七世紀から九世紀前半を中心に、日本の外交交渉、中国文化の受容、人物の交流について、朝貢体制という国際秩序を視点として考察してきた。国際秩序を視点としたのは、国際秩序は国際関係の枠組みを示すものであり、グラフの座標軸のようなものとして、外交事象の意義付けをする上で無くてはならないものと考えているからである。なお、国際秩序が国際関係の枠組みたり得るためには、実際に国際関係を規制する力が機能していることが必要であり、単なる理念に止まっている場合は該当しない。国際秩序が実際に機能するためには、以下の条件が満たされる必要があると考える。(1)

①国際秩序の盟主国・加盟国に、共に利益が存在すること（共通利益）
②国際秩序の盟主国・加盟国に共有される価値観・文化が存在すること（共通価値観）
③国際秩序の盟主国に文化的・経済的優位性が存在すること（求心力）
④国際秩序の盟主国に圧倒的な軍事的優位性が存在すること（強制力）

強大な統一王朝として出現した隋・唐朝は、七世紀から九世紀前半という期間の多くは、これらの条件を満たしていたと考えられる。なお、国際秩序には冊封体制、朝貢体制、羈縻州県等様々なものがあり、どの国際秩序に参加するのか、しないのかは、中国と諸国との関係性や、諸国の主体性に関わるものであった。

二　本書の成果

本書の結論としては、朝貢体制など隋唐代の国際秩序により、日本を中心とする東アジアの国際関係の意義・背景は十分説明ができるということである。言葉を換えて言うならば、基本的にこの時期は中国の国際秩序が十分機能しており、日本やその他東アジア諸国の外交・交流は規制されていたということになる。しかし、何度も繰り返すようだが、規制が存在したからといって、常にその規制に盲従していたわけではなく、日本も含め諸国は主体的に対応していたと考えられる。

第一部では、隋唐の朝貢体制の下で行われた日本の外交の具体相について論じたわけだが、中国中心の国際秩序に対し、日本は主体的に関わったことが確認できたと考える。七世紀では、国際秩序への不参加、または対等・対抗という外交が行われ、白村江の戦いなど極めて緊張した状況が生まれた。八世紀には、唐の朝貢体制という国際秩序へ正式に参入し、関係の安定化と、先進文化導入に注力した。九世紀以降は東アジア交易圏の形成等に伴う国際秩序の弛緩により、唐の政治的求心力が弱まり、日本は唐との関係を政治中心から経済中心へ切り替える選択をした。朝鮮三国や渤海と日本との関係は、諸国と中国との関係性や諸国間の関係なども考慮する必要があるが、基本的に隋唐の国際秩序の影響下にあったと考えられる。また、唐代の国際秩序の弛緩による東アジア世界の変貌が、日本の山城の停廃や軍団兵士制停止等国防体制のみならず律令制支配の根幹をも変化させていたように、国際秩序は国際関係のみならず内政にも大きな影響を及ぼすものであった。

第二部では、隋唐中心の国際秩序の下、中国文化がどのように日本に伝来し、受容されたかという問題を検討した。古代日本は様々な中国文化を取り入れたことが知られるが、本書では、礼制（儒教的儀礼）、律令制、漢訳仏教の三つを取り上げた。この三つを取り上げたのは、東アジア文化圏の主要な構成要素とされる中国文化四つのうちに含まれるものであり、この三つの文化を取り上げることにより、東アジア文化圏がどのように形成されたか、また文化圏の内実とはどのようなものか、という問題に迫れるものと考えたからである。また、これらの文化が東アジア諸国の共通価値観の基盤になっていたことから、隋唐の国際秩序が機能した東アジアの特殊性をも明らかにできると考えたためでもある。

従来は、中国中心の国際秩序に参加することで、無条件に中国文化が流入したかのように理解されてきたと思われるが[2]、本書の検討によれば、中国文化の流出には様々な規制・制限が存在し、必ずしも最高・最新の文化が日本に伝来したわけではないことが明らかとなった。中国は文化的優位性を保つことにより、諸国を惹きつける中心性・求心性を持ち得たのであり、そのために最新・最高の文化の流出を制限したものと考えられる。また、諸国にとって魅力的な先進的文物を餌にすることで、朝貢関係等の政治的な上下関係を作り出していたのであり、先進文物の価値を高めるためにも流出を規制する必要があったと考えられる。東アジア諸国において中国文化が共有されたのは事実であるが、全く同質・同レベルな文化が共有されたのではなく、中国を中心に高低、新旧などの文化的な偏差が作り出されていたのである。東アジア文化圏における中国文化の共有が諸国間の相互信頼性・共感性を作り出した一方[3]、文化的な偏差が中国への求心性を生み出したのであり、このような文化のあり方が国際秩序を機能させる役割を果たしたものと考える。

第三部では、外交交渉や文化の伝播を担った人物の交流について論じた。総じて日本と中国との人的交流は他の東アジア諸国に比べ少なく、そのことが中国文化受容のあり方にも大きな影響を及ぼしていた。人的交流の少なさは、地理的条件、交通上の問題なども関係しているが、冊封を受けず、朝貢関係のみで結びついていたという国際秩序への関与の仕方にもよるところが大きかったと考えられる。人的交流の少なさという問題を克服するために、文化人に換えてその分多くの中国書籍を舶載したり、必要な文化的人材を計画的に招聘したりするなどの対応策がとられていたことが明らかになった。また、書籍や人材の入手・確保のためには、吉備真備のような長期留学生の人脈が大いに役立てられていたことも分かった。人的交流の少なさは、外国語会話の機会を奪うことになったため、日本人の口頭コミュニケーション能力の育成には不利に働いたと思われ、そのことが一層書籍による文化受容を推し進める要因にもなったと考えられる。

以上、本書で明らかにした内容を振り返り、その意義について説明してきたが、本書の成果は、七世紀から九世紀前半の時期には、基本的に東アジア地域では、中国の国際秩序は機能しており、当該期の日本の国際関係や中国文化受容のあり方を朝貢体制という国際秩序に基づいて意義づけたことにあると考える。東部ユーラシア論に一定の意味を認めるものの、日本古代の国際関係を論じるにあたっては、東アジア世界論の見直し・再評価が重要であることを明らかにできたのではないだろうか(4)。再評価といっても、西嶋定生氏の見解をそのままなぞるのではなく、修正すべきところは修正し、その論を発展させることが必要であろう。

三　本書の課題

本書が論じ残した問題、また検討不十分な箇所が多くあることは自覚しているが、その全てを列挙してもあまり意味が無いと思われる。ここでは、著者の問題関心から、今後取り組みたいと考えている課題について述べることにしたい。

まず第一に取り組むべき課題としては、モノ（物品）の交流である。本書では、文化（情報）と人物の交流については不十分ながら取り上げることができたが、モノの交流は全く触れることができなかった。近年の研究により、モノが外交関係を規定したり(5)、経済のみならず政治的にも文化的にも大きな影響力を有していたことが明らかにされている(6)。国際関係をより多面的に捉えるためにも、モノの交流の検討は欠かせないであろう。著者にもいくつか、そうした視点から論じた研究もあるが(7)、今後さらに考究を深め、総合化していきたいと考える。

次に取り上げたい課題としては、東アジア文化圏の内実をより深く、より広く検討することである。先にも述べたように、東アジア地域において中国中心の国際秩序が機能した基盤には中国文化の共有という特殊性が存在した。従来は、漢字・儒教・律令制・漢訳仏教がその指標として重視されてきたが、実際に共有されたのはその四つだけではなく、より広い中国文化が諸国に伝播し受容されていたのである。本書では古代日本における儒教的な礼制、律令制、仏典の受容のみを扱ったに過ぎず、東アジア文化圏の内実に迫るためには、できるだけ広い範囲の中国文化の受容・普及の実態を明らかにする必要があると考えている(8)。こうした検討を通じて、なぜ東アジア地域では中国文化が長く共有されることになったのか、という問題も明らかにできるものと考えている(9)。

三つめの課題としては、隋唐期と前後の時代の国際秩序のあり方を比較・検討し、その上で日本の外交・国際交流の変遷を位置づけ直すことである。隋唐期の日本の外交・国際交流ばかり見ていても、その特質や歴史的意義は把握できないだろう。前後の時代とのつながりや違いを明確にすることで、初めてその時代の特殊性や普遍性が理解できるものと考える。

現段階で著者が考える課題は以上であるが、今後の研究の中で、さらに解決すべき課題に気づくことも少なくないと思われる。また、本書の内容に対する諸賢のご批判の中から、今後の課題が明確化する場合もあるだろう。著者に

残された時間は長くはないが、一つ一つ地道に課題に取り組んで行きたいと思う。著者に註

（1）国際秩序については、細谷雄一『国際秩序』（中央公論新社、二〇一二年）等を参照。

（2）西嶋定生（李成市編）『古代東アジア世界と日本』（岩波書店、二〇〇〇年）等は、冊封体制などに参入することで中国文化が伝播したとし、特に制限があったとは考えていないようである。また、坂上康俊「書禁・禁書と法典の将来」（『唐法典と日本律令制』吉川弘文館、二〇二三年）も、唐代の文化の公開性を指摘し、書籍流出などの制限の存在を否定している。

（3）中林隆之「東アジア〈政治―宗教〉世界と古代国家」（『歴史学研究』八八五、二〇一一年）は、東アジアにおける仏教が果たした役割を論じており、参照すべき成果である。

（4）李成市「東アジア世界論と日本史」（『闘争の場としての古代史　東アジア史のゆくえ』岩波書店、二〇一八年、初出二〇一六年）、金子修一『古代東アジア世界史論考―改訂増補　隋唐の国際秩序と東アジア―』（八木書店古書出版部、二〇一九年）等、東アジア世界論の有効性を認める研究は少なくないと思われる。

（5）山内晋次『日宋貿易と「硫黄の道」』（山川出版社、二〇〇九年）、シャルロッテ・フォン・ヴェアシュア（河内春人訳）『モノが語る日本対外交易史―七〜一六世紀―』（藤原書店、二〇一一年）、同上『モノと権威の東アジア交流史　鑑真から清盛まで』（勉誠出版、二〇二三年）等を参照。

（6）河添房江・皆川雅樹編『唐物と東アジア　舶載品をめぐる文化交流史』（勉誠出版、二〇一一年）、河添房江『唐物の文化史』（岩波書店、二〇一四年）、河添房江・皆川雅樹編『「唐物」とは何か　舶載品をめぐる文化形成と交流』（勉誠出版、二〇二二年）等を参照。

（7）　前著『唐王朝と古代日本』（吉川弘文館、二〇〇八年）にも関連論文が収載されているが、その後の拙論としては、「日本古代における金の朝貢・貿易と流通」（『歴史と地理』六五五、二〇一二年）、「奥州平泉の黄金文化について」（『中尊寺仏教文化研究所論集』四、二〇一七年）、「日本古代貿易管理制度の構造・特質と展開」（古瀬奈津子編『古代日本の政治と制度―律令制・史料・儀式―』同成社、二〇二一年）、「京・難波における国際交易」（広瀬和雄・山中章・吉川真司編『講座　畿内の古代学Ⅳ　軍事と対外交渉』雄山閣、二〇二二年）等がある。

（8）　こうした問題意識については、既に著者・吉永匡史・河内春人編『中国学術の東アジア伝播と古代日本』（勉誠出版、二〇二〇年）の「序言」で触れている。

（9）　なぜ東アジア諸国において中国文化が共有されたのか、という問題については、現段階では以下のように考えている。まず、ユーラシア大陸の東端に位置する東アジア地域においては、中国が障壁となり、他の地域の先進的な文化が伝来しにくいという地理的な問題が大きかったということがあるだろう。また、農業を基盤とする生業や気候など自然環境の類似性から、中国文化を受容しやすい条件が存在した、ということも考えられるだろう。こうした地理的・自然環境的側面ばかりでなく、歴史的要因についても考える必要があると考えている。

索　　引

1．本索引は，I　研究者，II　史料・書名，III　事項から成る．
2．本索引では，図表中の用語は取り上げない．
3．I において，中国人・韓国人研究者名は，日本語の漢字音に拠って配列した．
4．II において，大日本古文書や群書類従，故実叢書等の史料集名・叢書名等は，項目として取り上げない．
5．III において，地名・地域名・国名・王朝名等は，項目として取り上げない．ただし，外交使節名や官職名に冠せられている場合や，「東アジア文化圏」などのように学術用語に利用されている場合は取り上げる．
6．III においては，研究者以外の歴史的な人名も取り上げる．なお，近代以前の人物でも引用史料の校訂者・編者等の場合は，I で取り上げた．また，皇帝名で複数の王朝で同一名称の人物がいる場合は，〈　〉で王朝名を記し，人物を特定している．人名では原則として姓（カバネ）は省略して記す．

I　研究者

あ　行

か　行

さ　行

ま　行

や　行

ら　行

わ　行

Ⅱ　史料・書名

あ　行

か　行

さ　行

た　行

な　行

は　行

ま　行

や　行

ら　行

Ⅲ　事項索引

あ　行

か　行

さ　行

た　行

な 行

は　行

ま　行

や　行

ら　行

わ　行

裕美子氏、辻正博氏、大隅清陽氏のご意見に学ぶところが大きかったことを明記し、謝意を表したい。また、いつも書信にて懇切丁寧にご示教賜った東野治之先生にも厚く感謝するものである。

それにしても、言葉に尽くせぬほどお世話になった池田温先生と笹山晴生先生に、本書を謹呈できなかった自らの不甲斐無さを深く恥じ入る。六十代後半となり、「日暮れて道遠し」の思いも強いが、健康の許す限り今後も研究を進め、少しでも学恩に報いたいと思う。

さて、最後になるが、本書を出版して下さった吉川弘文館の関係各位、中でも出版の段取りをつけて頂いた同社編集部の長谷川裕美さん、行き届いた編集作業をして下さった同じく編集部の志摩こずえさん、そして校正を手伝って頂いた大正大学大学院の青山大悟さん、伊藤愛実さんに、心から感謝申し上げる。

二〇二四年八月二十八日

榎本淳一

あとがき

私は、本年三月を以て定年退職した。一九九二年に大学の専任教員となってから、三十二年の月日が経過したことになる。退職を挟んで、昨年十二月に池田温先生、本年四月に笹山晴生先生という恩師お二人が相次いで亡くなられるという悲しく残念な出来事もあった。正に研究生活の大きな節目に行き当たった感があるが、そうした特別な年に、このように研究成果をまとめ、公刊する機会を得た巡り合わせに、不思議なものを感じると共に感謝の念が湧いてくる。

私はこれまで自発的に論文を書いて投稿したことは無く、「依頼」（慫慂・命令・義務の場合もある）による論文ばかりであった。従って、私がこうして研究成果を世に問うことができたのは、「依頼」して下さった方々のお蔭ということになる。具体的に述べるならば、大津透氏の主催する科研費の研究会に長く参加させてもらったこと、氣賀澤保規先生や佐藤信先生、森公章氏、堀井佳代子氏がそれぞれ企画されたシンポジウムに参加させて頂いたこと、唐代史研究会、「日本書紀を考える会」、「続国書の会」、「学術と支配」研究会でご一緒させて頂いたことなどの関係から、「依頼」があったということになる。また、石井正敏先生からお電話で寄稿の依頼を頂いたこと、金子修一先生の古稀記念論文集に献呈させて頂いたことも、有り難く思っている。執筆の機会を下さった方々、そして研究会やシンポジウムなどで有益なご意見を頂いた方々に、この場を借りて御礼申し上げる。とりわけ、大津氏や坂上康俊氏、丸山

著者略歴

一九五八年　秋田県に生まれる
一九九一年　東京大学大学院人文科学研究科博士課程単位取得退学
現在　大正大学特遇教授・博士（文学）

〔主要著書〕

『唐王朝と古代日本』（吉川弘文館、二〇〇八年）
『日唐賤人制度の比較研究』（同成社、二〇一九年）
『古代中国・日本における学術と支配』（編著、同成社、二〇一三年）
『中国学術の東アジア伝播と古代日本』（共編著、勉誠出版、二〇二〇年）

隋唐朝貢体制と古代日本

二〇二四年（令和六）十二月一日　第一刷発行

著者　榎《えの》本《もと》淳《じゅん》一《いち》

発行者　吉川道郎

発行所　株式会社 吉川弘文館
郵便番号一一三―〇〇三三
東京都文京区本郷七丁目二番八号
電話〇三―三八一三―九一五一（代）
振替口座〇〇一〇〇―五―二四四番
https://www.yoshikawa-k.co.jp/

印刷＝株式会社 三秀舎
製本＝誠製本株式会社
装幀＝山崎　登

ISBN978-4-642-04685-5